拓 跋 史 探

修订本

田余庆 著

生活·讀書·新知三联书店

Copyright © 2019 by SDX Joint Publishing Company.
All Rights Reserved.

本作品版权由生活·读书·新知三联书店所有。
未经许可,不得翻印。

图书在版编目(CIP)数据

拓跋史探/田余庆著. —修订本. —北京:生活·
读书·新知三联书店,2019.1 (2025.7重印)
(当代学术)
ISBN 978-7-108-06396-0

Ⅰ.①拓… Ⅱ.①田… Ⅲ.①拓跋鲜卑-民族历史-研究-中国
Ⅳ.①K289

中国版本图书馆CIP数据核字(2018)第196288号

特邀编辑	孙晓林
责任编辑	冯金红
装帧设计	宁成春
责任印制	董 欢
出版发行	生活·讀書·新知 三联书店
	(北京市东城区美术馆东街22号 100010)
网　址	www.sdxjpc.com
经　销	新华书店
印　刷	河北鹏润印刷有限公司
版　次	2019年1月北京第1版
	2025年7月北京第9次印刷
开　本	635毫米×965毫米 1/16 印张18.75
字　数	236千字
印　数	32,001-35,000册
定　价	69.00元

(印装查询:01064002715;邮购查询:01084010542)

当代学术

总　序

生活·读书·新知三联书店从1986年恢复独立建制以来，就与当代中国知识界同感共生，全力参与当代学术思想传统的重建和发展。三十年来，我们一方面整理出版了陈寅恪、钱锺书等重要学者的代表性学术论著，强调学术传统的积累与传承；另一方面也积极出版当代中青年学人的原创、新锐之作，力求推动中国学术思想的创造发展。在知识界的大力支持下，通过多年的努力，我们已出版众多引领学术前沿、对知识界影响广泛的论著，形成了三联书店特有的当代学术出版风貌。

为了较为系统地呈现中国当代学术的发展和成果，我们以上世纪八十年代以来刊行的学术成果为主，遴选其中若干著作重予刊行，其中以人文学科为主，兼及社会科学；以国内学人的作品为主，兼及海外学人的论著。

我们相信，随着当代中国社会的繁荣发展，中国学术传统正逐渐走向成熟，从而为百余年来中国学人共同的目标——文化自主与学术独立，奠定坚实的基础。三联书店愿为此竭尽绵薄。谨序。

生活·读书·新知三联书店
2017年3月

目　次

前　言 …………………………………………………… 1

北魏后宫子贵母死之制的形成和演变 …………………… 1
　一　《魏书》"子贵母死"所据的汉典和旧法 _____ 2
　二　拓跋部早期君位传承中后妃的作用 _____ 7
　三　君位传承中后妃的部族背景 _____ 17
　四　离散部落与子贵母死 _____ 24
　五　子贵母死制度的几个问题 _____ 37
　六　小　结 _____ 49

贺兰部落离散问题
　——北魏"离散部落"个案考察之一 ………………… 52
　一　贺兰与拓跋 _____ 53
　二　贺赖头徙平舒与贺讷总摄东部 _____ 55
　三　道武帝离散贺兰诸部落 _____ 59
　四　贺兰部落离散以后的余波 _____ 61

独孤部落离散问题
　——北魏"离散部落"个案考察之二 ………………… 67
　一　前秦灭代以后的独孤部 _____ 67
　二　刘显引窟咄争位和道武帝离散独孤诸部落 _____ 69

1

三　《魏书》所见的刘奴真与刘罗辰 _____ 73
　　四　部落离散以后的独孤部民 _____ 78

关于子贵母死制度研究的构思问题 82

代北地区拓跋与乌桓的共生关系
　　——《魏书·序纪》有关史实解析 99

　　一　缘　起 _____ 99
　　二　拓跋东、中、西三部简况 _____ 103
　　三　释《序纪》所见惠帝、炀帝东奔诸事 _____ 112
　　四　惟氏、维氏与祁氏 _____ 119
　　五　代谷的地理背景与西晋护乌桓校尉的
　　　　广义职能 _____ 126
　　六　东木根山地名的来历和拓跋立都问题 _____ 134
　　七　两种类别的代北乌桓 _____ 142
　　八　拓跋内乱与乌桓动向 _____ 151
　　九　前燕云中之戍
　　　　——代北周边关系之一 _____ 163
　　十　朔方局势与前秦灭燕、灭代
　　　　——代北周边关系之二 _____ 167
　　十一　前秦灭代后对代北乌桓的处置 _____ 175
　　十二　拓跋与代北乌桓的共生关系 _____ 184

《代歌》、《代记》和北魏国史
　　——国史之狱的史学史考察 202

　　一　《真人代歌》释名 _____ 202
　　二　《代歌》、《代记》及其与《魏书·序纪》

关系的推测 _____ 210
　　三　国史狱事造成的史风问题 _____ 221

文献所见代北东部若干拓跋史迹的探讨 …………… 232
　　一　方山西麓的祁皇墓 _____ 232
　　二　草原部落大会与平城西部的郊天坛 _____ 239
　　三　新平城近处的拓跋史迹 _____ 243
　　四　关于祁后事迹的两个疑点 _____ 248

关于拓跋猗卢残碑及拓本题记二则
　　——兼释残碑出土地点之疑 …………………… 252

附录一　关于拓跋地境等讨论二题(摘录)……… 曹永年 265
附录二　《魏书》所见的若干乌桓姓氏(摘录)… 滕昭宗 272

修订本后记…………………………………………… 277

前　言

收集在本书中的拓跋史文章，是近几年陆续写成的，记录了自己探索拓跋历史所思所见，所以名曰《拓跋史探》。文章中自己感到发掘了一些问题，解释了一些现象，增长了一些认识，但由于资料不足，功夫不够，很难说都准确。此次出版前虽然做了较大的增删修改，但是基本格局依旧，还是探路文章。

探究拓跋史，前人已做过不少工作。他们是开拓的前驱，我不过是踵迹前人，趑趄而进。近年以来，由于未见有多少新史料出现，史学界在这方面探索的热情显得比较消沉。我希望自己所尽的绵薄之力能引起更多有志者的兴趣，共走探索之路。

五胡十六国这一破坏性特别突出的时代得以结束，归根结柢是五胡日趋融合，其主体部分终于陆续积淀在农业地区而被汉族文明逐渐同化之故，这可说是今天史界共识。但是，在这漫长过程行将结束而又尚未结束的时候，为什么是拓跋部而不是别的部族担当了促死催生的任务呢？这就涉及拓跋部的历史定位问题和北魏政权定位问题。

进入代北地区活动的早期拓跋部及其建立的代国，大体与五胡十六国的出现同步，其发育程度看来不如其他胡族，却是这个时期惟一的地域比较固定、年代世系明晰可考、历史大体完整的另一"胡"，另一"国"，虽然史家并未列之于五胡十六国序列之中。拓跋部百余年来孳生蕃息于代北，没有远距离迁徙，没有太多参预北方混争，获得了发育、成长和完善自己的稳定环境，终于乘时崛起，走出代北，担当了结束十六国的历史任务，在下启隋唐之局的进程中实际上起着决定作用。这大体就是拓跋部和北魏的历史定位。我要强调的是，没有拓跋部在代北百余年的发育，也就没有足以逐步统一北方的担当者，没有比较稳固的北魏政权，这样，自然也不会有后来的隋唐。胡三省在为《资治通鉴》叙北魏称尊号、改元皇始之文作注时叹曰："拓跋珪兴而南北之形定矣。南北之形既定，卒之南为北所并。呜呼！自隋以后，名称扬于时者，代北之子孙十居六七矣，氏族之辨，果何益哉！"胡氏感慨之处，正是我所关注的拓跋史的这一段历史背景。

探索代北拓跋的开国前史，我选择《北魏后宫子贵母死制度的形成和演变》（《国学研究》第五卷，北京大学出版社，1998年）的题目作为切入点。道武帝为了确立、巩固拓跋皇权，稳定长子继承君位的传承秩序，竟然施行了一种从惨杀自己妻子下手的"子贵母死"制度，而且这个乖谬绝伦的制度竟然能与北魏政权相始终。这不是道武帝个人的"创制"，而是有深层的长久的拓跋社会内部背景。我推测是，拓跋在部落联盟中与其他部族关系复杂，可能留下什么祸根，因而在以后的北魏历史中产下子贵母死制度的怪胎。但是我找不到直接的明确的证据，只好绕着弯来探索。

有一些寓意隐晦的资料，显示在部落联盟时期，拓跋君长之妻或母是颇具敏感性的人物，她们所属的部落往往通过她们，控制拓跋部内大事，特别是君位传承。拓跋部落联盟的维持，拓跋部在联盟中君长地位的巩固，往往要依赖拓跋后或拓跋母后，而且还要依赖后或母后外家部落，即妻族和母族。这就是祸根所在，不过过程比较曲折，有时含混不清。随着拓跋的成长进化和拓跋珪建国称帝，拓跋部在体制上，一方面不能再像以往那样只是跟着外家部落行事，一方面对于背靠外家部落的后和母后，一定要有效地予以制约。必须消除这两方面的祸根，皇权才能稳固。这就导致先把皇位继承人之生母（即未来的母后）消灭才允许他继承皇位的极端措施的产生，从而逐渐形成子贵母死制度。

拓跋部怎样才能摆脱外家部落的束缚，尤其是其对君位传承的干预，以完成拓跋由部落联盟君长向专制皇帝地位的转化呢？这只能凭借强势力量，而且往往要诉诸战争。强大的外家部落通过拓跋母后干预拓跋事务，久已成为传统，他们要不是被削弱、被控制，是不甘愿接受拓跋部自主的君位传承的。

道武帝建国，并没有强大的外界敌人要去认真对付，真正棘手的倒是他的母族和妻族这些外家部落，甚至还有他自己的母、妻。这一现象令我恍然大悟，原来道武帝用战争手段"离散部落"，首当其冲的竟是母族贺兰和妻族独孤，这并不是偶然现象。打破部落联盟的束缚，特别是摆脱外家部落对君权的牵制，以利于建立帝国，是此举直接的、急切的原因。至于更为根本的社会原因，如部落役使之类，在当时似乎还是第二位的。我对此做了两起个案考察，即《贺兰部落离散问题》（《历史研究》1997年第2期）和《独孤部落离散问题》（《庆祝邓广铭教授九十华诞论文集》，河北教育出版社，1997年），其结果使我深信，子贵母死制度和离散部落看似无涉，却是内蕴相通，子贵母死实际上是离散部落的后续措施。

道武帝拓跋珪这个人物，他的历史作用，概括说来，就是用极野蛮的手段，包括残酷的子贵母死制度和强制离散部落措施，把拓跋部带入文明，由拓跋部主导来澄清北方的乱局。

北魏虽然建立了严峻的子贵母死制度以防外家擅权和母后干政，却仍然出现了冯太后弄权数十年而未被清除之事，这又是一个费解现象。冯太后没有强大的外家依靠，她之所以能长期弄权，屡操胜算，除了某些偶然因素以外，主要还是由于她充分而又巧妙地利用了子贵母死制度压制对手，以逞阴毒之故。她名义上是太后，却不是任何一个北魏皇位继承人的生母，并不是子贵母死制度中需要先予处置的人物，她反而由此获得逞能的机会。由于她以后在北魏政治上多有建树，所以她在后宫中诸多乖谬行事，不大为后代史家关注，因而无人论议。

把离散部落、子贵母死、冯太后擅政这几件时间并不连贯的大事串在一起，放在拓跋部族历史总的背景中考察，毕竟上下空白太多，头绪纷繁，不易掌握线索。于是我写了《关于子贵母死制度研究的构思问题》（《学林春秋》二编上册，朝华出版社，1999年。原题《我与拓跋历史研究》），剖析了自己的思路，交待了研究此题的方法，以答读者。

《代北地区拓跋与乌桓的共生关系》（连载于《中国史研究》2000年第3期和第4期）一文篇幅较大，涉及问题较多。在探索中我被如下现象所吸引：乌桓人是两汉以来先到代北的移民，拓跋部进驻阴山以及代北地区，当在东汉之末，比乌桓晚。乌桓西移时间长，人数累积多，但是在文献中他们的踪影只是偶尔出现，而且是一掠即过，不见首尾，不成气候。他们究竟在拓跋开拓代北事业中占有什么位置，有什么表现，起什么作用呢？解决这个问题，有待于对史实的索隐钩沉和细致分析，而没有现成的明确的答案。

乌桓族与拓跋所属的鲜卑族均属东胡族系，同风俗，通语言，但长期独自发展，不相统属。乌桓早在汉代即以突骑闻名，但缺乏部内凝聚力；拓跋后来形成部落联盟而自居君长地位，却不见有显赫的军事实力。这两方面的长短，恰好能够互补。两族在幽、并北部分别从东向西和从西向东浸润，汇于代北地区，既有交往，又有冲突，但未见有为争夺生存空间而进行殊死斗争的事实。可以判定，两族互补而共生于基本上是同一空间范围，实现着一个以拓跋为主导的长达百余年的融合过程。拓跋就是在与乌桓共生环境中发育成长的，而乌桓则逐渐被拓跋吸收，乌桓本身的历史长期被拓跋覆盖，在史籍中遗忘已久。

正史所见，王沈、范晔书以后没有关于乌桓的成篇系统记载，只能见到一点"边角料"。我在探求拓跋、乌桓关系时以《魏书·序纪》为线索，把有关零散资料的有可思考者从史籍缝隙中钩稽缀合，分成问题，构成《共生关系》一文中的各个章节。这些章节可以独立成说，事实不尽相贯，但又都牵扯出许多线索，勾连拓跋、乌桓，构成两族共生关系的方方面面。我认为，叙述拓跋经营代北、统一北方的历史而不给乌桓以适当位置，是不符合实际的。了解代北乌桓状况，也可丰富对拓跋史的认识。我还觉得《序纪》中以及其他地方所见乌桓零星资料都弥足珍贵，可能从其中解读出不少历史信息，不过，我还未能一一清理。

十六国历史纷纭复杂，宏观言之似又简单。一个胡族乘时崛起，介入北方政治冲突，立国建号，一时貌似强大，经过后继民族几个浪潮的冲击，又经内部分化，立刻趋于瓦解。再来一个胡族，过程大致也是如此。只有拓跋，在百余年与乌桓共生中磨炼了自己，丰富了自己，造就了自己，使自己进入中原时具有较充沛的力量、较多的经验和较广的见识，经得起风吹浪打。如果拓跋未曾经历这一过程，而是若猗㐌、猗卢乘晋室之衰，以代公、代王名义，与刘、石一起逐鹿中原，建国称号，如果只是这样，可以肯定地说，它只能跟刘、石一样，匆匆登场，又匆匆下场，使十六国成为"十七国"而已。

在与乌桓共生条件下经过历练的拓跋部，生命力强，富有凝聚力，比较善于应对变化，与各胡族骤兴骤灭相比，即令在衰败之后也不曾出现一个堪与匹敌并取而代之的对手。六镇浪潮的冲击不亚于十六国中任何一个胡族代兴造成的社会动荡，但是继起的任何一种力量，不论从族属还是从文化方面来看，都是脱胎于拓跋，从拓跋衍生而来，与拓跋有很强的继承关系，同前此的五胡交替殊异。正是由于这些原因，使大体与五胡同步兴起的拓跋鲜卑，历史地位大不同于五胡。

论拓跋与乌桓的共生关系，只是就一个时期之内代北地区两种最主要族群的互动关系而言。其实，拓跋与匈奴，拓跋与各部鲜卑，拓跋与各种名目的杂胡，拓跋与高车等部，都经历着共生关系，只是现象不一，历史影响各有深浅而已。共生关系不论久暂，其最终结果都是民族融合。魏晋时期各种杂胡，都是在共生各族关系尚不稳定的状态下，被时人所加的暂时称号，久而久之，杂胡都由于族际融合而丧失了杂胡的特定名称。杂胡的出现和消失，都可以在共生现象这一概念框架中加以解释。而且，纵观历史，拓跋融合了乌桓等部，而他自己又何尝不是在走与汉族共生，终于融入汉族的道路呢？不过，这是宏观而言。观察民族关系，毕竟还是要与历史的特定阶段相联系，不能只看结局而忽略过程。十六国乱世尤其如此。本文论拓跋与乌桓的共生关系，正是着眼于过程。十六国之后，必须要有像北魏这样的一个长期稳定阶段出现，才能形成必要条件，向隋唐过渡。而拓跋与乌桓的共生关系，正是从一个关键方面，构成北魏这个长期稳定时代的民族内涵和民族基础。

探索拓跋历史，反复思考《魏书·序纪》，也反复验证《序纪》，越来越认为《序纪》资料虽然简略，也有不少显著的附会之处和掩饰之迹，但是总的看来，其准确度较高，可信性较大。因此又产生了一个问题：魏收书疏误很多，为什么刻木结绳时代的拓跋古史，反而能留下这篇可贵的资料呢？这也是一个史学史的问题。原来，《序纪》是根据拓跋先人留下的史诗《代歌》的资料，翻译整理而成《代记》，又几经演变而来的。这是道武帝统治早期及以前拓跋历史资料的主要来源。整理《代歌》是"燕魏之际"即道武帝早期的事，其时负责协音律（包括辑集《代歌》并为之配乐）的汉士是邓渊，而邓渊恰好又是负责国史《代记》撰述的人。邓渊利用他所熟悉的《代歌》口碑资料作为主要依据，撰成《代记》，是很自然也较方便的事。《代歌》、《代记》一为诗歌，一为史传，体裁不同，表述方法各异，但素材同一，所以内容应是极为近似。

邓渊死于一桩冤狱，他留下的早期国史《代记》，包括开国以前的拓跋史和道武帝早期历史，是以后崔浩撰修国史的一部分依据；而崔浩国史问题又酿成了一桩更大的冤狱，成为千古聚讼的公案。崔浩的罪名是其所修国史"暴扬国恶"、"备而不典"，近人文章多推断为道武帝母后贺兰氏由于依收继婚制为昭成帝收娶生子而造成干名犯义诸事。此说较前此诸家之说更富于新意，我赞同此说。不过依我看来，除此以外，拓跋早期历史中杀父杀妻、忤逆悖伦以及母后专擅阴谋诸事，更当包括在"干名犯义"之中，这些事比游牧族中多有出现习以为常的收娶后母、寡嫂等事，更要碍眼，更要引发议论。构成崔浩之罪的事实来源于邓渊《代记》，邓渊《代记》中这些事实则采自《代歌》。本来只是拓跋部落中用鲜卑语演唱的《代歌》，传播范围基本上限于鲜卑人群，而且唱词未必尽属写实，也可能只是含糊的故事。《代歌》演变成官方用汉字书写的《代记》，就成为史实记载，其"不典"、"国恶"诸端免不了在汉人社会里暴露张扬。以后崔浩又据以修成国史，希其旨者更以之刻石示众，以致触怒了当权者，修史的汉士邓渊、崔浩等人自然先后成为首当其冲的牺牲品。

《代歌》包含拓跋历史未经修饰的原始素材，保存了极可贵的资料，史学研究者引以为幸。但是邓渊、崔浩修史以之为据，由此导致两次国史之狱，却是北魏一代史学不振的重要原因。

我依据这一剖析，写成《〈代歌〉、〈代记〉和北魏国史——国史之狱的史学史考察》（《历史研究》2001年第1期）一文，并认定《代歌》、《代记》是魏收《魏书·序纪》的史料来源。我希望这篇文章，对千年聚讼的崔浩国史一案，能起到一种证词的作用。魏收所见《代歌》、《代记》资料只能是崔浩等人所引用过的，而且已然几经删削篡改，但残余部分的明晰准确程度仍然相当高。今天在史料贫乏的情况下，只有吃透这些资料，并且尽可能发掘《序纪》中不载而他处尚存的一鳞半爪，才有可能探得一些成果，用以丰富这一段显得太单薄的拓跋历史。因此我又想到，整理《魏书·序纪》，包括对《序纪》做增补、集释、笺证、研究，是史界进一步探索拓跋史的一项重要课题。

为了尽可能利用与拓跋史相涉的资料，我写成《文献所见代北东部若干拓跋史迹的探讨》（《燕京学报》新十三期，北京大学出版社，2002年）。此文不是文物古迹本身的考察，而是拓跋掌故的追寻，用文献中被史家弃置的史料佐证拓跋历史，想从中找出一点有价值的东西来。能否如愿，尚待验证。最后录载了拓跋早期仅存于世的《猗卢之碑》残石拓本及有关题记二件，略作分析，供读者研究（《中华文史论丛》第八十九辑）。

我衰年涉入拓跋史题，甚感力不从心，步履维艰，更感资料不足，结论难下。有时所抓住的问题旁证不少，结论依稀可见，却偏偏在某个环节上缺少直接证据，与所求的结论还隔着一层纸，不得不出之以推测。这本来是史学文章应当慎用的。遇到这种情况，我一般是随文指出证据有所欠缺之处，以期读者留意，自作思考。这使本书有些地方不免有逻辑上称之为丐词的毛病，总感到有些不安。《韩非子·显学》说："无参验而必之者，愚也；弗能必而据之者，诬也。"愚诬之学，我是深有戒惧的。书中陈述的见解，设定的假说，不在少数，但敢于下明确断语之处较少，就是为了尽可能避免"愚诬"的缘故。不过提出了问题，不论是对是错，总会有人继续探究，也许能求得结果。这又促使我放开了一点胆量。

拓跋史研究有一点特殊情况，就是有些可疑而不可决的问题，所需直接史料证据可能被视为"不典"、"国恶"，当作史讳而为当时史臣有意裁剪涂抹，要完全靠实证来解决几乎是不可能的。至少目前还是这样。拓跋史实上的这一"模糊区域"，明知辨识之难，为什么还要去探一探呢？

其实一部中国古史，有很多"模糊区域"，不只拓跋史如此，如果都丢弃不去探究，会永远是一片混沌。百年来新史料的发现，使古史多有开发，这是发现和辨识古史新问题的主要途径。但是新史料并不是所在皆有，史家的广阔视野和敏锐眼光，多少可弥补史料的不足。对已知史料的透彻分析和反复比勘，能够增进认识。陈寅恪先生的诸多贡献，得益于新史料者并不算多，更多的是凭借极为深厚的史学修养，凭借精微思辨，推陈出新，从习见的本不相涉的史料中找到它们的内在联系，提出新问题，得出高境界的新解释，使古史中的许多模糊区域得以逐渐辨识清楚，在古史研究方法上给了我极大的启示。许多前辈学人极具开拓精神，代表了一代思潮而又各具风范。他们的研究成果未必全是定论，但是他们多服膺龚自珍"但开风气不为师"的治学理念，相信学无止境的普遍真理，显示了崇高的学术襟怀，是我们治史的楷模。正是秉承这一启示，使我坚持了对一些难点的探索。

基于以上认识，我把本书所见，主要作为窥探拓跋史的一种思路，而不是作为确切结论，奉献给读者。我的初衷是希望起到促进思考、共同探求的作用，以期尽可能把古史的这一模糊区域一点一点加以辨识，慢慢融会贯通。果能如此，即令我的某些具体见解被证明是错误的，被另一种见解取代，也很值得。其实，本书有不少论证和见解，本是前人提出问题在先，我接过来思考所得而已。也许我的错处，正好会成为后来人前进的新的起步点。做研究但求尽己，不问其他，也许，这可以用"得鱼忘筌"之义来理解吧！

北魏后宫子贵母死之制的形成和演变

魏收《魏书》多载"子贵母死"之事，后宫产子将立为储贰，其母皆赐死。我就拓跋历史来龙去脉思考子贵母死问题，发现子贵母死不是一种临时的因应措置，而是根植于拓跋部落早期君位传承引发动乱以及相关的母系部族利益冲突等事实。道武帝时国家转型，面对具有强大影响力的历史传统，乃行子贵母死加以扭转，并因此形成制度。顺此脉络剖析拓跋历史，还能看到道武帝离散部落之举，其性质竟与子贵母死之制一脉相通，两者事不连属，却具有同样的社会历史背景。而且，文明太后冯氏的固位和擅权，在策略上也是凭借子贵母死制度。纵观历史进程，脱胎于拓跋部落母体的子贵母死既是一种制度，更是一种文化现象。它的形成和演变，显示拓跋部落在其进化过程中承受的精神痛苦。

盛乐时期[1]拓跋部的历史，文献简略，考古资料目前尚少。本文所涉问题，有些环节难于用实证方法一一确凿言之，只能就史料所及穷思立说，并辅之以推理分析，在隐约中求其近似，算是勾勒盛乐时期拓跋部社会侧影的一种尝试。

周一良先生曾说："拓跋氏入中原前之旧制，凡其子之立太子

---

[1] 据《魏书·序纪》，神元帝力微、穆帝猗卢、烈帝翳槐、昭成帝什翼犍都有居盛乐、筑盛乐城一类记载。本文所称盛乐时期，泛指自神元至昭成以及道武迁都平城以前的一段时间。《魏书》记载，有定襄盛乐和云中盛乐的区别，说明拓跋早期驻止所在有过迁移。这是目前一个有待考察的问题。本文所称盛乐时期系笼统言之，未作这种区别。

者，母妃先赐死，至孝文帝母犹因此而被杀。但北方其他少数民族未闻有此风俗，且游牧部落亦不如封建王朝之易于发生母后专权之例，其来源尚待研究。"[1] 周先生认定子贵母死是拓跋旧制，但来源不明。本文探索盛乐时期游牧的拓跋部为何出现母后专权从而使拓跋局势动荡不安问题，探索拓跋部在平城创立帝业之时为何不得不建立如此残酷的子贵母死之制。探源究理虽似有可说之处，但觉仍在若明若暗之中，不知对周先生的疑惑，是否能予以解释。

一 《魏书》"子贵母死"所据的汉典和旧法

《魏书·皇后传》[2] 史臣曰："钩弋年稚子幼，汉武所以行权，魏世遂为常制，子贵母死。矫枉之义，不亦过哉！高祖终革其失[3]，良有以也。"《皇后传》所载北魏后宫制度为他朝罕见者，子贵母死是最重要的一项，所以史臣特为表出，并申谴责之意。

《魏书·太宗纪》："初，帝母刘贵人赐死，太祖告帝曰：'昔汉武帝将立其子而杀其母，不令妇人后与国政，使外家为乱。汝当继统，故吾远同汉武，为长久之计。'"这里道武帝以师法汉典为子贵母死的依据，上引《皇后传》史臣所论，就是由此而发。

《魏书·皇后传·道武刘皇后传》："魏故事，后宫产子将为储贰，其母皆赐死。太祖末年，后以旧法薨。"所谓故事，所谓旧法，实为一事。这里，确言刘贵人（死赠皇后）死于拓跋故事、旧法，而

---

[1] 周一良：《魏晋南北朝史札记》，"王玄威与娄提哀悼献文帝"条，中华书局，1985年，378—381页。
[2] 魏收《魏书·皇后传》亡，后人取《北史》及他书补。《皇后传》所列道武帝以前所谓帝、后，皆道武追封，本来不过是部落酋帅及其妻室而已。本文为叙述方便，仍袭用《魏书》称谓。
[3] 孝文帝立皇子恂为太子时欲革此制，格于文明太后之阻而未成，恂母林皇后仍以"旧制"死，见《皇后传》。及更立皇太子恪时，此制未闻废止。但其时恪母高皇后已死于后宫倾轧，不存在子贵母死事实，因而也无从断言"高祖终革其失"的真实性。详见本文第五节（三）。

不言死于道武师法汉典所立的新制，与《太宗纪》不同。

以上就是《魏书》所见子贵母死缘由的几条主要资料，其中关于此制的根据，有汉典和旧法二说。汉典之说，在道武帝基本上以北俗为治的时候，是可疑的，但不无缘故，须得斟酌。拓跋旧法之说也有问题，因为在道武以前百余年的拓跋历史中，找不到一处子贵母死正式的实例，赵翼对此早有疑惑[1]。不过，旧法之说既然在《魏书》中反复出现，就要对此作出解释才行。

先看看汉典之说，即汉武杀钩弋事。汉武帝暮年，戾园痛事历历在目。戾太子有强大的卫氏外家，是酿成大祸的隐因。卫氏家族涉此案而死者甚众[2]。其后，汉武帝欲立钩弋夫人之子为太子，"以其年稚母少，恐女主颛恣乱国家，犹与久之"。武帝杀钩弋，子乃得立，即昭帝。昭帝舅家"赵氏无在位者，惟赵父（按即昭帝外祖）追封"[3]。北魏道武帝杀太子母于太子继位之前，事同汉武帝。汉武帝以外氏家族为身后之忧，因而杀太子母，道武帝既引此为鉴，当亦有具体的足忧之事涉及外家者。这正是本文下节将要探索的问题。

道武帝是否达到了可以随意运用汉典创业垂统的文明程度呢？不是这样。今本《魏书·太宗纪》可能是采自残存的魏澹《魏书》[4]，而魏澹说过："道武出自结绳，未师典诰。"[5]今本《魏书·官氏志》也说，道武帝"欲法古纯质，每于制定官号，多不依周

---

[1] 赵翼《廿二史札记》卷一三"《魏书》纪传互异处"条征引《皇后传》刘皇后以旧法赐死事，曰："然考纪传，道武以前未有此事。……立太子先杀其母之例，实自道武始也。遍检《魏书》，道武以前实无此例。而传何以云故事耶？"赵翼发问很有道理，但他就此止步，并未作出解释。

[2] 此案卫氏家族人物死者，除卫皇后、戾太子以外，还包括卫皇后的姊、女、媳、孙、外孙等。请参看拙作《论轮台诏》，见《秦汉魏晋史探微》，中华书局，1993年，39页。

[3] 《汉书·外戚·钩弋赵婕妤传》。

[4] 参看中华点校本《魏书·太宗纪》校勘记。

[5] 《隋书》卷五八《魏澹传》。《魏书·序纪》"不为文字，刻木为契"，以及同书《刑罚志》"以言语为约束，刻木为契"，皆同此意。

汉旧名，……皆拟远古云鸟之义"。可见道武帝本性是法拓跋之古而排周汉典制，与其重干戈而无视文德[1]的行事一致。这种落后的文化状态，与所谓"远同汉武"是完全相悖的。所以，"远同汉武"云云，很难看作道武帝本人将立其子而杀其母的认识来源和直接依据。

不过，道武帝身边逐渐积聚了一些汉族士人，其中著者，较早的有燕凤、许谦、张衮，稍后有崔玄伯，他们多少能起以汉文化影响道武帝的作用。张衮、崔玄伯本传，都有以《史》《汉》故事说道武帝，得到道武帝重视的记载。据《太祖纪》，登国十年（395）参合陂之役，道武帝大破慕容宝军，"于俘虏中擢其才识者贾彝、贾闺、晁崇等，与参谋议，宪章故实"，汉士的影响增加了。

道武帝经过反复奋战，征服了代北及四周许多部落，特别是逐个解决了其母族贺兰部和妻族独孤部的部落势力[2]，代北统一始得完成。登国十一年（皇始元年，396），许谦劝进。接着，道武帝取并州，攻冀州，全力处置燕国残余，也就是道武帝祖母昭成皇后所从出的慕容部落势力[3]。由此可见，道武帝与之反复交手的对象，主要是他贴近的外家部族。可以说，道武帝正是由于彻底战胜了贺兰、独孤、慕容这些外家部族，才得以拓定帝业。道武帝欲巩固帝业，也必得循此轨辙，重视后宫涉政问题。这是很重要的事实。对于这种事实，道武帝自然是思之再三，而周围的汉士自然也是看得清楚的。

《魏书》卷二四《崔玄伯传》："太祖常引问古今旧事，王者制度，治世之则。玄伯陈古人制作之体，及明君贤臣，往代废兴之由，甚合上意。"开创了帝国的道武帝带着自己面临的困难问题，向汉臣

---

[1]《魏书》卷二四《张衮传》，衮于永兴二年（410），即明元帝即位之次年上书，请"揖让与干戈并陈，文德与武功俱运"。这实际上是指责道武帝只重干戈武功，而轻文德揖让。

[2] 拓跋与贺兰、独孤的关系，详本文第四节（一）、（二）。

[3] 道武帝正式皇后亦出慕容部，但她是在道武平后燕后始入掖庭，以铸金人成而得立为皇后。铸金人以问天命是一种北俗，不只拓跋如此。《晋书》卷一一〇《慕容晞载记》封裕曰："又闻（冉闵）铸金为己像，坏而不成，奈何言有天命？"

探询巩固帝国的治道，接受了涉及"往代废兴"事迹的钩弋故事的启发，形成决断，并把决断向他的继承人宣布。这是我们可以作出的一种合理推测。

那么，为什么又有子贵母死出于拓跋旧法之说呢？如前所述，道武帝为政的主要特点是法拓跋之古而排周汉典制，说子贵母死源于拓跋旧法似乎更符合他的思维定势，更便于他认同。道武帝是富有历史感的人，也许拓跋部古老历史传说中有某些事例对他实行子贵母死的决断有启发作用。而当时形成的名为"真人代歌"的鲜卑史诗，"上叙祖宗开基所由，下及君臣废兴之迹"，很可能起着这种作用。我推测，拓跋部人惮于历代母后、外家乱事而思有所扼制，于代歌中表现出类似的期盼。这只是鲜卑人的舆论，并不一定是实事，《皇后传》却径以故事、旧法称之。太祖当然知道这一拓跋历史背景，所以假汉武制度之名来宣布子贵母死。这也是一种合理推测。

至于本无实据的所谓故事、旧法的说法在《魏书》中终于沿袭下来，历朝立嗣君都如是为说，这又该如何解释呢？

子贵母死出于拓跋故事、旧法，首见于《道武刘皇后传》，其后，见于《文成李皇后传》，中间相隔四代，均不见有子贵母死和拓跋故事、旧法的说法。保存刘皇后赐死细节资料的是《太宗纪》而非《刘皇后传》，但是《太宗纪》中道武帝只说是据汉典行事，不言及有拓跋故事、旧法为据，这当是明元帝明了拓跋历史，不肯接受根据所谓故事、旧法而赐其母死此一残酷事实的缘故。循此思考，我认为道武帝据儒生缘饰汉典为一时的理由，赐死刘皇后以后，子贵母死才开始具有案例性质，立嗣都循此例，遂以相沿成习。这样，经过几次立嗣的实践，到了文成李皇后时，子贵母死自然已成故事、旧法，而李皇后之死就是依故事、旧法行之。

拓跋部虽然没有具体的子贵母死旧法让道武帝遵循，但是矫正拓跋部旧时长期延续的母强子立局面，却是采行子贵母死这种残酷措施的直接原因。道武以前是母强子立，道武以后是子贵母死。这种截然不同的现象有着相同的背景，前者是反映了、后者是有惩于外家和母后势力的强大。从前者到后者，看得出是拓跋历史的一种飞跃。

如果再大胆一点来寻求理解，认为刘夫人据"故事"、"旧法"被赐死之说并非全是空穴来风，如果事有先例，难道道武在其母贺太后死之次月"进尊号"之事，已是子贵母死之制的先例？难道道武帝视母后及母族势力为其帝业障碍而竟使贺太后死在他自己之手？这是值得想一想的问题，本文将在后面另作探索。

《魏书·天象志》中保存的资料，有助于说明刘夫人赐死更重要的是出于斩断拓跋历史中母强立子的传统，求得一种巩固帝国的手段，而这种手段是经过几年的思考之后，才以旧制的名义，下决心实行的。据《天象志》一之二，天赐元年（404）"四月甲午，月掩轩辕第四星。占曰：'女主恶之。'六年七月，夫人刘氏薨"。《天象志》一之一记曰："天赐五年（408）七月戊戌朔，日有蚀之。占曰：'后死。'六年七月，夫人刘氏薨。"排比上引资料，可知天赐元年四月出现不利于刘夫人的天象和"女主恶之"的星占之后，五年七月又出现日蚀和"后死"的星占。再过一年，天赐六年（即永兴元年）七月，刘夫人始被赐死，其间足有五年多的渲染时间。天象记事是按时记载的官府文书，借天象观察人事吉凶，可以被用来引导人们的认识，达到主其事者的预期目的。这是制造舆论的游戏。正史中本来是少有为一个皇后之死而留下多则天象资料的。《魏书·天象志》罕见地记录了多则有关刘夫人死前数年命运的资料，为的是烘托出刘夫人之死，而且还要隐去死因，不正是这样的舆论游戏吗？刘夫人本以其子立为嗣君而被赐死，嗣君即位后追封刘夫人为先帝的皇后。这当是永兴元年（409）的事。然则，《天象志》天赐五年七月占曰"后死"，此时道武尚未死，明元尚未即位，此追封之"后"从何而来？这不正是造作舆论的明显证据吗？天象占语原本是太史即时记事，占语夹叙于《魏书·天象志》中则不免参有《魏书》史臣斟酌之词。看来道武帝本人在这五年之中经历了人性与兽性的激烈斗争，人性未能占到上风，因而才出现杀妻立子、子贵母死的决策。也许这种斗争早已有过，只是缺乏文献证据，我们不能遽言之。

韩国史学家朴汉济教授注意到北魏后宫子贵母死问题，认为子贵母死既非拓跋旧法，也非汉制，而是北魏胡汉体制中的特殊事物，其目的是为了加强皇权[1]。以加强皇权为目的，总的说来是无疑义的。我想补充的是，汉制、旧法两说毕竟并存于魏收书中，不会是任意造作，当是各有理由。汉制之说是外观的包装，是一种非拓跋传统的包装，显示道武帝身边汉士在某些方面与道武帝相投，很有影响。旧法之说可能承载了拓跋部的历史记忆，更值得我们留意。不过拓跋部内并未见有什么可据的或可作规范的旧法、故事，所以此说也带有包装性质，是拓跋传统形式的包装。在我看来，子贵母死是道武帝蓄意创立一种权力继承方式的尝试，不是偶然的措施，不过也还远未制度化，因此还要探寻各种解释，以求得拓跋贵族的认同，避免各种利益集团的争夺。统观十六国历史，没有一国能避免部内争夺继承权力的血腥斗争，这当是道武帝引为鉴戒的。道武帝不惜用子贵母死手段来作尝试，其心态之野蛮残酷是不言而喻的。但是他以汉制、旧法诸说加以粉饰，使之成为定制，后代相沿成习，维持北魏统治一百余年之久而无太大的内乱，与前此的十六国都不相同，这在那个时代是十分不容易的。事实俱在，功罪谁评，读史至此，不禁唏嘘不已。

二　拓跋部早期君位传承中后妃的作用

（一）神元帝力微前后

北魏以神元帝力微为其始祖，至昭成帝什翼犍灭国，历时约一

---

[1] 朴氏《北魏王权与胡汉体制》，载《中国史研究的成果与展望》，中国社会出版社，1991年，87—107页。朴氏另有《中国中世胡汉体制研究》，汉城一潮阁，1988年。

个半世纪,史文虽略而帝系无误。但是在这个长时间中,没有形成后妃之制,史称六宫之典无闻[1]。《魏书·皇后传》中可得稽考的后妃,昭成以前只有少数几人;后妃虽偶见有次第之分,正式名号却一律是道武帝以后追尊先祖时所封。从不多的所谓后妃资料中探寻,可能与君位传承相关的事例,力微时代已见,但是事在隐约之间,可供分析而难于确言。

《魏书·序纪》,圣武帝诘汾与天女合,生力微,所以谚曰:"诘汾皇帝无妇家,力微皇帝无舅家。"感天而生的神话,在中国许多民族追叙先民始祖时,或是帝王降诞附会祥异时,是屡见不鲜的。先民知其母不知其父的事,是民族发育特定阶段的常情。以鲜卑论,檀石槐就有母无父。但是拓跋谚语之意不是知母不知父,而是知父不知母;不重在种族来源或应期承运,而重在其先王无妇家、无舅家,也就是母族无闻的事实方面。这似乎暗示诘汾、力微与其妇家、舅家有过某种事端,他们有意隐去与妇家、舅家的关系,因而妇家、舅家无闻。《皇后传》史臣曰"始祖生自天女,克昌后叶",多少透露了拓跋后人认为拓跋昌盛是力微生自天女的结果,而天女则是一个不知其所从来的虚构的历史角色。这也是诘汾无妇家、力微无舅家之谚所传递的历史信息。

稽考史实,确知诘汾除有子力微之外,另有子名匹孤,而且是长子。《元和姓纂》卷六源氏及《新唐书》卷七五上《宰相世系表》源氏,都提到诘汾长子匹孤。这就是说,诘汾妇家、力微舅家是有的,当时不会无闻。《魏书》卷九九《秃发乌孤传》及《晋书》卷一二六《秃发乌孤载记》说,匹孤率部自塞北迁于河西。《魏书·序纪》神元帝力微元年谓"先是西部内侵,国民离散,(力微)依于没鹿回部大人窦宾"。所谓"西部内侵,国民离散",当指诘汾末年拓跋

---

[1] 《北史》卷一三《后妃传》:"魏氏王业之兆,虽始于神元,然自昭成之前,未具言六宫之典。"

部落联盟发生内乱，部落联盟瓦解，诘汾长子匹孤因此率所部远走河西，独立发展，后人称之为秃发部。诘汾次子力微在故地，则依附于没鹿回部。秃发即拓跋之声转，二部同源，魏收《魏书》别而二之，《晋书》又承其说。据《魏书》和《晋书》，匹孤三传至树机能[1]，当西晋泰始、咸宁之际；而力微则当魏黄初、景元之际。可见匹孤与力微以年岁计，可以是兄弟行辈而无太大扞格。力微既有兄弟可考，则其人其事不是神人之间不可得言的问题，出自天女之说只能是后人编造，目的是用神秘色彩衬托力微的法统地位，并掩饰尴尬的历史问题。我疑这种神话的出现可能与造成国民离散、匹孤西迁的内乱有关。也许诘汾妇家（力微舅家）涉乱被消灭，甚至诘汾妻（力微母）也被杀害，乃有上举谚语的出现。这虽然是推测，但同以后力微与其妇家窦氏的关系却很有相似之处，二者似乎是同一类历史事实的反映。

　　诘汾的拓跋部，其时已统属于鲜卑檀石槐。《后汉书·鲜卑传》说："自檀石槐后，诸大人遂世相传袭。"范书说的"诸大人"，当泛指鲜卑各部，包括拓跋部。但是"世相传袭"，特别是严格的父死子继，要使之成为制度，远非一步可就。就檀石槐后人言之，君位确由其子传承，但二世之后就出现了血腥的兄弟相争。拓跋部内诘汾无妇家、力微无舅家之说，也正是反映了世袭传承制度生长过程中的反复曲折。掌握了权力的母后，在其所从出部落的支持下，往往容易造成使诸子次第为君的局面。力微既出自虚构的天女，看来也不会存在母家部落来干预拓跋"世相传袭"的继承秩序。天女传诘汾，还以其所生男授诘汾曰："子孙相承，当世为帝王。"这不是与范书所记"自檀石槐后，诸大人遂世相传袭"之语恰相呼应吗？我推测，天女神话故事掩盖了如下的一段历史：诘汾之妻及妻族被拓跋强力

---

[1]《元和姓纂》附四校记本，中华书局，1994年。卷八树机条、卷一〇秃发条，均谓树机能为匹孤六世孙，岑氏校记断六世之说为误。

消灭，力微才得以稳继君位。还可推测，力微后来对其妻窦氏及妻兄的残酷斗争，也是为了同样的目的。拓跋先人的这一段历史，拓跋史诗《代歌》中当有所表述，只是后来修撰魏史时，被改造成神话或被粉饰了。

现在让我接着考察力微嗣位前后的情况。

力微之妻窦氏，即是后来追尊的神元皇后。力微依附没鹿回部时，大人窦宾以女妻之。其时没鹿回部本为拓跋部落联盟中强大的一员，力微本人的安危与拓跋部君长地位的废兴，系于窦氏家族之手。窦宾死，力微先杀其妻窦氏，再杀窦宾二子，其中有部落大人窦他，时在力微二十九年（248）。这样，依附于没鹿回部的拓跋部反过来兼并了没鹿回部，使拓跋部得以振兴[1]。这是北魏早期史文正式记载君长杀妻及妻族以固君位的首见事例，它给我一个启示，似乎拓跋君位传承与母后生死大有关系。这一启示，还使我作出力微无舅家之说与拓跋因继承而生的乱局有关的推测。而且，正是这一启示，使我萌生对子贵母死制度作历史追溯的兴趣。

窦后虽被神元帝力微手刃而死，其位不废，因此《魏书》列之于《皇后传》之首。道武帝天兴二年（399）正月，"亲祀上帝于南郊，以始祖神元皇帝配"。三年正月"辛酉，郊天。癸亥，瘗地于北郊，以神元窦皇后配"[2]。据此，知北魏郊天、瘗地之制的完备始

---

[1] 力微并没鹿回部后约六十年，窦勤受穆帝猗卢之命复领旧部，称纥豆陵，看来与拓跋部若即若离。道武帝登国五年（390）讨纥突邻于意辛山（在阴山北），纥突邻举部内属，皇始二年（397），纥突邻反于阴馆，庚岳讨灭之。纥突邻即纥豆陵，当是内属后强制南徙，居"次南"之地（《魏书·官氏志》），故于阴馆反。参姚薇元《北朝胡姓考》窦氏条，科学出版社，1958年，175页。

[2] 天兴二年事见《魏书》卷一○八《礼志》（一）及《太祖纪》；三年事见《礼志》，《太祖纪》只记"癸亥，有事于北郊"，未记辛酉南郊祭天事。《礼志》三年正月"辛酉，郊天"之下，当有"以神元皇帝配"为允。又，以皇祖配天、皇妣配地，亦见太平真君四年嘎仙洞石刻祝文"荐于皇皇帝天，皇皇后土，以皇祖先可寒配，皇妣先可敦配"，见《鲜卑石室的发现和初步研究》，《文物》1982年第2期。 先可寒指神元，先可敦指窦后。《礼志》录此祝文，略去可寒配天、可敦配地的文字。

于天兴三年，郊天瘗地分别以神元皇帝和窦皇后配，始于此年；窦皇后法定地位的确立最晚也当在此年。窦氏虽被杀犹得尊位，似乎可说明从拓跋后人看来，窦氏不死于罪而死于一种可以理解的原因，至少道武帝是理解这种原因的。

《道武刘皇后传》说，子贵母死既行，明元帝即位，追尊生母，"自此后宫人为帝母，皆正位配飨焉"。有神元窦皇后被杀以后仍被追尊的先例在，道武刘皇后及以后各代帝母因子贵而死者自然皆得追尊。由此逆推，力微子沙漠汗既获追尊文帝之位，文帝生母亦当正位。这又反证被神元帝所杀的窦皇后之所以得追尊，应当由于她是文帝生母之故。以上诸例，都可视为子贵母死（贵其子先杀其母）的滥觞。

杀皇后与立嗣君的关系，从神元帝杀害窦后之事中就可以多少窥见一点影子。本文前节，曾推测道武帝有可能从拓跋历史传说中为子贵母死寻求比附，而拓跋历史传说中可以比附的，只有力微无母、力微杀妻二事。

诘汾、力微时发生的这种事，作为个案留在拓跋部人的记忆中，没有形成惯例。神元帝死，情况变了。此后一个多世纪，拓跋各代先人中未出现杀妻立子的正式记载或可得推断之事，而多是后权支撑君权，是拓跋外家部族支撑拓跋部。嗣君得立，一般都有赖于强有力的母后和强有力的母族，所以杀后立子的影子暂时从拓跋历史传说中消失了。

（二）文帝沙漠汗子孙

神元帝力微死于西晋咸宁三年（277）。神元帝至道武帝之间，拓跋君位传承资料，主要只有《魏书·序纪》以及道武以前诸皇后、诸帝子孙各传。现在据《序纪》等资料，列拓跋部君主及后妃表。表中带顺序号诸君主，是由道武帝追尊帝号而实际居位者[1]。但有两

---

[1] 参看《十七史商榷》卷六六"追尊二十八帝"条。

类特殊情况。一类，文帝沙漠汗及献明帝寔均先于父死，未得居位，但由于他们在传承顺序中不可省略的大宗地位而得追尊，表中以双圈显示。二类，普根及普根之子短祚而又未得追尊，表中以单圈显示。这两类均不入顺序号。阅读下文时请对照此表，庶几减少一点繁琐之感。

表一

表二

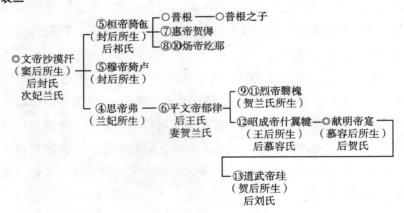

力微死后，君位在其后裔各支系之间移动，位次错乱，传承无序，引发出许多尖锐、残酷的斗争，事实多见《魏书》之《序纪》及《皇后传》，无庸赘述。其中可以概括分析，约有如下几方面的问题。

首先可以看到，长子地位特殊的观念虽已出现，但父子传承远不是普遍认同的传承秩序。力微本人并非长子，已见前文。力微长子沙漠汗以拓跋"国太子"出为魏晋质子，习染华风，归国时诸大人怕他"变异旧体","不若在国诸子习本淳朴",乃并力杀之。同年力微死,在拓跋部的乌丸王库贤"欲沮动诸部",语诸大人曰:"上恨汝曹谗杀太子,今欲尽收诸大人长子杀之。"按,拓跋本无立太子之制,此处所谓太子实指拓跋力微之长子。库贤以力微之太子与诸大人之长子对举,可以为证。但是拓跋长子并不具有当然的继承权。沙漠汗死,拓跋部并未直接立其长子为嗣君,甚至也不是在沙漠汗之余子中择立嗣君,而是以沙漠汗诸弟轮流充位。沙漠汗之子,并不优先。

其次,嫡庶观念不明。嫡庶观念,惟见文帝后宫有封后、兰妃名义的区别,这恐怕也是后世史臣借用之词,并非中国古代严格意义的后和妃、嫡和庶之别。兰妃之子弗为文帝少子,但先于封后长子猗㐌、次子猗卢得位。这与封后早死可能有关,但也说明后之子与妃之子并无身份差异。后来兰妃之孙平文帝郁律终于取代封后子嗣成为拓跋大宗,昭成、道武皆出此系,所以道武帝追尊先祖时以平文帝为太祖。嫡庶长幼之序未能及早形成制度,君位传承无可遵循的轨辙,因此争位的内乱特多,是本期拓跋历史的一个特点。

再次,还可以看到,残酷的君位之争主要在兄弟之间进行。这说明兄终弟及制具有较强的势头。前述匹孤、力微兄弟,一走河西,一统本部,似乎有兄弟争位的隐曲。穆帝猗卢欲立次子比延,使长子"六脩出居新平城而黜其母"[1],六脩杀比延,猗卢亦暴死。桓帝子普根"攻六脩,灭之"。这是一场由争位而起的极其血腥的内乱。从此,穆帝猗卢后人从拓跋历史上消失了[2]。经过拓跋兄弟、拓跋从兄弟为争君位而残酷攻杀以后,桓帝后人虽暂时取胜,但是

---

[1]《魏书》卷一四《神元平文诸帝子孙传》。《资治通鉴》晋纪建兴四年引此,六脩前有"使"字,文意较确。

[2] 疑桓帝死后穆帝即位,按部落中兄死妻嫂习俗,以桓帝祁后为己妻,生贺傉、纥那。事为《魏书》所讳,不显。普根为桓帝与祁后之子,多有战功,与穆帝同年略后死。祁后顺势取普根始生婴儿备位充数,以继普根。婴儿旋死,拓跋统绪入平文帝之手。或其时贺傉、纥那尚幼,名分未被国人认同,未得继普根之后为君也。此事论述,请参看本书《文献所见代北东部若干拓跋史迹的探讨》第四节。

不久优势转移到平文帝后人之手，从而出现了分别出于桓帝、平文帝这两个支系之中的炀—烈—炀—烈长达十余年之久的复辟反复辟之争。烈帝翳槐死，其弟什翼犍得立，又是兄弟相争。

　　最后值得注意的是，在主要是兄弟相争的过程中，诸多皇后、母后各自护持自己的子嗣继承其父之位，形成与兄终弟及秩序相抗衡而又交错出现的现象。如上列君主及后妃表所示，神元帝力微诸子均得相继居位，但是只有文帝沙漠汗一系的后人得到发展机会，这得力于文帝的封后和兰妃，然而又导致以后封后和兰妃各自子嗣之间的斗争。穆帝猗卢欲立次子，先出长子于外并黜其母，也是预防母为子争。

　　穆帝猗卢死后绝嗣，其兄桓帝猗㐌之后祁氏害死兰妃后嗣平文帝郁律。平文帝王后则极力反抗桓后祁氏，在危殆情势下终于突破祁后的压力，立平文之子烈帝翳槐。在复杂的争位过程中，文帝兰妃两次为子孙争得君位；桓帝祁后三次为子孙夺得继承权，先后立君四人五次；平文帝王后则先为平文的庶长子翳槐夺得继承权，后又以己子什翼犍继承长兄翳槐君位[1]。这都是后权、母后权极为强大的典型证据。

　　由此看来，这个阶段的历史，实际上也是两种继承秩序的激烈竞争。更为古老的兄终弟及制符合立长君以维持部落势力的原则，有它存在的理由，因而往往得到部落大人更多的支持。但是同辈兄弟以及父辈兄弟众多，选择中易生纠纷，兄终弟及制归根结柢也不利于拓跋社会秩序的稳定。而且兄弟之数毕竟是有限的，拓跋权位还得让下一辈来传承。所以皇后或母后干预继承秩序，在艰难的斗

---

[1]《资治通鉴》卷一〇四太元元年胡注："拓跋郁律二子：长曰沙莫雄，次曰什翼犍。沙莫雄为南部大人，后改名仁，号为拔拔氏，生嵩。道武以嵩宗室之长，改为长孙氏。"按：以此与《魏书》参读，沙莫雄当即翳槐。翳槐之子得称长孙氏，知此系虽不出王氏而出于贺兰氏，亦受尊敬。这或许是由于贺兰部强大而且翳槐毕竟是长子的原因。

争中为父死子继制开辟道路，也是拓跋社会发展的客观需要。

皇后或母后干预继承秩序，助长兄终弟及，一般只限同母兄弟，最多也不过同父异母兄弟，而不及于从兄弟。平文王皇后立平文妻贺兰氏所生翳槐就是这样。而且翳槐之后君位终于归入王后所生什翼犍手。以后父子相传，至于道武，遂为成规，但是还不是北魏定制。

（三）平文帝郁律以后

平文帝郁律在位时（317—321），拓跋部落联盟势力大有扩张，"西兼乌孙故地，东吞勿吉以西，控弦上马将有百万"。后来昭成帝什翼犍时（338—376），"东自涉貊，西及破洛那，莫不款附"[1]。这是奠定北魏道武帝基业的两个重要阶段。《隋书》卷五八《魏澹传》："平文、昭成雄据塞表，英风渐盛，图南之业，基自此始。"后来道武帝尊平文为太祖，尊昭成为高祖，既是肯定他们在北魏帝业中的重要作用，也是突出他们在拓跋君统中的尊显地位。其间平文王后保护昭成之功，献明贺后保护道武之功，都起了重要作用。

平文被害死后，从桓帝祁后之手夺回君统的是平文王后，但继立的烈帝翳槐并非王后之子，而是平文帝妻贺兰氏之子。翳槐死后，自然产生了是君位传子，还是君位传弟的问题；也就是传给贺兰氏的血胤，还是传给王后血胤的问题。我们知道，翳槐是有子的，其第四子名谓，后来从道武帝征讨，孝文帝时的东阳王丕就是谓的后人。《魏书》所见，还有淮陵侯大头，"烈帝之曾孙也"；河间公齐，"烈帝之玄孙也"；扶风公处真，"烈帝之后也"[2]。但是翳槐终于未传子而传异母弟。《序纪》载翳槐临终顾命："必迎立什翼犍，

---

[1] 以上均见《魏书·序纪》。
[2] 谓、大头、齐、处真，均见《魏书》卷一四《神元平文诸帝子孙列传》。关于谓，本传言"后谢老归家，显祖善礼遇之……"。按烈帝翳槐死于338年，显祖献文帝弘即位在465年，谓不大可能长寿若此，《魏书》显误。

社稷可安。"君位传弟引起一番兄弟相争。翳槐四弟孤杀三弟屈，始赴邺迎来为质子于后赵的什翼犍。我们更应留意，在君位继承两种制度的斗争中，翳槐自己决定立异母弟而不立子，除可能因拓跋部境况不佳，宜立长君以稳定形势的原因以外，更重要的恐怕还是平文王后的强制干预。王后想先用贺兰氏所出平文庶长子翳槐抗衡桓帝祁后之子，夺得君统。其时王后自己的儿子什翼犍年始十岁，无力统事，立翳槐恐怕是不得已。翳槐死时什翼犍已十九岁，王后必不会放弃这个夺回君统的机会，所以才有翳槐临终顾命之言，才有拓跋孤力排众议迎立什翼犍之事。翳槐顾命云云，实情难辨。王皇后大权在握，由她导演"顾命"，是不困难的。这就是《魏书·神元平文诸帝子孙·高凉王孤传》所反映的内容。《王皇后传》说："烈帝之崩，国祚殆危，兴复大业，后之力也。"所谓"国祚"，所谓"兴复"，以翳槐死后情况言之，我认为一是指拓跋部得以改变从属石赵的状况，一是王后血胤得以确立为拓跋大宗的地位，后者恐怕更为重要。从此以后，拓跋历史上神元帝—文帝—思帝—平文帝—昭成帝—献明帝—道武帝这一父子相承的正统地位得以确定，王后的作用是巨大的。王后能干有作为，建国十八年（355）始死，生前屡为什翼犍作重大的决策。

　　昭成帝什翼犍以后，北魏历史中不再见兄终弟及的传承秩序，但是余波激荡还是有的。父子传承需要一套嫡庶长幼之序，需要预立储君，这些条件看来是晚到明元、太武时才陆续完备起来的。所以，什翼犍死，有庶长子寔君（非昭成慕容后所生）杀害诸皇子以争君位之事，见《魏书·昭成子孙·寔君传》。后来拓跋珪以什翼犍嫡孙继统，又有季父窟咄争位之事，见同书同卷《窟咄传》。《魏书·礼志》天兴二年（399）十月："立神元、思帝、平文、昭成、献明五帝庙于宫中。"五帝庙之立，从庙制上确立了拓跋大宗的地位，排除了兄终弟及的传承秩序。但是道武帝拓跋珪死，还有其次子绍与其长子嗣（即后来的明元帝）争位之事，见同书《道武七王·清河王绍传》。看来嫡庶长幼之序的确定有利于拓跋部的稳定和文明程度的提高，却又牵动许多人的实际利益，是一个复杂而又迁延时日的过程。文帝沙漠汗以后出现的后权（包括皇后、母后）支撑君权的反复竞逐，是形成父死子继秩序的艰难而又必不可少的阶段；而道武帝时出现的子贵母死之制，又是既否定后权又巩固父死子继秩序的决定性的一步。这个过程的重要结果是，拓跋部得以巩固专制君权，北魏得以奠定在中国北方相对稳定的统治秩序。为巩固君权而牺牲人性，甚至残害储君之母，而且还要定为制度，这正是文明孕育于野蛮的一个鲜明实证。

三　君位传承中后妃的部族背景

　　拓跋鲜卑，相对于先后兴起的其他胡族说来，是一个发展缓慢的部族。东汉桓帝时拓跋南迁，"统国三十六，大姓九十九"，群体庞大松散。汉末建安年间拓跋诘汾再次南迁[1]，部落联盟更扩大了。《魏书·官氏志》所谓"七族"、"十姓"，是拓跋部落联盟内新形成的核心，血统亲近，"百世不婚"。拓跋部作为联盟领袖，其后妃必取之于七族、十姓以外的部族，其女子也必于七族、十姓以外择偶。因此，在一定的时间内，可能出现一些与拓跋部世代为婚的部族，形成与拓跋部的特殊关系。由于君权不张，拓跋后妃也就自然而然地居间起着联络作用，甚至有可能成为维系拓跋部落联盟的关键人物。

　　拓跋后妃所从出的部族，其强弱兴衰直接影响拓跋后妃的处境。后妃的部族通过后妃，既可以稳定拓跋君长在联盟中的统治地位，也可以破坏联盟的安定和谐。尤其是当拓跋君长初死、新君尚

---

[1]《魏书·序纪》诘汾之子力微元年，岁在庚子，即曹魏黄初元年（220）。据此，知诘汾南迁在建安之世，参看《十七史商榷》卷六六"追尊二十八帝"。

未产生之时，为了竞夺君位，或者制约君权，后妃的部族往往成为举足轻重的力量。北族妇女无礼教束缚，部落权力结构中对居位的妇女也没有有效的制衡机制，后妃、母后直接操持政治，竞逐权力，比汉族王朝要简便得多。这种现象，久而久之形成传统，《颜氏家训·治家》所称的"恒代遗风"，当包括这种传统而言。从另一方面看来，后妃既有部族背景，就可能形成一种特殊利益集团，难于与拓跋君长总是维持一致。拓跋君长权力一旦确定，有可能产生摆脱后族干扰的要求。诘汾无妇家的传说和力微杀窦后及其兄弟的事实，我认为就是这一要求的曲折反映。只不过在此后的几个世代，君权并没有得到加强，而后妃及其部族对拓跋君权的制约反而更大，君权摆脱后族干扰的要求，不过是一种隐性存在而已。

在道武帝追尊的二十八帝中，神元帝力微以后十四帝虽传承关系可稽，但各代皇后情况差异很大。《皇后传》说"太祖追尊祖妣，皆从帝谥为皇后"，而十四帝中竟有八帝无后妃事迹。穆帝皇后生活在拓跋部发展的重要时刻，本人还具有西晋所封代王妃的名分，又涉及拓跋部内六脩、比延之争，但是她的姓族事迹，在《魏书·皇后传》中不见一字。烈帝翳槐皇后，即昭成帝之嫂、道武帝之伯祖母，年代不甚久远，不应毫无记忆，竟然也在事迹无闻之列，这很令人不解。我怀疑某些后妃、母后由于不便明言的原因，如死于君位争夺之类，被后人（包括道武帝本人）有意抹去，而未得进入《皇后传》中。我甚至怀疑崔浩之狱所谓国史"备而不典"、"暴扬国恶"主要指这一类的事实。拓跋宫人为帝母而赐死者，其子登位后得正位配飨，此制始于道武刘皇后，其本传中有明确记载。刘皇后以前的后妃由于其子嗣登位而死者，如果有的话，并不在追尊配飨之列，因而史传失载。至于窦后配飨，是由于力微被尊为始祖的特殊缘故。道武帝以前略可稽考的拓跋后妃，多半都在君位传承中有过重大活动；而且还可判定，这类活动多与其所出部族有关。现在依次略加考察。

始祖神元帝力微皇后窦氏　窦氏是文帝沙漠汗之母,出于没鹿回部,即后来的纥豆陵部。窦氏本人并无事迹可言,但力微杀窦氏及其兄弟,吞并没鹿回部,当可于窦后依恃其部族实力而不利于拓跋这个方面求得隐约的解释。

文帝沙漠汗皇后封氏　封氏是桓帝猗㐌、穆帝猗卢生母,早死。《官氏志》内入诸姓有是贲氏,后改封氏。《北史》卷三七《封敕文传》:"封敕文,代人也,本姓是贲。"据《元和郡县图志》卷四,什贲城即汉朔方县之故城,"什贲之号,盖番语也"。此什贲当即《官氏志》之是贲,亦即《宋书》卷七七《颜师伯传》之拾贲。《序纪》桓帝之二年(296)"葬文帝及皇后封氏"。《皇后传》:文帝皇后封氏"早崩,桓帝立,乃葬焉。高宗初,穿天渊池,获一石铭,称桓帝葬母封氏,远近赴会二十余万人"。赴葬者众,当有不少是贲部人,这无疑是桓帝显示其外家力量的机会,故刻石以纪其盛[1]。是贲部族势力的存在,对于封后后人,即桓、穆二帝及其子嗣得以依次继立,当有潜在影响。

文帝沙漠汗次妃兰氏　兰氏是思帝弗生母。思帝是文帝少子,年次、名分都在桓、穆之后,继承君位却在桓、穆之前。这当是由于后妃无别或所别不多;也由于封后早死,兰妃健在,桓、穆外家支助不如思帝外家之故。《官氏志》北方诸部有乌洛兰氏,后改为兰氏[2]。兰

---

[1] 按封后早崩,当葬盛乐近处;文帝死于塞南阴馆,疑即其地而葬,其地距盛乐甚远,非拓跋部所能稳定控制。《序纪》:"初思帝欲改葬,未果而崩。至是,述成前意焉。"思帝为文帝次妃兰氏所出,思帝欲改葬,依情理主要当是为彰显文帝而非为彰显封后。桓帝述成前意,当是为封后,即移文帝与封后合葬,意在正封后之位,因而牵动不少是贲部人。文帝与封后合葬之地当在平城附近,参看本书《文献所见代北东部若干拓跋史迹的探讨》一文。《太祖纪》皇始二年(397)二月,"并州守将封真率其种族与徒何为逆,将攻刺史元延,延讨平之"。此封真及其种族当即封后族裔。

[2] 姚薇元《北朝胡姓考》兰氏条,谓此兰氏即匈奴四贵种之一白兰氏之后,《史记》把乌洛兰氏径写作兰氏,以从简便。姚薇元还据此推断孝文改姓乌洛兰氏为兰氏,"特稽史、汉《匈奴传》之掌故耳"。录此以备一说。

妃当出此乌洛兰部。思帝在位仅一年，死因不明，死后君位入封后子桓、穆之手。这些蛛丝马迹，令人怀疑封后部族是贲部与兰妃部族乌洛兰部，卷入了拓跋君位的斗争。此后思帝之子平文帝郁律从封后后人之手夺回君统，并与封后后人形成持久的拉锯式争夺，其核心人物，已非兰妃而为平文后王氏。王氏真正的对手，则是桓帝猗㐌皇后祁氏。

桓帝猗㐌皇后祁氏　祁氏是力微以来见于记载的六帝后妃中最强的一人。祁氏三子，普根、贺傉、纥那都曾登位。普根初生之子也曾被扶立。不过普根及子在位都不到一年，未曾追尊谥号，不入魏帝法统。普根之子死，君位入思帝之子平文帝郁律之手，也就是说，在反复的斗争中兰妃系统暂时获胜。五年以后，祁氏死灰复燃，害平文帝，相继立己子惠帝贺傉、炀帝纥那。祁氏以母后直接主政，拓跋政权被称为女国。纥那与平文帝子烈帝翳槐进行了长达十四年（325—338）的复辟反复辟斗争，实际上是桓帝祁后与平文帝王后的较量。王后终于巩固了兰妃一系已有的胜利，使拓跋君位落到王后之子昭成帝什翼犍之手。从此，拓跋君统一直在平文帝后嗣中传袭，直到北魏灭国。

祁氏姓族不详所出。《北史》祁氏作惟氏，《太平御览》卷一三九作维氏。按道武以前各代皇后皆出北族，祁氏出于北族是肯定的。《官氏志》无祁氏，或可以"年世稍久，互以改易，兴衰存灭，间有之矣"来解释。但汉姓有祁，《广韵》上平五支谓祁氏出太原。唐代的王珪自称太原祁人，在魏为乌丸氏。祁后姓族难详，略同王珪之例，这种人或许就是《官氏志》所称的"诸方杂人来附者"的"乌丸"之类。《序纪》所见祁后主政后所赖外力主要为居东方的宇文和慕容，此二部似与祁后有特殊关系，因此我转而思考祁后更可能出于广宁乌桓。

平文帝郁律皇后王氏（附郁律妻贺兰氏）　王氏是昭成帝什翼犍生母。平文帝长子烈帝翳槐并非皇后王氏所出。桓帝祁后诸子相继居位时，翳槐避居舅部贺兰部。当君位之争激烈时，炀帝纥那曾索翳槐于贺兰部，贺兰部不遣。炀帝召宇文部击贺兰部，不胜，避走大宁，旋入居宇文部，"贺兰及诸部大人共立烈帝"。由此可知，平文帝有妻贺兰氏为翳槐生母，未得立为皇后，但贺兰部由此直接介入拓跋君位之争。桓后祁氏害平文，"大人死者数十人"，似贺兰氏与平文俱死。

平文死时，王皇后产子什翼犍尚在襁褓。《王皇后传》："时国有内难，将害诸皇子。""内难"无疑指祁后之逼。皇子翳槐避居贺兰部当即此时之事。另一皇子什翼犍则由生母王皇后护持得免。烈帝翳槐立，什翼犍被遣襄国为质。此后君位转换频繁，实际上就是桓帝祁后与平文帝王后之争。祁后当死在王后之前，王后获得胜利。祁后害死了平文帝，王后却保护了平文帝后人的君统地位，使之延绵长久。

在平文帝支系内部，王后着力排斥介入拓跋君位之争的贺兰部。翳槐母舅贺兰部帅蔼头是拥立翳槐为帝的主力，不久就以"不修臣职"的罪名被杀戮。什翼犍即位，意味着拓跋君统从贺兰氏后人转入王氏后人之手。翳槐生母贺兰氏始终未得占有拓跋后妃应有的地位[1]。这种事情的发生，都是由于王后在起着作用。

关于平文王皇后的族属问题，姚薇元《北朝胡姓考》有说[2]。此书引《旧唐书·王珪传》，珪自称太原祁人，"在魏为乌丸氏"。姚著并谓"魏平文后王氏、王建……皆乌丸族人"。王皇后为王建祖姑。《魏书》卷三〇有《王建传》，与王建同卷诸传十余人尽为北族，王建不可能独为汉人。《王建传》谓王皇后有兄弟王丰，昭成时"以帝舅贵重"，"丰子支，尚昭成女，甚见亲待。建少尚公主"。王氏与拓跋的这种累代婚姻关系，也可据以判断王皇后不是汉人。还有，王建入葬金陵，而此前入葬金陵者只有帝、后、帝室十姓及少数勋

---

[1] 但是贺兰部族强大，在拓跋部落联盟中继续起重要作用，详见本文第四节（一）。
[2] 《北朝胡姓考》外篇"未见《魏书·官氏志》诸胡姓·东胡诸姓"中之王氏条。

臣八姓及内入诸姓人物，绝无汉人[1]。

乌桓内徙较早，缘边停驻，也向内地浸润。乌桓虽有酋长、庶长，但严格的部落组织已不存在，故其民称若干家而不称若干落。《官氏志》所谓"诸方杂人来附者总谓之乌丸"，当是指部落离散、汉化较高的包括乌桓族在内的胡人。《晋书·卫瓘传》，瓘，泰始时都督幽州诸军事、护乌桓校尉，离间务桓[2]、力微，力微忧死。《魏书·序纪》谓力微左右人物乌丸王库贤[3]受卫瓘货赂，至是沮动诸部。按，护乌桓校尉东汉驻上谷宁城，今河北张家口[4]。晋废宁城，设广宁郡，治今河北涿鹿。护乌桓校尉当随徙至此。这一带为乌桓人重要聚居地，平文王皇后就是广宁人，《王皇后传》说她"年十三，因事入宫"，可能指以战俘或罪犯身份没入拓跋掖庭，选入宫苑。广宁乌桓与拓跋接触较早，所以其代表人物如库贤，得为力微亲近左右；如王建，得为道武帝近将。攻打乌桓聚居区的广宁战役[5]，讨平反复叛乱的渔阳乌丸库傉官韬的战役[6]，道武帝都以王建为统将，当是有意利用王建在乌桓中的影响。

据此，推定平文王皇后族属为乌桓，我认为比较可信。北魏王

---

[1] 参看吕一飞《胡族习俗与隋唐风韵》，书目文献出版社，1994年，145页。文成帝时司马楚之之配葬金陵，是极特殊的情况，而且时间也很晚了。
[2] 原文谓卫瓘所居"东有务桓，西有力微"，务桓当是乌桓。代北地区乌桓、拓跋并处，大体上是乌桓在东，拓跋在西，故有此说。拓跋是由力微率部溯长川越阴山徙于盛东，在代北西部；乌桓多由上谷、广宁诸郡徙来，居代北东部。
[3] 乌丸王库贤，可能指乌丸之王名库贤者，也可能指乌丸人其姓名为王库贤者，此处无法确认，似后者可能性较大。乌丸人袭用汉人王姓者多，如下文将提及的王建。
[4] 关于东汉末年的护乌桓校尉，1971年发现的和林格尔汉墓壁画有宁城图，有护乌桓校尉出行图等。其中宁城图中"校尉莫府"占画面绝大部分。各画面中榜题多至二百余处，均为八分书，包括府舍、诸曹以及谷仓等名目，详见《和林格尔汉墓壁画》，文物出版社，1978年。该墓主人曾任西河长史（治离石）、行上郡属国都尉（治土军）以及繁阳县令，后转任使持节护乌桓校尉。这些带有连续性的壁画所反映的是墓主生前活动的一部分，而以反映使持节护乌桓校尉为画面高潮。
[5] 《魏书》卷二三《莫含传》。驻守广宁者，为独孤部刘亢泥，也是乌丸，时受后燕慕容垂之封为乌桓王，见《资治通鉴》卷一〇七太元十二年。
[6] 《魏书·太祖纪》天兴元年。

氏有许多出于乌桓。据《周书》卷四〇《王轨传》、《周书》卷三一《梁士彦传》、《隋书》卷四〇《宇文忻传》，可知"累叶仕魏"的王轨，入周改姓乌丸。《魏书》卷九三《恩倖·王睿传》附弟谌传及卷一一三《官氏志》、卷一〇八之三《礼志》，王谌非国之"大姓"、"十姓"而为"庶姓"，虽居神部尚书，亦不得预国家"迁主安庙"之事。据此推断，王谌非汉姓亦非拓跋贵姓，又得居职神部尚书，很可能也是乌桓之属。

《魏书·序纪》穆帝三年（310）"铁弗刘虎举兵雁门"事，《资治通鉴》卷八七永嘉三年（309）条注引《刘琨集》作"乌丸刘虎构为变逆"[1]。又，《晋书》卷一一三《苻坚载记》有"乌丸独孤"之称，独孤部刘亢泥亦受封为乌桓王。铁弗、独孤皆可称乌丸，可见乌丸确已非纯粹种族之名。本文也正是从这一角度认定平文皇后王氏为乌桓人。

由此看来，祁后和王后应当都是出于乌桓。乌桓在当时是一支虽不统一却很有能量的势力，连文帝沙漠汗之死也是乌桓王库贤所谮。所以祁后和王后能够凭借外家影响，导演拓跋君位之争，就更容易理解了。

以上列于《皇后传》的神元以来诸后，大抵皆有部族背景。只是拓跋先祖结绳记事，"世事远近，人相传授"，本易遗漏，更有违碍不得直言者，隔代即忘。所以皇后部族对拓跋部的影响，尤其是参与君位争夺诸事，虽隐约可见而难得确言。如窦后所出没鹿回部影响拓跋君位传承，桓帝聚众葬母封氏（是贲氏）以炫耀实力，贺兰部拥立其甥为拓跋君长（烈帝），都是此类事例。道武帝母族贺兰部，妻族独孤部，对于道武帝的君位和帝业，作用更大。《魏书·外戚传》首列道武之舅贺讷（出贺兰部）和道武后兄刘罗辰（出独孤部），反

---

[1] 按，晋永嘉三年当北魏穆帝二年。以《晋书·怀帝纪》永嘉三年事考之，《资治通鉴》系年为正，《魏书·序纪》系于穆帝三年为误。又，《资治通鉴》中华标点本"乌桓刘虎"断作"乌桓、刘虎"，标点不确。

映了此二部在道武帝兴起中发挥的特殊作用，将单独分别论证。[1]

四　离散部落与子贵母死[2]

离散部落，是道武帝拓跋珪开拓帝业时期的一个重大历史事件。关于此事，《魏书》直接提及的只有三条材料，都是语焉不详。一是《贺讷传》：道武帝平中原后，"离散诸部，分土定居，不听迁徙，其君长大人皆同编户。讷以元舅，甚见尊重，然无统领"。二是《官氏志》："四方诸部岁时朝贡，登国初，太祖散诸部落，始同为编民。"三是《高车传》："太祖时，分散诸部，唯高车以类粗犷，不任役使，故得别为部落。"中外史家力图探明究竟，但毕竟限于史料，难于细说。近年来，我想从另外的思路进行探讨，看看能否得到一些可资参考的意见。对被离散的重要部落作个案考察，就是这样一种尝试。

离散部落首先是暴力强制过程。道武帝为建立帝业而奋斗，重要的对手是几家强大的后族，即贺兰部、独孤部，还有慕容部，他们的部落离散都不是简单的遵令而行，都经历了反复多次的战争。拓跋部本身并无强大的军事力量。拓跋部早期在代北创业，凭藉了与拓跋共生于代北的乌桓的强力支持。道武帝拓跋珪复国后多次战争的胜利，则是依靠暂与拓跋结盟的后燕慕容部的军力。这是因为贺兰、独孤同样是慕容的主要威胁，而与拓跋珪对抗的拓跋窟咄以及庇护窟咄的西燕慕容永，又都是后燕的潜在对手。此一时间内，拓跋与慕容由于相同的利害关系，形成暂时结合，是贺兰部、独孤部

---

[1] 外戚部落影响拓跋政局，《北史·后妃传》上，西魏文帝郁久闾后事迹可以参考。
[2] 关于离散部落，本书中另收有《贺兰部落离散问题——北魏"离散部落"个案考察之一》和《独孤部落离散问题——北魏"离散部落"个案考察之二》两文。本节部分内容与该两文有所重叠，所以在修订本中作了大量删节，只举大要，但也未能完全消除重复。

得以被征服、分割、离散的客观原因。贺兰部、独孤部终于被分割离散了，才促使一些较小的、有定居条件的、驻牧地与拓跋接近的部落接受离散的处置。而且，还有不少部落由于不具备定居条件，或者北魏对之无力强制，终北魏之世未被离散。如果此说不误，北魏离散部落的内涵，正可于诸如离散贺兰、独孤等部落的个案考察中求之。而且，在离散部落中出了大力的拓跋结盟伙伴慕容部，最后也被拓跋倾覆和强制迁徙了。

离散部落与子贵母死制度，都是道武帝拓跋珪从部落联盟君主向专制国家皇帝角色演变中出现的。此时十六国历史行将结束，拓跋部已经历了相当长久的发育过程，拓跋珪的行事也不同于前此的拓跋诸君长。他弱时不得不靠母后卵翼，沿着旧有轨辙，引外家部族介入拓跋事务，对付拓跋诸父诸兄对君位的挑战，势强后就不愿继续屈居外家的掌控之中。他先是用离散部落方式以杜绝外家为乱，然后在择嗣时实行子贵母死之制以杜绝母后预政之虞。从巩固拓跋帝业角度来审视，这两者目的是一致的，甚至可说，后者正是前者的延续。

（一）贺兰部落的离散

道武帝母献明皇后贺氏，出贺兰部，部帅贺讷之妹。贺兰与拓跋累世为婚，拓跋近世后族部落，贺兰部最为强大，关系也最密切。376 年苻秦灭代，贺后携子珪及故臣吏避走贺兰部，遇高车寇抄而南返，庇托于独孤部。385 年，以独孤部帅刘显之逼，贺后又北走贺兰。贺讷兄弟及诸部大人"劝进"，拓跋珪得以于 386 年兴复代国。拓跋珪之兴，贺后与贺兰部起了决定作用。正由于此，道武帝强大以后欲树立君权，拓展帝业，必须牢固控制举足轻重的贺兰部，而贺兰部在离散部落的浪潮中也就首当其冲。贺兰部主要驻地，在盛乐西北，阴山以北至意辛山一带，即今内蒙古乌兰察布盟境内塔布河及其西北地区。与贺兰部相近驻牧的，是高车诸部，但有沙漠之隔。盛乐东南,是独孤部,其中心当在善无,今山西右玉境。盛乐以西,过黄河有铁弗部[1]。铁弗与拓跋虽有婚姻关系,但不亲近。苻秦灭代之役,铁弗曾充向导。其后苻秦处拓跋部民于黄河东西两边,委独孤大人刘库仁和铁弗大人刘卫辰分别统领。盛乐东越平城,沿于延水南支(今南洋河),进入上谷郡地,这里汉晋以来有大量附边的乌桓人居住。再东,属慕容势力范围。从拓跋所驻盛乐极目四望,大宁以西,句注以北,河曲以东,阴山以南,是习称的代北地区。其中的西部定襄、云中诸郡在高原之上,北越阴山与贺兰部相通,此通道作为拓跋部必需时向广阔草原的退路,是敞开的。从这里可以看到拓跋与贺兰的特殊关系。

代北地区可进可退的地理条件,使拓跋部得以长久生息其中,但是其驻地并不稳定,部族发育相当缓慢。直到苻秦灭代之时,拓跋部还未在农耕定居方面获得长足的进步,也未曾牢固地统治这一地区。道武帝的帝业,其决定性的一步正是统一代北;而代北统一最主要的对手,恰恰是拓跋部过去赖以扶持和庇托的后族部落,首先是贺兰部。

贺兰部,即贺赖部,为西晋北狄入塞十九种之一,《魏书·官氏志》入神元时内入诸部。《贺讷传》谓"其先世为君长,四方附国者数十部"。贺兰对拓跋有殊勋,孝文帝定为勋臣八姓之一。前燕时,有贺兰部落被强制内徙之事。慕容儁光寿元年,当拓跋部昭成帝什翼犍建国二十年(357),"匈奴单于贺赖头率部落三万五千降于儁,拜宁西将军、云中郡公,处之于代郡平舒城"[2]。平舒城在祁夷水(今壶流河,桑干中段南侧支流)畔,属代郡。这一带水泉丰富,

---

[1] 铁弗、独孤同由久驻并州的匈奴北部分离出来,但在与拓跋关系上,亲疏远近,两者大不一样。所以《魏书》独孤事在外戚功臣诸传中,铁弗则入五胡传。
[2] 《晋书》卷一一○《慕容儁载记》。该篇同年稍前,有慕容垂"讨丁零、敕勒于塞北",俘斩十余万事,贺兰是敕勒(高车)之邻。两年后又记"塞北七国贺兰、涉勒(敕勒)等皆降"事。又,"部落三万五千",《资治通鉴》作三万五千口,得实。

适宜农牧。前燕以贺赖头率所部居此，相当于《贺讷传》中所说的"分土定居，不听迁徙"，只是作为"匈奴单于"的贺赖头，似乎仍领部众，尚未同于编户。前燕拜贺赖头为宁西将军，封云中郡公，从宁西的将军名号和云中郡封地（虚封）看来，当是有利用贺赖部落力量，为慕容看守自代郡迤西至汉云中郡地区，以控制拓跋部的期许。这一官爵相当于原来西晋所封的代公、代王，这一地区就是习称的代北。

370年前秦灭前燕，自然也控制了平舒城的贺赖头部。376年前秦灭代，据《贺讷传》，以"讷总摄东部为大人，迁居大宁，行其恩信，众多归之，侔于库仁。苻坚假讷鹰扬将军"。这样，㶟水中段南面的平舒有贺赖头，北面的大宁有贺讷，南北都归于贺兰部。在我看来，这不像是出于偶然，而是苻秦有意利用贺兰部发挥其威慑拓跋（还有乌桓、慕容）的作用。贺讷威信侔于独孤部帅刘库仁之语，是有据的。此时恒、代以东已有独孤部势力浸润，所以贺讷总摄之任，也可能还兼有制衡独孤的作用。

淝水战后，前秦崩溃，后燕起于东，代国兴于西，处在东西之间的㶟水中段及其迤北地区，呈现复杂的态势。《资治通鉴》卷一〇七东晋孝武帝太元十二年（北魏登国二年，后燕建兴二年，387）三月："燕上谷人王敏杀太守封戢，代郡人许谦逐太守贾闰，各以郡附刘显。"刘显，刘库仁之子，杀库仁弟眷而为独孤大人，曾逼迫托身独孤部的贺后母子，贺后母子遁归贺兰部。刘显继承库仁之势，"地广兵强，跨有朔裔"[1]。原来受命前秦、总摄东部的贺讷，此时当自大宁撤归。拓跋珪得贺讷等扶持，初即代王位于牛川，力量微弱。所以上谷王敏、代郡许谦反燕，都不附拓跋、贺兰，而附独孤刘显。《资治通鉴》同年记"燕赵王麟讨王敏于上谷，斩之"；翌年三月又记"燕赵王麟击许谦，破之，谦奔西燕，遂废代郡，悉徙其民于龙

---

[1]《魏书》卷二四《张衮传》。

城"。[1]所谓"悉徙"代郡民,当包括三十年前迁此的贺赖头所统的贺兰部民。这是贺兰部落的一次重大迁徙,我估计此部落是被后燕慕容离散了[2]。

贺兰部落进一步被道武帝离散,可从道武帝征战事迹中钩稽。登国元年道武即代王位后,立刻发生了其季父窟咄争夺君位之事。窟咄,前秦灭代时被掳至长安,前秦崩溃后投西燕慕容永于长子。独孤刘显遣弟亢泥迎窟咄北上与道武争位。窟咄北上,牵动了代北反对道武的各种力量,道武再度被迫避居贺兰部。接着,道武策划了脱离贺兰部庇护、寻求后燕援助的方略。后燕慕容麟军自上谷西来,道武与之合力,破窟咄而收其众,因而出现了拓跋与慕容的短期结盟。登国二年、三年、四年,道武帝几次亲赴上谷赤城。赤城在今北京延庆之北,属慕容势力范围。延庆有道武帝庙,见《水经·灅水注》,其修建当与此一时期道武帝东行活动诸事有关。道武帝东行活动虽然发自联慕容破窟咄的需要,但从以后事态看来,联慕容的更长远目的,却是针对贺兰部。此后慕容之军得以在东西之间自由进退,以至于与贺兰部发生直接冲突。

登国四年,道武袭击与贺兰接近的高车诸部。袭高车意在贺兰。《贺讷传》:"及太祖讨吐(叱)突邻部,讷兄弟遂怀异图,率诸部救之。帝击之,大溃,讷西遁。"《太祖纪》登国四年袭高车诸部,大破之,"贺染干兄弟率诸部来救,与大军相遇,逆击走之"。这是拓跋、贺兰正式冲突的开端。按贺染干为贺讷之弟,贺讷历来护持道武,与贺染干态度本不一样。此次讷与染干共同反对道武,是道武引慕容之军入恒代,并远袭高车诸部,遂及贺兰的直接结果。高车诸部远在阴山以北之意辛山,世与贺兰诸部牧地虽相隔也颇相近,

---

[1]《资治通鉴》此事,《魏书》卷二四《许谦传》、《晋书》卷一二三《慕容垂载记》均缺载。

[2] 北魏太延元年(435)曾徙龙城民于平城,见《魏书·世祖纪》及《南齐书》卷五七《魏虏传》。贺兰部民当在徙中。

高车灭则贺兰自然警惧，所以贺兰诸部弃内隙而与高车共御此外侮。登国五年，道武帝与慕容麟合击贺兰、高车诸部于意辛山。稍后，河西的铁弗刘卫辰又袭贺兰，贺兰穷急，请降于拓跋，《贺讷传》谓"遂徙讷部落及诸弟处之东界"，事当在登国六年。此"东界"的具体位置当在大宁、赤城一带，今河北省西北境，其地本为慕容势力范围，所以贺讷在"东界"得"通于慕容垂，垂以讷为归善王"。据《资治通鉴》，徙于东界者并不包括贺讷弟贺染干之部，染干部落仍驻原地附近。所以六年春贺讷、贺染干兄弟相攻，慕容垂乃以兰汗率龙城兵破染干于牛都（胡注：其地当在牛川），并徙之于中山，这一部分贺兰部落从此被离散了。慕容麟之师则擒贺讷于赤城，降其部落数万，慕容垂命其归还贺讷部落。

这样，我们可以看到贺兰各部落近期以来被征服、强徙甚至离散的过程。一、登国三年平舒一带的贺赖头部落随代郡民一起强徙龙城，估计是离散了。二、登国五年，贺讷（可能还有贺卢、贺悦，因为《贺讷传》说"遂徙讷部落及诸弟"）部落被强徙于赤城，贺染干部落则尚驻原地。三、登国六年贺讷及诸弟部落再次被征服，但贺讷仍领部落；贺染干部落则在再次被征服后强徙中山。至此为止，贺兰部破败了。看来，贺兰部破败主要是拓跋部借慕容部之兵力，战略主导是拓跋部，得利的也是拓跋部。只是散在的贺兰还有不少，斗争还将继续。

拓跋部势力蒸蒸日上，统一了恒代。以后当道武帝用兵中原，进攻慕容时，贺讷及贺卢、贺悦均从征。皇始二年（397）魏军败于巨鹿柏肆，"贺兰部帅附力眷，纥突邻部帅匿物尼、纥奚部帅叱奴根等闻之，聚党反于阴馆"[1]，庚业延率万骑殄之。又，皇始三年，贺讷弟广川太守贺卢袭杀冀州刺史，逃奔南燕，遂随南燕湮灭。贺

---

[1]《魏书》卷二八《庚业延传》。附力眷，《魏书》卷一五《毗陵王顺传》作贺力眷，音译不同而已。

卢即前注所引《宋书》、《晋书》所见的贺赖卢，道武帝舅。道武帝舅中功劳最大的贺讷，此时已无所统领。贺讷尚有一从父兄贺悦，他原来待道武"诚至"有加，得到道武善遇。贺讷、贺悦居官平城，其部落自然都已被强制离散，分土定居了。还有其他贺兰部落，散在别处，他们是否都在此时被离散，不能一概言之。

贺兰本"有部众之业，翼成皇祚"[1]，地位重要，所以贺讷得以元舅之尊，列入《魏书·外戚传》之首。几经分割离散的贺兰部落，还具有一定的社会影响。经过分割离散的部民仍然是聚族而居，颇有凝聚力量。高柳郡的安阳是贺兰部落离散后其部民在代北的一个聚居点。在平城的贺悦后人与居安阳的贺兰部民有关系，也许他们就是贺悦旧部。贺兰离散的这些余波，将在后面关于贺兰个案考察文中论述，此处不赘。

《资治通鉴》卷一〇七晋太元十五年（北魏登国五年，390）四月丙寅条，道武与慕容麟会师意辛山，破贺兰、高车诸部，胡注曰："史言燕为魏驱除。"拓跋结盟慕容，意在贺兰、独孤，最后则并慕容而有之。胡三省于此点破，可谓有识。

（二）独孤部落的离散

独孤部，《魏书·官氏志》入神元时内入诸部，出于西晋时入塞北狄十九种之一的屠各，南匈奴苗裔。独孤与拓跋累世婚姻，关系密切。道武帝刘皇后出独孤部，部帅刘眷之女，刘罗辰之妹。独孤于道武帝有殊勋，孝文帝定为勋臣八姓之一。

前秦灭代，献明贺后携子拓跋珪奔贺兰部不成，南下投独孤部帅刘库仁，在独孤部栖身九年（376—385），拓跋珪由六岁成长至十五岁。其时独孤强大，势力扩及恒代以东，灅水中游，以及太行东麓。贺兰部的贺讷受苻坚之命总摄东部而居大宁，史载"行其恩信，

---

[1]《魏书》卷八三上《外戚传序》。

众多归之，倍于库仁"，可见独孤刘库仁此前已在这一带享有威信，为众所归[1]。刘库仁曾遣骑出援幽冀以拒慕容，"发雁门、上谷、代郡兵，次于繁畤"[2]。刘库仁死，传弟刘眷。刘库仁子刘显杀刘眷，自为部帅，仍然是"地广兵强，跨有朔裔"[3]。刘显对拓跋珪的态度，与刘库仁大不相同。《魏书·外戚·刘罗辰传》说："显恃部众之强，每谋为逆"，贺后和拓跋珪以此逃离独孤而北投贺兰。

拓跋珪即代王位时，代国北部有贺兰部屏蔽，比较安全，代主要问题是对付南部的独孤刘显。《太祖纪》登国元年（386）三月，"刘显自善无南走马邑"，这是为了躲避拓跋结贺兰来攻。刘显在马邑，遣弟刘亢泥迎拓跋珪季父窟咄攻拓跋南境。这样就出现了拓跋窟咄背靠独孤，拓跋珪背靠贺兰而展开的一场争夺拓跋君位的殊死斗争。

《魏书》卷一五《昭成子孙·寔君传》追叙代国灭国前夕昭成帝临终时情况说："慕容后子阏婆等虽长，而国统未定。"昭成庶长子寔君觊觎君位，害慕容后诸子，以及昭成本人。昭成少子窟咄得免，被前秦军掳至长安，前秦崩溃后，窟咄投西燕慕容永于长子，刘亢泥遂迎以与其侄珪争位。拓跋君位继承，本来没有习惯法的规定，代国复国，实际上没有公认的继承人，所以有意竞逐的人不少。拓跋珪有嫡长名分，但并不特别受到尊重。他时年十六，幼于窟咄，是他重大的弱点。《魏书》卷二八《莫题传》，代人莫题"遗箭于窟咄，谓之曰：'三岁犊岂胜重载？'言窟咄长而太祖少也"。所以当独孤刘显助窟咄来逼南界时，《太祖纪》谓"于是诸部骚动，人心顾望。帝左右于桓等与诸部人谋为逆以应之"。《魏书》卷二七《穆崇传》记于桓告舅穆崇曰："今窟咄已立，众咸归附，富贵不可失，愿舅图之。"道武深惧内难，于是逾阴山暂避贺兰部，阻山为固。《窟咄传》记道武

---

[1] 这一带，是汉晋以来附边乌桓聚居区域，贺讷"为众所归"之"众"，除鲜卑他部以外，当指乌桓，包括独孤。时人视独孤亦乌桓。
[2] 《魏书》卷二三《刘库仁传》。
[3] 《魏书》卷二四《张衮传》。

遣安同及长孙贺求援于慕容垂，长孙贺亡奔窟咄。慕容来援，安同先返牛川，又有"窟咄兄子意烈捍之"，安同仅以身免。此时，贺兰部的贺染干也响应窟咄，"来侵北部，人皆惊骇，莫有固志。于是北部大人叔孙普洛节及诸乌丸亡奔卫辰"。《魏书》卷二五《长孙嵩传》还载有"寔君之子亦聚众自立，嵩欲归之"之事〔1〕。新即代王位就遇到如此危殆局面的道武帝，看清了当前劲敌是独孤，而贺兰亦不足恃。要巩固君位，稳定拓跋内部，必须借外力制服独孤和贺兰。这样就出现了向慕容求援的决策，已见前述。

登国元年十月，道武会慕容麟来援之师于高柳，大破北上的窟咄，窟咄奔铁弗刘卫辰，卫辰杀之，道武尽收窟咄之众。但是，窟咄的支持者独孤刘显、刘亢泥兄弟强大难制之势，依然如旧。前引《资治通鉴》登国二年三月后燕上谷人王敏杀太守封戢、代郡人许谦逐太守贾闰，"各以郡附刘显"〔2〕事，《张衮传》记衮此时言于道武曰："显志大意高，希冀非望，乃有参天贰地，笼罩宇宙之规。吴不并越，将为后患。今因其内衅，宜速乘之。"他建议再求慕容之援，共击刘显。这时发生了刘显掠夺刘卫辰赠慕容马匹之事，慕容麟之师乃乘机于登国二年五月大破刘显，刘显奔马邑以南的弥泽，道武与慕容合击败之，刘显遂奔西燕。慕容麟收刘显部众，并徙之于中山〔3〕。《资治通鉴》记徙中山之独孤部众，其数为八千余落。胡注于此有论曰："刘显灭而拓跋氏强矣。"胡注于此处点破，与他于稍后拓跋、慕容共破贺兰、高车诸部处点破"史言燕为魏驱除"一样，

---

〔1〕 此外可得而言的，还有以南安公顺欲自立之事。顺为窟咄兄地干之子。道武出军冀州时留顺守京师，顺风闻道武挫于柏肆，即欲自立以代道武，为代人莫题谏止，事见《魏书》卷一五《毗陵王顺传》及同书卷二八《莫题传》。这是昭成子孙与道武争位的余波。莫题其人"多智有才用"，当年曾贬道武如"三岁犊"，怂恿窟咄争位。

〔2〕 《资治通鉴》同年续记慕容麟讨斩王敏于上谷，下年破许谦。许谦破时刘显已败奔西燕，许谦亦奔西燕，后归道武。

〔3〕 《魏书》卷二《太祖纪》，卷二三《刘库仁传》。

是胡氏一贯的敏锐见识。

《张衮传》所说刘显"内衅",盖指《太祖纪》登国元年三月"刘显自善无南走马邑,其族奴真率所部来降",独孤部分裂之事。《刘库仁传》记此较详,并谓道武助奴真平定内部,"奴真感激,请奉妹充后宫,太祖纳之"。此奴真即《外戚传》的刘罗辰,其人乃刘眷之子,刘显从弟,道武刘夫人(死赠皇后)之兄。魏收不审,误刘奴真、刘罗辰为二人[1]。刘显南走,刘罗辰投道武,独孤部分裂,这是道武联慕容击破刘显的有利条件。

登国二年(387)慕容麟徙刘显部落于中山,是史籍所见独孤部落第一批被征服、强徙的事件。十一年后,天兴元年(398),中山的慕容部被拓跋强徙平城,早先被慕容麟徙于中山的独孤刘显部民当在徙中,其部落组织当已逐渐被离散,部落大人也不再享有特权了。

独孤部落第二批被征服、强徙、离散,在皇始元年(396)。原来,刘显被击破后,"燕主垂立刘显弟可泥为乌桓王,以抚其众,徙八千余落于中山"[2]。可泥即亢泥。显使亢泥招引窟咄来与道武争位,至是亢泥仍得领其部落受慕容之封。亢泥此时驻地广宁,为乌桓聚居之区,而独孤本有"乌丸独孤"之称,亢泥得受封为乌桓王者以此。《太祖纪》皇始元年六月,"遣将军王建[3]等三军讨〔慕容〕宝广宁太守刘亢泥,斩之,徙亢泥部落于平城"。这样,独孤刘显部一批,刘亢泥部一批,最终都被强徙平城为"新民",分土定居,计口授田,其部落组织自然是离散了。独孤所余重要力量,只有先降的刘罗辰,他居官受爵,列于《魏书·外戚传》贺讷之后,其部民自

---

[1] 本书《独孤部落离散问题——北魏"离散部落"个案考察之二》一文"刘奴真与刘罗辰"一节有详考。

[2] 《资治通鉴》卷一〇七太元十二年。此处文意不清。按《刘库仁传》谓显"部众悉降于麟,麟徙之中山",则八千余落是刘显部众之数。而"以抚其众"系指以刘亢泥继续抚他自己的独孤部众,不予强制迁徙。

[3] 《魏书》卷三〇《王建传》,建,广宁人,历代与拓跋为婚,建少尚公主。此广宁王氏显然不是汉人,当为乌桓人。参本文第三节。

然也与贺讷部民一样,早已定居于一个指定地点了。

这里论独孤离散问题,同前段论贺兰部贺讷兄弟部落离散一样,也只是就独孤部帅刘库仁之子侄部落而言。至于独孤部其余部落,情况并不明了。《周书》卷一六《独孤信传》,信祖父于文成帝和平间,"以良家子自云中镇武川,因家焉。父库者,为领民酋长……"[1] 领民酋长一事,是库者领部落而未曾被离散,抑或是他镇武川以后的新配置,不得而知,但估计是前者。

与贺兰命运相似,独孤被离散后也是一时后嗣不昌。不过独孤部落似乎复苏较快,《文成帝南巡碑》随行臣僚碑阴题名,独孤人名凡八见。此后人丁繁衍孳生,至北朝以迄隋唐,史籍所见独孤人物不少,且多有居显要地位者。

(三) 对慕容部的处置

道武帝消灭窟咄,又连续大破独孤、贺兰各部落,这些军事胜利主要靠慕容,而战略意图却是出于拓跋,政治成果也归于拓跋。只用了七八年的时间,拓跋就统一了代北。

拓跋、慕容结盟之时,慕容得到保障其西侧之利。但求援者毕竟是拓跋,所以慕容对拓跋自然有所需索,其中包括求质子,求马匹,求军事便利。燕军得以自由出入于东西之间,严重威胁拓跋腹心。道武于登国九年以东平公元仪屯田于五原至稒阳塞外一带,此举除了经营朔方的意义以外,从战略上说是出于警戒漠北、屏蔽西部、保卫盛乐的需要。此年稍后,后燕慕容垂灭西燕慕容永,使拓跋失去了可以牵制后燕的与国,遂有登国十年秋慕容宝径寇五原,抄围拓跋,以及元仪"摄据朔方,要其(慕容)还路"之事[2]。慕容

---

[1] 赵超《汉魏南北朝墓志汇编》所载独孤信墓志,无信父为领民酋长之文。天津古籍出版社,1992年,480—481页。

[2] 《魏书》卷一五《秦明王翰传》附仪传。仪传又载"及太祖将图慕容垂,遣仪观衅",仪返,谓待垂死宝立,方可图之云云,说明道武图垂之事与仪有所商酌。

宝的进攻以参合陂大败结束。从此慕容浸衰，东西强弱易势。拓跋得以走出恒代，兼吞幽冀，主要是"乘后燕之衰"[1]的时机。

拓跋与慕容分处东西，如元仪所说，世为兄弟，本无突出的利害冲突，彼此不以对方为敌手。慕容部发育水平远高于拓跋部，有在中原建国的经历，部民中相当部分已随其政权的兴败起伏而沉淀在华北各地，这是与独孤、贺兰很不相同的。昭成皇后出慕容部，道武帝是昭成慕容后嫡孙，但是慕容志在中原，并不多涉入代北拓跋内部事务，这也与独孤、贺兰不同。道武帝的正式皇后也出自慕容，但已是灭后燕以后的事[2]。

慕容新被征服，又是拓跋近世后族，在道武离散部落的浪潮中亦当有以处置。何况散在中原的徒何（慕容）时有叛乱，为拓跋后方之忧。如皇始二年（397）"并州守将封真率其种族与徒何为逆，将攻刺史元延，延平之"，见《太祖纪》。这就有了天兴元年（398）内徙山东之民于平城，其中包括徒何（慕容）之事，见于《太祖纪》及《食货志》。内徙的慕容部民得到耕牛和土地，成为恒代农户，居住地虽连成一片，部落组织估计却是荡然无存。过去被慕容强徙中山的贺兰部贺染干和独孤部刘显所统部民，理当在这次徙民之中，他们同样是得耕牛而分土定居于平城地境，部落组织当久已离散了。从这个意义说来，天兴年间徙徒何，就其族际关系说来，是登国年间离散独孤、贺兰诸部落的继续。此年七月，道武终于从盛乐迁都平城，向城郭而居迈进了一大步，这与徙民平城分土定居之事当有直接关系。

如同贺兰部落被离散后，其聚居墟落间的部民犹有政治性活动一样，平城地区慕容部民亦时有动静。《太祖纪》天赐六年（409）七

---

[1] 中华标点本《魏书》附录《旧本魏书目录叙》刘恕等上《魏书》语。
[2] 昭成慕容后，前燕慕容皝之女，道武帝祖母。前述与道武争位的窟咄，是慕容后的少子。道武慕容后，后燕慕容宝之女，中山平后人充掖庭，以铸金人成，依拓跋旧俗立为皇后，事在独孤刘罗辰奉妹之后。刘罗辰妹本为道武刘夫人，以生子立为储贰，赐死，后来追赠，正位配飨。

月:"慕容支属百余家谋欲外奔,发觉,伏诛,死者三百余人。"谋外奔而以家计的慕容,无疑即十一年前强徙于此的徒何;有户数而无帅名,证明其部落已离散了。《魏书》卷五〇《慕容白曜传》:"初,慕容破后,种族仍繁。天赐末,颇忌而诛之。时有遗免,不敢复姓,皆以舆为氏[1]。延昌末,诏复旧姓。而其子女先入掖庭者,犹号慕容,特多于他族。"按,慕容白曜为前燕慕容皝之玄孙,《魏书》本传只有其父仕履,疑其祖及曾祖辈即是西徙平城之山东徒何。《周书》卷一九《豆卢宁传》:"昌黎徒何人。其先本姓慕容氏,前燕之支庶也。高祖胜……皇始初归魏,……赐姓豆卢氏[2],或云避难改焉。"避难改姓,当指天赐六年之难。这是道武帝临死前镇压恒代徙民的一件大事,徙民外逃只是口实,真正的原因当是慕容"种族仍繁",道武对之多所嫉恨之故。

道武帝徙慕容于平城,山东散居的慕容仍多。于是又有《太宗纪》泰常三年(418)"徙冀定幽三州徒何于京师"之举。泰常八年明元帝幸邺时,据《娥清传》载,"先是,徒何民散居三州,颇为民害。诏清徙之平城"。再后,慕容作为部族实体,就从历史上逐渐淡出了。

贺兰部、独孤部被离散了,慕容部也得到处置。平城近处众多部落,其部众脱离了旧日君长大人的统治,逐渐成为编户齐民,对拓跋政权的归属感加强了。这当是北魏一朝境内族属群体乱事较少、北魏政权比十六国各国政权维持得长久的一个重要原因。还可注意,边镇和其他深阻之地未曾离散的部落,恰恰成为后来倾覆北魏的重要力量。

---

[1] 此舆氏当即慕舆氏,点校本校勘记有说。但《官氏志》慕舆为内入诸姓之一,非慕容改姓后始有。或慕容子遗之民改从已有而近便的慕舆氏。
[2] 按《旧唐书》卷九〇《豆卢钦望传》谓其先人太和中改卢氏,唐永徽中复姓豆卢。又《魏书·官氏志》内入诸姓有吐伏卢氏,改卢氏。据此知豆卢氏即是吐伏卢氏,魏卢鲁元出于此姓。参《北朝胡姓考》卢氏条,95—100页。

五　子贵母死制度的几个问题

（一）献明贺后之死质疑

献明贺后，道武帝生母，为抚育道武帝而奔走于草原诸部落之间，历尽危难。道武帝十六岁时，随贺后逃奔贺兰部，赖贺后之兄贺讷等拥立，始得恢复代国。这类依赖母后及后族得位的事例，在道武以前百余年的拓跋历史中，本是屡见不鲜的，如今，这样的事情却显得与时相悖，成为志在开拓帝业、提升皇权的道武帝的桎梏。

据《太祖纪》及《昭成贺皇后传》，登国五年（390）八月贺后少子觚使燕；六年七月慕容垂止觚而求名马，道武帝"绝之"。贺后以此"忧念寝疾"，十一年六月[1]崩。贺后之死，史籍皆无异词，我疑其间或有某种隐情，在这里试作探索。

秦王觚，《皇后传》谓为贺后少子，而《昭成子孙·秦王翰传》又说是翰子。点校本《魏书》校勘记认为"当是献明太子拓跋寔死后，贺氏收继为翰妻所生"。周一良先生则以"翰死时贺后犹未生，或尚在襁褓之中"，因而判定贺氏于寔死后嫁寔弟翰而生觚是不可能的事[2]。他据《晋书·苻坚载记》和《宋书·索虏传》、《南齐书·魏虏传》中以道武为昭成之子的记载，谓寔死后昭成取媳贺氏婚之，生秦王觚。本文从周说。昭成帝什翼犍子孙中的许多人，其亲子关系混乱，疑点颇多，不可尽考，大抵与贺后再婚生子有关[3]。北俗于烝报之事无所嫌疑，贺后再婚生子，于她在拓跋部中地位本无

---

[1]　《太祖纪》入皇始元年，但此年七月始改元皇始。
[2]　周一良：《魏晋南北朝史札记》"崔浩国史之狱"条，342—350页。
[3]　《昭成贺皇后传》贺氏逃离独孤部前，曾泣谓刘显，"吾诸子始皆在此，今尽亡失"云云。《贺讷传》贺氏遁归贺兰部时，有魏王仪、秦王觚随行，此二王皆在"诸子"中。除随行二子外，贺后应尚有"今尽亡失"之子。

妨碍。反之，再婚多子使她得以更久远更广泛地在拓跋部中发挥影响，则是肯定无疑的。不过，北魏帝国既立，社会文化有所改变，贺后"不典"之事宜有避忌；所生诸子自当载明宗人谱序，而事又有难于尽掩尽饰者，因此龃龉不合之处所在多有。以秦王觚论，按母系言为道武之弟，按父系言则为道武从父。这种身份问题不但使道武难堪，而且很可能导致其他纠纷，尤其是潜在的争位问题。

前已论及，拓跋复国，道武本非惟一可能的君位继承人，其从父及从兄弟，都自认为具有继承拓跋君位的资格。所以有其从父窟咄远来争位，以及其他从父从兄弟附和之事。道武死后，清河王绍据宫门列举可能的君位继承人，其中除他自己以外，还有阴平公烈，此人同秦王觚是亲弟兄，按母系是道武胞弟，按父系又为道武从父。秦王觚以及阴平公烈为道武同母所生，兄终可以弟及，在君位传承中都居于嫌疑地位。

从这里，产生了关于贺后之死的一个可疑问题：贺后因秦王觚使燕不返，忧念寝疾而死，其中是否还有文章？这就是本文第一节结尾部分留下的这样一个悬念："难道道武在其母贺太后死之次月'进尊号'之事，已是子贵母死之制的先例？"

拓跋珪以秦王觚出使后燕，恰在他用慕容垂助力赶走窟咄，基本上征服了独孤、贺兰之时，应当是向后燕表示亲善、答谢之举。慕容垂势强，拓跋珪势弱，垂以恩威而求质子、求名马[1]，引起拓跋珪的反感，是可能的。《魏书·高湖传》载后燕高湖谏慕容垂遣慕容宝西侵时曾说："魏，燕之与国。……往求马不得，遂留其弟，曲在于此，非彼之失。"但是从拓跋一方来看这并不是不能妥协之事，譬如说以马易弟。《太祖纪》谓"慕容垂止元觚而求名马，帝绝之"，此后不再记觚事。道武帝以细故绝燕而不顾觚的处境安危，似乎太轻

---

[1]《魏书·刘库仁传》载刘卫辰送马三千匹于垂，为独孤刘显所掠事，可见后燕需要马匹。下引文垂"止觚求赂"，求赂亦当指求马。

率了。

《秦王觚传》："垂末年，政在群下，遂止觚以求赂。太祖绝之。觚率左右数十骑，杀其卫将走归。为慕容宝所执，归中山，垂待之逾厚。觚因留心学业，诵读经书数十万言，垂之国人咸称重之。"看来，垂无绝珪之意，更无杀觚之心，甚至垂"止觚求赂"，也是由于自己衰老而责在群下。这些情况，贺后不能不知，贺后怀念是情理中事，可是她未见因此向道武帝有所陈述，以此忧思成疾，寝疾至死，却不好理解[1]。

道武帝本有联西燕以制后燕的初衷，因而有某种策略性的考虑，但也不至于定要牺牲自幼侍从左右的秦王觚。道武帝不顾觚的安危，轻绝旧好，看来还有深层的原因。这不能不令人怀疑觚对拓跋君位构成潜在威胁，因而道武假手慕容留觚以去后患。道武的此种动机，是贺后完全理解而又无法解决的，贺后绝望，以致忧死。这就是我怀疑贺后忧死可能有的背后文章。可疑性质的事不止这一件，道武死前卫王仪被赐死，似亦由此[2]。

另一个可疑问题，是贺后对贺兰部悲惨命运的反应。贺兰部的悲惨命运，应当是贺后最足忧的大事。贺后早年奔波流徙，贺兰部始终是她寻求庇护之所。她的群从兄弟除贺染干以外，于她都有大恩大德。但她却目睹了道武联慕容征服、迁徙、离散贺兰各部落的全过程。她死前一月，还看到对她同样有大恩的独孤部帅刘亢泥被斩杀、其部落被强徙的事[3]。这些残酷无情的斗争，在道武帝是为了巩固君权的需要，贺后却未必能欢欣鼓舞地分享道武帝的成功。而且，道武帝对贺兰部残存势力的压力似乎尚未解除，这从贺后死后年余之中的两件事可以看出：一是贺兰部帅贺力眷等叛于阴馆，

---

[1] 秦王觚被慕容详杀害，是慕容垂及贺后都死之后的事，贺后忧死与此无关。
[2] 同为贺氏所养，自幼与觚同侍道武左右的卫王仪，在君位继承方面同样居嫌疑之地。道武临死前赐仪死，也可能是疑仪觊觎君位。
[3] 刘亢泥早年尽力救助贺后母子，使他们不死于刘显之手，事详《献明贺皇后传》。

一是贺后之弟贺卢随道武出征中原时叛投南燕[1]。这些都是贺兰部残余势力对道武帝的反抗，而且不像是与贺后之死毫无关系。可以说，正是道武帝的胜利，使贺后生活在忧思的阴影之中。这种忧思不会只是由于秦王觚使燕暂时不返的缘故。贺后之死，也当反映了道武帝对贺兰部的压力。

贺太后死在拓跋历史急速转变的岁月。她登国十一年（396）六月望日死，当月葬；七月，许谦劝进尊号，道武建天子旌旗，改元皇始，意即北魏帝业以此为始[2]；八月，大治兵，讨慕容宝；九月，平并州。北魏无终丧之制[3]，"太皇太后、皇太后、皇后崩，悉依汉魏，既葬公除"[4]。所以贺后死，朝中军政大事不多稽延，是可以理解的。但是北俗大丧也还有仪节方面的要求。《魏书·礼志》记历事六朝熟知掌故的东阳公元丕奏孝文帝："自圣世以来，大讳之后三月，必须迎神于西，攘恶于北，具行吉礼。自皇始以来，未之或易。"皇始"大讳"仅见贺太后一事，贺太后死，道武毫无耽搁地改元、治兵、征讨，戎马倥偬数月，简直没有为死者留下迎神、攘恶和行吉礼的从容时间。匆遽如此，似出于道武有意的安排，而非出于兵机上不可须臾缓的需要。

贺后作为拓跋部的一个重要人物，出现在拓跋部历史转变的关键时刻。她同拓跋部以往历史联系太深，她身上凝聚着拓跋历史。

---

[1] 参看本文第四节（一）。
[2] 《魏书·乐志》释皇始为"开大始祖之业"。皇始就是北魏帝业之始。《资治通鉴》胡注非常重视皇始年号，于改元时议论曰："拓跋珪兴而南北之形定矣。南北之形既定，卒之南为北并……"两年之后，即天兴元年（398），道武正式即帝位。《魏书·天象志》，是年以后"魏为北帝，而晋氏为南帝"。按，魏收书此卷取唐人张太素书补，太素于南北朝史无偏党之词，于北朝史亦不若魏收书偏东、魏澹书偏西。《通鉴》胡注论"南北之形"条之见，盖本于太素书也。参看《廿二史考异》卷二九。
[3] 《魏书》卷六二《李彪传》。
[4] 《魏书》卷一〇八《礼志》（三）。汉文帝改久丧之制以就省易，死，七日葬，既葬，服丧三十六日，见《汉书·文帝纪》及注。《魏书》意指拓跋大丧，简便行之，既葬即吉。但是严格按汉制行事，却也未必。至少，按文献所见事实排比，道武帝并没有为贺太后服丧三十六日的时间。

道武帝力求排除后族及母后干扰，巩固专制君主地位，她都是阻力。所以她越来越成为多余的人。她死于有形无形的压力，比死于思念少子的可能性大得多。与以后道武帝为了立其子而杀其母的心态相参，并从赐死刘皇后而有以魏故事为据之说考虑，我猜想道武帝步入帝业促成了贺太后之死，并由此导致了把子贵母死定为制度的思考。正因如此，贺后善后必须迅速处理，以免引发事端，影响大局。

（二）冯太后擅权与子贵母死制度

周一良先生论及子贵母死之制而生感叹，曰："北魏虽定此严格残忍之制度，终不免于文明太后与灵胡太后之擅权，卒以亡国，未始非历史之讽刺也。"[1]道武以来母后擅权只此二见，很容易使史家产生二事与子贵母死制度关系的联想。只是冯、胡二后相隔三辈，其擅权可能有风气相通之处，但是就其与子贵母死制度的关系而言，彼此却很不一样，甚至是截然相反，一个是巧心利用，一个是蓄意抵制，两人都获得成功。冯氏非皇储生母，与子贵母死本无直接关联。她蓄意利用子贵母死旧制矫情饰伪，消除对手，从而巩固旧制，实现擅权目的；胡氏则是宣武生母，在对旧制挑战中生育、保全皇储，逐步排除旧制，才得以走向权力高峰。冯氏擅权于北魏向上发展时期，虽惯用挟制戕残手段而于国运无甚妨碍；胡氏擅权时北魏腐朽已甚，故直接与亡国相联。

《魏书》所见的皇太后，有三种不同类型。一是皇帝在位时所立皇后，她必须是后宫中人履行拓跋旧俗，手铸金人成功，才能得位。这种皇后并非新君之母，新君尊之为皇太后，是礼仪上的称呼而不涉实权；二是皇子生母被新君（即她的亲子）追赠为皇太后，这实际上是虚尊其位，而人已在前朝赐死；三是在子贵母死制度下新君幼稚而无生母抚育，往往由保母乳养，两者产生母子情谊。新君感念

---

[1] 周一良：《魏晋南北朝史札记》"王玄威与娄提哀悼献文帝"条，378—381页。

保母劬劳保护之恩，尊之曰保太后，寻尊曰皇太后，她们在后宫有可能或多或少地影响皇帝，但自知于先朝本无位次，与权势无缘，往往保持谦退心态。这种类型区分，是今天根据史料分析所见，冯太后时代，在观念上并不一定有太明确的界线。

冯氏坐父罪入宫，于文成帝时即已立为皇后，属上述第一种类型，与子贵身死而被新君追赠为前朝皇后者不同。献文帝时冯氏被尊为皇太后，史称文明太后。她既与献文无血缘关系，又不涉及抚育献文及立献文为皇储之事，本来是无缘获得特别政治权势的。她之所以临朝听政，只是由于在紧急状态下预内廷定策平定乙浑之乱，巩固献文帝皇位有功的缘故[1]。献文帝年岁渐增，与冯太后发生权力冲突，愈演愈烈，持续十年有余，而最后的赢家是冯太后[2]。冯太后巧妙地利用子贵母死制度以制对手的策略，一步一步地走向成功。

在子贵母死制下，被尊为保太后和皇太后的，有太武帝时的窦氏、文成帝时的常氏。她们由于与皇帝个人的亲近关系，在保育皇帝、为皇帝择后宫、甚至依制度颁行某种法令诸事中，有发挥作用的便利条件。文成帝太安二年（456）二月，皇子弘（即后来的献文帝）立为皇太子，弘生母李贵人赐死，史载"太后令依故事"行之。此太后即是献文帝保母常太后[3]。常太后在此前曾验证李氏确为文成帝"所幸，仍有娠"，遂生献文帝之事，所以依故事赐李贵人死，由她发令，是合乎情理的，前提是有故事可依。值得注意的是，献文

---

〔1〕 先朝的皇后即新朝的皇太后，在君权交接之际拥有某些方便，或被权臣利用来发挥某种作用，是可能的。如太武帝死，诸大臣议，欲立东平王翰，中常侍宗爱"矫太后令"立南安王余，此太后即太武帝赫连皇后。事见《魏书》卷一八东平王翰传及南安王余传。这种权力的实现必得通过外朝，可能成功，也可能失败。

〔2〕 参看王吉林《北魏继承制度与宫闱斗争之综合研究》第五、六节，台湾《华冈文科学报》第十一期。王文承台湾大学历史系阮芝生教授复印赐赠，谨致谢忱。

〔3〕 《魏书·文成皇后李氏传》。按，太武帝赫连皇后不是皇储生母，同冯太后与献文帝关系一样，不在子贵母死之列，本可安全度过政权交接时期。但她已于"高宗初崩"。此处所指太后，只能是常太后。

帝立为太子前一月，即太安二年正月，冯氏已被封为文成帝皇后。富有权力欲望的冯皇后目睹常太后因曾乳养文成帝而在宫中拥有如此权力，不能无所感触。她当能理解到，母养皇储，从而控制新帝，是她自己所图掌握权力的最有效的手段，是使冯门得以昌盛的捷径。所以，献文帝即位二年之后，皇兴元年（467），皇子宏（即后来的孝文帝）生，"冯太后躬亲抚养"，实际上是要把新生皇子攫取于自己之手，使自己得以发挥前此诸帝时的保太后作用。献文帝虽然"尤爱异"宏，但他在与冯太后的关系中处于弱势地位，无缘与宏接近。史载宏自幼"仁孝"、"孝谨"、"至孝"，都不是指他孝于生父，而是指他孝于与己并无血缘关系的冯太后，这使冯太后在与献文帝的权力冲突中把握着未来，居于十分有利的地位。比至皇兴三年（469）宏三岁立为皇太子，延兴元年（471）太后逼献文帝禅位，承明元年（476）献文帝暴崩，宏整整十年，始终在冯太后牢牢掌握之中，成为可居的奇货。

为了使子贵母死尽早成为定局，冯太后于宏不满二周岁时抢先立之为储君，并赐死其母李夫人。这与前世诸帝立储君较晚、赐储君母死也较晚者不同。赐李夫人死是后宫子贵母死旧法的实施，但是《献文思皇后李氏传》却于此缀以"皇兴三年薨，上下莫不悼惜"，这在依旧制而薨诸后传记中是特写的一笔，其中另有文章，或者就是指冯太后抢先立储君和抢先赐死其母之事。子贵母死虽然有防制外家的目的，却也未见以此处死外家的先例。而《魏书·外戚·李惠传》载，冯太后诛李夫人父惠，惠二弟与惠诸子同戮，曰："惠本无衅，故天下冤惜焉。"《文成文明皇后冯氏传》载冯氏猜忍，轻于杀戮，"至于李䜣[1]、李惠之徒，猜嫌覆灭者十余家，死者数百人，率多枉滥，天下冤之"。悼惜、冤惜之词，说明冯太后为了一己之私，利用子贵母死制度，甚至更加残酷，诛戮至于储君母族。这里所见冯氏的残

---

[1] 李䜣之死，与诛戮外戚无涉。䜣出范阳，惠出中山，二人并非一族。

忍，与太和之政中所见冯氏的开明形象，怎么能相容呢？

再下一代皇储，也逃不过冯太后的控制，而且其残酷性又进一步。《孝文贞皇后林氏传》："生皇子恂。以恂将为储贰〔1〕，太和七年后依旧制薨。"《孝文五王·废太子恂传》："生而母死。"按恂出生年月，《高祖纪》无记载，这在史法上是特别的。惟恂赐死于太和二十一年，年十五，知生于太和七年，故"生而母死"之说是准确的。这比宏生二岁而赐母死又提前了。如果说宏母之死与宏立为太子同时，还是在子贵母死常规之内的话，恂立为太子在太和十七年，恂母在此前十一年已赐死，即子未及贵而母早赐死，这就大大超越子贵母死的常规了。恂传于"生而母死"之下记"文明太后抚视之，常置左右"，可知赐林氏死所据恂将立为储贰的理由，是冯太后任意之词，是为了使恂甫出生之时，就无生母抚育，更便于冯太后牢固控制。

前已论及，子贵母死源于拓跋历史上外家部族强大，强后迭出，君权不立。北魏既建，原来的北族外戚部落大体已经离散〔2〕，而后宫亦渐多汉女〔3〕。所以皇帝子嗣将立为储贰者，并无过去那种强大外家部族干预拓跋事务的可能，建立子贵母死制度的前提业已逐渐消失，这种野蛮残酷制度理当废止。孝文帝本有此意。《孝文贞皇后林氏传》太和七年林后赐死时，"高祖仁恕，不欲袭前事，而禀

---

〔1〕 恂四岁时始由冯太后为立名字，此前他连名字都没有，何能成为继嗣？《太平御览》卷一四八引《后魏书》载此时诏，有"国祚永隆，储贰有寄"之语，可见前此储贰未定，至少从法统上说是如此。此后虽属意于恂，但正式得立为太子又在若干年后。

〔2〕 后宫出于未被离散部落者也并非完全没有。如献文嫔侯骨氏出于朔州"世酋部落"，见赵万里《汉魏南北朝墓志集释》所载之显祖嫔侯骨氏墓志，图版二一。参赵超《汉魏南北朝墓志汇编》，42页。

〔3〕 由于传统的影响，在一个时间内北魏后宫还有一些人出于已离散的贺兰、独孤、慕容等外戚部落。道武本人除有独孤（刘）皇后外，还有贺兰夫人、慕容皇后；明元帝有大慕容夫人，慕容夫人；太武帝有贺兰后；景穆帝有刘椒房（当出独孤）、慕容椒房。见《魏书》景穆以前诸后传及诸皇子传。独孤女还有适诸王者，例如道武独孤后之妹适常山王遵（《魏书》遵传，遵子素，"太宗从母所生"。赵万里《汉魏南北朝墓志集释》载元侔墓志，遵妃"刘氏，太宗明元皇帝之姨"）。但是后宫汉女渐多，则是趋势。

文明太后意，故不果行"。由此可见，完全丧失存在理由的子贵母死旧制，只是由于后宫强人冯氏利用，才得以继续实行。冯氏力阻废除此制，并且尽量利用此制，是为了取储君而养之，以便她自己攫取权力，一代复一代，以之为持续擅权的手段。所以我认为，北魏维持了百余年的子贵母死制度，开其端者为道武帝，目的在巩固拓跋帝业；使之僵化者是冯太后，目的是培育冯氏寄生于拓跋政权躯壳之中的家族利益。

（三）子贵母死制度性质的演变

与子贵母死制度施行相辅，颁布了一个强化管制外戚的法令，禁止外戚与后宫通问[1]。冯太后既利用子贵母死制度，却又破坏不与外家通问的法禁。她使人访其外家，徵兄冯熙入朝，拜官封爵尚主，冯氏家族位望始隆。不过北魏朝政实权始终在宗室和代北武人之手，冯氏人物居外朝之位者无法逾越，因此冯太后更重在攀援与皇帝、诸王婚姻，从宫内巩固家门私利。冯太后之姑为太武帝昭仪，冯昭仪抚养教训了掖庭中的冯氏女，即后来的冯太后。冯太后擅权以后，为孝文帝纳冯熙数女，其二为后（按即废皇后和幽皇后），一为昭仪，"由是冯氏宠贵益隆"[2]，冯太后本人在献文、孝文二朝前后执政历二十五年之久。冯太后利用子贵母死制度攫取权力，获得

---

[1] 见《外戚·杜超传》。超为明元杜皇后之兄子，太武帝之舅。按太武帝时，南朝始闻拓跋有子贵母死及立保太后诸事，但不明原委。《南齐书》卷五七《魏虏传》："初，佛狸（太武帝）母是汉人，为木末（明元帝）所杀，佛狸以乳母（窦太后）为太后。自此以来，太子立，辄诛其母。"这是误以子贵母死始于太武帝母杜氏，而且误以为源于胡汉歧视。下文云文明太后本江都人，文成帝"以为妾，独得全焉"。意谓冯氏虽为汉人，未赐死，以为例外。这里未究及冯氏并未生子立为储贰，她之不死，与子贵母死本无关系。冯氏本长乐信都人，作江都亦误。

[2]《魏书》卷八三《外戚·冯熙传》。另据赵万里《汉魏南北朝墓志集释》图版八三元悦妃冯季华墓志，冯熙长女为南平王妃，二女三女并为孝文帝后（按即幽皇后和废皇后），四女五女并为孝文帝昭仪，六女为安丰王妃，七女为任城王妃，八女冯季华为乐安王妃。其他墓志所见，冯熙女适王侯之家者还有不少，参赵万里《汉魏南北朝墓志集释》卷三。冯季华墓志不悉载者，盖以其爵职较低，于夸耀冯氏门第无助也。

了很大的成功，但子贵母死制度在她手中却逐渐成为后宫倾轧的工具，更增加了其残酷性质。

冯太后太和十四年（490）九月死，孝文帝终于挣脱了冯氏的桎梏。但是在后宫，冯氏后妃余波震荡，还非常强烈，困扰着孝文帝。据《魏书·天象志》载，太和十四年十一月、十二月，十五年十月，十六年八月、九月，十七年正月，皆有月犯填、轩辕的天象记载，史臣谓此"皆女君之象也"。按太和十四年冬至十七年春，孝文帝在三年之丧中，废皇后冯氏尚未正后位，幽皇后冯氏亦未召赴洛阳，但看来她们都有活动，故有天象显示若此，只是其具体情节不得而详。其后则是废后立而复黜，幽后以淫乱不终，这些都是她们的姑母冯太后播下的种子。史家称赞的太和之政背后，竟有冯氏姑侄相继演出这许多恶剧、龌龊剧，是议论文明太后功过者未甚留意的问题。

冯氏女在后宫，效法其姑冯太后故伎，包括巧心利用子贵母死之制，目的也是控制皇子，为他日弄权凭借。据《孝文昭皇后高氏传》，高氏于太和七年生皇子恪，及长，"冯昭仪（即后来的幽皇后）宠盛，密有母养世宗（恪）之意，〔高〕后自代如洛阳，暴薨于汲郡之共县，或云〔冯〕昭仪遣人贼后也"。按，高皇后自代如洛，当是十九年九月六宫及文武尽迁洛阳时事，其时冯昭仪已被孝文帝关注，迎至洛阳，宠盛，拜为昭仪。高后既死，皇子恪自然落入专宠的冯昭仪之手。二十年八月发生了太子恂谋奔代北、十二月废恂为庶人、二十一年正月立皇子恪为太子诸事，而二十一年七月，冯昭仪也正式立为皇后。《孝文昭皇后高氏传》谓"世宗之为皇太子，三日一朝幽后，后抚念慈爱有加。高祖出征，世宗入朝，必久留后宫，亲视栉沐，母道隆备"。这完全是当年文明冯太后教养控制孝文帝故事的重演，矫揉造作，一目了然。二十三年春，孝文在南征途中病笃，而幽后淫乱事发。幽后求女巫祷厌，"愿高祖疾不起，一旦得如文明太后辅少主称命者，赏报不赀"。这就可见，冯氏姑侄行事如出一辙,在策略上都是利用子贵母死制度掌握新君,达到擅权目的。

这里有一个问题。高皇后被贼杀时元恂已在太子之位,元恪只是一般的皇子[1]。太子恂北奔之谋在近一年之后,由此始有恂被废而恪代立之事发生。冯昭仪起始并不能逆料事态的发展,不能逆料恂将被废而恪将代立,为何却处心积虑,害其母而养其子,好像为以后事态预作准备一样?这不像是偶然巧合,但也难作准确解释。我推测,太子恂传谓恂"深忌河洛暑热,意每追乐北方",可见他早就是迁洛的反对派,其反对意向可能已有流露,为孝文帝及后宫所知。冯昭仪利用这一情况,恃宠先行一步,以观变化,甚至有意逼逐太子恂,才出现了上述问题。如果真是这样,那么太子恂废立事件就是早有酝酿了。

高后死时恪年已十三,对于后宫倾轧阴谋,恪不能毫无所察。他代恂为太子后,不念及其生母之死而仍尽礼幽后,无所反抗,与孝文帝对文明太后的态度是一样的。还有,孝文既经历了追尊生母为皇后和诏访舅氏诸事,对自己身世一定有所了解,但史传犹谓他天性至孝,"迄太后之崩,高祖不知所生",是难于置信的。这或许是对孝文帝屈从冯太后淫威的回护之词[2];或许是子贵母死制度被强后利用情况下君主不得不如此作态,过去孝文帝是这样,现在宣武帝也只能是这样。

冯氏姑侄两代为了擅权,把后宫子贵母死制度利用得非常充分,而且手法卑劣愈甚。孝文帝本意是不愿因袭这一制度的。恂母

---

[1] 恪生于太和七年四月,与恂同年而略晚。恂生,高纪无载,当以恂立而复废,并以罪赐死,因而史传有删削之故。但恪生,载在高纪,并有"大赦天下",这又异于一般皇子,难道是修史时妄增之故?《魏书》书法之乱,可见一斑。
[2] 按,魏收书对孝文帝本有回护。前引周一良《魏晋南北朝史札记》"王玄威与娄提哀悼献文帝"条论《天象志》所载冯后擅权淫乱,孝文"尸位",责备孝文于冯太后死后"方修谅阴之仪,笃孺者之慕,竟未能述宣《春秋》之义而惩供人之党,是以胡氏循之,卒倾魏室"。这里明言冯太后罪恶,责备孝文帝不为父复仇,都是魏收书纪传中所不敢说的。《天象志》此卷缺,或取唐人张太素之书补之,故独能借天象揭出拓跋宫廷隐秘。

林皇后终于赐死，是出于冯太后的坚持；恪母高皇后之死则是出于冯昭仪的贼害。不除掉冯氏在后宫盘根错节的势力，子贵母死的残酷制度废除不了，而且终将危及皇权。孝文帝在临死前的一年中，太和二十二年四月到二十三年四月，趁冯皇后淫乱事发而幽禁之，临崩作遗诏赐冯皇后死，冯氏家族在朝居位者多罪，冯氏内外势力极盛而骤衰[1]。与冯氏的斗争，孝文帝终于胜利了。

不过，孝文帝生前没有来得及做的，是正式宣布废除子贵母死之制，并严厉杜绝后宫借此制造倾轧阴谋。这又留下了祸根。从宣武帝诸后传文中可以看到，孝文死后，文明太后、幽皇后影响犹在，而且恶性发展，后宫残害之事层出不穷，愈演愈烈。宣武于皇后"生皇子昌，三岁夭殁，其后（于氏）暴崩，宫禁事秘，莫能知悉，而世议归咎于高夫人"。高夫人即孝文帝高皇后（宣武帝生母）的弟女，她所生皇子也是早夭，本人旋亦暴崩。所以史臣曰：宣武、孝明"在洛二世，二十余年，皇子全育者，惟肃宗（孝明帝）而已"。[2]而肃宗之得以全育，又正是宣武灵胡皇后挑战旧制的结果。《宣武灵皇后胡氏传》：宣武帝时，"椒掖之中，以国旧制（按指子贵母死之制），相与祈祝，皆愿生诸王、公主，不愿生太子"。胡后独不以为然，"及肃宗在孕，同列犹以故事相恐，劝为诸计"。胡后意坚，誓曰："子生身死，所不辞也。"皇子诩（即后来的孝明帝）既生，宣武帝采取严密措施，隔绝妃嫔，藏于别宫。结果养育成功，三岁立为储君，母亦未死，即灵胡太后。至此，北魏子贵母死之制事实上被废除，不过北魏国祚也快尽了。

---

[1]《魏书》卷七下《高祖纪（下）》、卷一五《孝文幽皇后传》、卷八三上《冯诞传》及附传。

[2]《宣武皇后高氏传》以此归咎于"高后悍忌"，事或有之。高后有墓志，见赵万里《汉魏南北朝墓志集释》图版二八。

六 小 结

子贵母死，出现在拓跋部向文明攀登的一个特定阶段，事极残酷悖伦，受到千古谴责。道武帝是此事的蓄谋者和带头的执行人。但是此制不是一朝一夕突然出现的，也不全是一个人的残酷性格所造成。它的出现，符合拓跋部摆脱无序继承的纷扰以及巩固父子继承制度的需要；符合进一步消除强大外戚部族干预拓跋事务的需要；更为根本的是符合拓跋部道武帝从部落联盟共主地位上升为专制国家皇帝的需要。这些需要在道武帝眼里都是一目了然的，而且是十分急迫的，但是他却无法找到一种不太悖逆人性，至少是多少有所掩饰的办法来完成。

拓跋部在盛乐时，后妃多出自某些特定部族，后妃凭借本部族的力量，常引起君位继承的血腥冲突。这是道武帝以前拓跋部内强后迭出、政局纷纭的重要原因。这个问题，等待着道武帝解决，办法首先是紧紧控制外戚诸部。

道武帝拓定帝业，并没有遇到太多的强大外敌。他首先是对付以其叔父窟咄为代表的争夺拓跋部君位的势力，其次是对付几家主要的外戚部族，即妻族独孤部，母族贺兰部，还有祖母族慕容部。这几家外戚部落，尤其是贺兰、独孤，通过拓跋诸后干预、掌控拓跋事务，制造纠纷，是道武帝离散部落的主要对象。部落离散，就其实质说来，本来是部落发育的自然过程，它之所以在道武帝时比较集中地出现，却也是由于道武帝创建帝业的特别需要。这可以解释为什么离散部落一事只留下这几家外戚部落的个案资料，而许多对道武帝帝业无害的部落却得以保存下来。

已成为专制君主的道武帝如何把帝位传之嫡系子孙，并形成父子相传而不受干扰的固定制度，还不是容易的事。他知道部落习惯势力是极大障碍，须有强力措置才行。这种措置早已在他思考之中并得到他周围汉士的理解,并且设法为他粉饰。只是由于利害关系太大,他直到临死前夕才正式公之于世。这就是立长子为储贰而赐死其母,即子贵母死。子贵母死初行时还没有成为定制,道武帝必得用汉典为据以说服其子明元帝,而明元帝却不信这种虚假理由,不愿接受这种残酷事实。初行的子贵母死之制不同于中国王朝预立太子之制,储君原无既定名分,不能于即位前预作部署,因而也不利于即帝位后立即控制局面[1]。子贵母死之制该如何实行,也没有详细规则。因此子贵母死的具体运作,道武以后各代一直在摸索之中,其趋势则是日益制度化。

子贵母死完全制度化,并更严厉地执行,是在文明太后冯氏之时。冯太后与献文帝、孝文帝均无血缘关系。她凭借平息易代之际宫廷政变之功以及太后在后宫的某些方便,充分利用子贵母死之制,为自己及冯氏家族谋利。她深知尽早确定皇储,赐死皇储之母,并把皇储从其婴幼年代开始牢牢控制在手加以诱导,就等于掌握了未来的北魏统治。甚至在皇储未定之前,也要尽早杀死可能的皇储之母,以定大局。她着力引冯氏女入后宫,立为后、妃,让她们步自己的后尘,使冯氏世代擅权。

但是,在子贵母死之制日益制度化之时,形成子贵母死的社会条件却正在消失。这主要是后宫汉女越来越多,皇子多出汉女,北姓部族借婚姻干预拓跋事务已少可能。而且,重要的北姓部落已经离散,没有必要再行子贵母死之制。按理,子贵母死已失去存在理由,应当逐渐淡化,以至消失。但是冯太后为了私利,着力利用,使这一制度延续下来,而且更加严酷,导致预想不到的后果。这就是迁洛以后后宫借子贵母死旧制互相倾轧,皇子备受摧残,难以存

---

[1] 正式预立太子始于太武帝立太子晃(景穆帝),但景穆先父而死,所以太武帝死后仍有立太武他子或立景穆长子之争。胜利者是景穆长子献文帝,可见景穆的太子名分在继承中是起了作用的。献文帝二岁立为太子,十二岁即帝位。乙浑之乱中未见有擅立献文诸弟之事,也当与献文帝早有正式的太子名分有关。

活,以至北魏皇室后继乏人。敢于向子贵母死制度挑战的宣武帝后宫胡氏,生育存养了皇子,即后来的孝明帝,而她自己却幸免于难。后来胡氏以皇帝生母居太后位而擅权,成为北魏道武帝以后惟一凭血缘关系擅权的母后。也正是这位擅权的母后,实际上结束了北魏的帝业。北魏的结束与子贵母死制度的废除并不相干,而是由于政权腐朽和统治危机的大爆发。

从子贵母死的形成和演变中不难看出,子贵母死出于汉制和出于拓跋旧制两说之辨,只不过是这篇文章的切入点而已。两说各有缘由,又都有附会,目的是装点子贵母死,使之具有合理性和合法性,让人能够把它当作制度,加以接受。不过其根源毕竟还是在拓跋旧制之中,而汉制完全是粉饰而已。子贵母死实行历一百余年,在我看来,贺后之死已启端倪。道武帝为了北魏帝业,强制离散母族、妻族部落,还不惜逼母、杀妻。在拓跋部向文明攀登的过程中,残酷的暴力是催化剂。暴力铸成了许多伤天害理的罪恶。《魏书·太祖纪》谓道武临死,"追思既往成败得失,终日竟夜独语不止,若旁有鬼物对扬者"。这说明道武帝受其所做亏心之事的折磨,精神恍惚,自谴不已。亏心之尤者,应当莫过于逼母、杀妻诸事。

子贵母死的研究给我一种认识:野蛮孕育文明;同时也给我一个疑问:历朝历代的统治者都使用残酷的暴力手段,难道古今文明都需要野蛮残酷才能孕育?我思之再三,无从作出答案。

贺兰部落离散问题

——北魏"离散部落"个案考察之一

离散部落，是北魏道武帝拓跋珪开拓帝业时期的一个重大历史事件。关于此事，史籍直接提及的只有三条材料，分见于《魏书》的《贺讷传》、《高车传》和《官氏志》，都是简单带过，语焉不详。中外史家力求探明究竟，多有解释，但毕竟限于史料，难于说得清楚。而且史家多认定离散部落是一种具体的、统一的、规整的法令行为，按照这个标准，索证就更不容易。近年来我考虑此事，想从另外的思路和视角进行探索，看看能否得到一些可资参考的意见。对被离散的重要部落作个案考察，就是这样一种尝试。

部落离散，总的说来是部落内外关系长期发展的结果。我不排除道武帝曾在某个时候发布过离散部落号令的可能，也不排除某些具有定居条件的部落俯首接受号令的可能，但不认为所谓离散部落主要就是如此而无其他更直接、更急迫的原因。道武帝建立帝业的重要对手，独孤部落和贺兰部落，其部落离散主要还是由于道武帝创建和巩固帝国的需要，并通过战争进行的。拓跋部当时并不是一个武力特别强大的部族实体，有些战争胜利的取得，是拓跋假手于其战略伙伴鲜卑慕容部的后燕。不过，慕容后燕最后也是被拓跋倾覆，其部民也是被拓跋强徙。值得留意的是，不论贺兰、独孤还是慕容，都是一段时期内拓跋最主要的世婚部族。也许强大的独孤部落、贺兰部落经过反复而又激烈的实力较量被分割离散了，才促使更多的部落接受离散的处置。而且还有不少部落由于本身发展条件不够，并没有被离散。上述三条离散部落的材料中见于《高车传》的一条，说到"高车以类粗犷，不任使役，故得别为部落"。高车驻地隔沙漠与贺兰相呼应，颇为亲近，离散贺兰部时按利害关系而言理当一并离散，但毕竟还是保留了部落组织，所以史臣特为标出。我们知道还有不少部落也由于发展水平落后且于北魏无重大利害关系而未予触动，直到北魏末年才浮现于社会。如果此说不误，离散部落的近因解释，正可于诸如独孤、贺兰等部落的个案考察中求之。从现知史料中，离散部落问题也只能找到贺兰、独孤等极少数的个案可供探究。当然，史料缺乏仍是最大的困难，有些疑难之处无法一一确证，不得不出之以推测，是耶非耶，只有等待进一步的思考与讨论。

一　贺兰与拓跋

北魏道武帝母献明皇后贺氏，出贺兰部，部帅贺讷之妹。《魏书·官氏志》神元时内入诸部有贺赖氏，后改贺氏，为孝文帝所定勋臣八姓之一。从史料上看，贺赖于拓跋无勋绩可言而贺兰多有，所以贺赖实即贺兰，魏收不审，分列为二[1]。《魏书·外戚·贺讷传》，贺兰部"其先世为君长，四方附国者数十部"，是拓跋部落联盟中的一支强大势力。贺兰与拓跋，可在下表所列世婚中看出其间的密切关系。

---

[1] 参姚薇元《北朝胡姓考》，32—38页。按《晋书·北狄·匈奴传》北狄入塞者十九种，其中有贺赖种，即神元时内入的贺赖部，与匈奴关系很深，后来始进入拓跋部落联盟。《贺讷传》讷弟л，《宋书·武帝纪》、《晋书·慕容德载记》、《晋书·慕容超载记》皆作贺赖卢，可知贺兰即是贺赖。

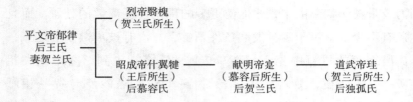

贺兰部与拓跋部关系转密，从平文帝（317—321年在位）时开始。平文帝妻贺兰氏[1]，生长子翳槐。后来贺兰部及诸部大人共立翳槐，是为烈帝，事在329年。《贺讷传》：“祖纥[2]，始有勋于国，尚平文女。”贺纥之子贺野干，尚昭成帝女，即贺讷及献明贺后之父。贺兰部既是烈帝舅部，又是道武帝舅部，对于拓跋部及其部落联盟事态能起重大作用，是不成问题的。

昭成帝建国三十九年（376），前秦来攻，拓跋部落瓦解，昭成帝避走阴山之北。《献明贺皇后传》谓贺后"与太祖（珪）及故臣吏避难北徙"。北徙阴山，就是求庇护于贺兰部。《贺讷传》："昭成崩，诸部乖乱，献明后与太祖及卫、秦二王依讷。"据《序纪》、《献明贺皇后传》以及《昭成子孙传·寔君传》考之，昭成帝实际上是北走不成，还至云中暴死，而非"昭成崩"后始有贺后北走依讷之事。拓跋"诸部乖乱"之时，漠北的"高车杂种尽叛，四面寇钞，不得刍牧"。这是在北奔中遇到的情况。昭成帝、贺后因此返回云中。"卫、秦二王"，分指卫王仪与秦王觚。昭成北走、南返、暴死，在建国三十九年十一月至十二月，是很匆遽的事。此后贺后携子珪南投独孤部，停驻达九年之久。

献明贺后是昭成灭国至道武复国这段时间内拓跋部的一个重要

---

[1]《魏书·皇后传》中不见平文帝妻有贺兰氏的记载。但《序纪》炀帝二年（327）"时烈帝居于舅贺兰部，（炀）帝遣使求之，贺兰部帅蔼头拥护不遣"。烈帝为平文帝长子，故知其母为平文帝妻贺兰氏。

[2]《周书·贺兰祥传》："其先与魏俱起，有纥伏者为贺兰莫何弗，因以为氏。"纥伏当即贺讷祖父贺纥。

人物。贺后与拓跋珪居独孤部日久，385 年八月，因独孤部帅刘显之逼，遁归贺兰部。《贺讷传》谓讷"遂与诸人（按指诸部大人及讷兄弟）劝进，太祖登代王位于牛川"，以其年（386）为登国元年。贺讷其所以拥立道武帝，自然与妹贺后有重要关系。

《献明贺皇后传》有"后少子秦王觚"之文，而《昭成子孙·秦王翰传》又说觚是翰子。唐长孺先生认为"当是献明太子拓跋寔死后，贺氏收继为翰妻所生"[1]。周一良先生则以"翰死时贺氏犹未生，或尚在襁褓之中"，判定贺氏于寔死后嫁寔弟翰而生觚之事为不可能[2]。他据《晋书·苻坚载记》以道武为昭成之子的记载，谓寔死后昭成帝取媳贺氏婚之，生秦王觚。拓跋灭国后什翼犍、拓跋珪事迹龃龉不合处甚多，难于尽考。盖北俗于烝报之事无所嫌疑，贺后再婚生子，于她在拓跋部中地位无碍。反之，再婚多子使她得以更长久地在拓跋部中发挥影响，则是不疑之事。

贺兰与拓跋复杂的婚姻关系与复杂的政治关系，决定了在拓跋创建帝业中贺兰既是极为重要的助力，也是纠缠不清的对手。

二　贺赖头徙平舒与贺讷总摄东部

这个时期，贺兰部落主要驻在阴山以北至意辛山一带，即今内蒙古乌兰察布盟境内塔布河及其西北。但是部落活动，有时及于代北地区。

前秦灭代后，将少数有影响的拓跋人物带回长安，将拓跋部民分处于黄河北段的东西两边，委独孤部大人刘库仁和铁弗部大人刘卫辰分统，刘库仁地位在刘卫辰之上。独孤部活动区域以善无（今山西右

---

[1] 见中华书局标点本《魏书》卷一五校勘记。
[2] 周一良：《魏晋南北朝史札记》"崔浩国史之狱"条，中华书局，1985 年，342—350 页。

玉境）为中心。善无及以东广大地区，东汉以来有大量乌桓渗入，并且向西蔓延。汉、晋都设有护乌桓校尉以为监护。拓跋部兴起时，此地乌桓已不存在严格的部落组织。西晋都督幽州诸军事护乌桓校尉卫瓘，曾贿赂居于拓跋部的乌桓王库贤，使"沮动"拓跋诸部落。

拓跋部本来很重视㶟水（桑干河）支流于延水（今洋河）流域乌桓聚居的宽阔地带，这里是拓跋部联系或者扼阻东部鲜卑的要道[1]。前秦灭代后无力用氐人直接控制这一地区，不得不利用贺兰为己所用。这使我们得以理解《贺讷传》的如下记载：前秦以"讷总摄东部为大人，迁居大宁（今河北张家口），行其恩信，众多归之，侔于库仁。苻坚假讷鹰扬将军"。独孤刘库仁，当时也被视为乌桓。用贺兰监护乌桓，拓跋统治时期曾实行过，贺讷之父贺野干曾居东部大人之任。前秦正是重用旧法，用贺兰部力量扼守这条通向东部幽州地境的要道。以贺讷"恩信"同刘库仁相比，说明此处是乌桓人聚居之区，而贺兰在此也有过影响。

如上所述，前秦灭代以后的战略部署是：俘虏少量拓跋贵族而优遇之；令独孤、铁弗二部分统黄河东西两边的拓跋部众；令贺讷总摄东部防务，实际上是制衡受苻坚之命统领代北拓跋的独孤部。——这就是苻坚建立的代北地区新秩序。其中贺讷之任既控幽、并东西通道，又扼高原及谷地上下要冲，监护作用尤其重要。

此前，昭成帝建国二十年（357），当前燕慕容儁光寿元年，有"匈奴单于贺赖头率部落三万五千降于儁，拜宁西将军、云中郡公，处之于代郡平舒城"[2]之事。贺赖即贺兰，为西晋入塞北狄十九种之一，故贺赖头笼统地被称作匈奴单于。部落三万五千，《资治通鉴》作三万五千口，当得实。平舒城在祁夷水（今壶流河，桑干河

---

[1] 拓跋诸帝多次沿此路线东与宇文、慕容交通。慕容垂与拓跋珪也多次在此一线交兵。
[2] 《晋书·慕容儁载记》。该篇于稍后两年记有"塞北七国贺兰、涉勒等皆降"，贺兰之降当指贺赖之事。涉勒即敕勒（高车）。

支流）畔，今广灵境，其时，代郡郡城就在平舒城正东偏北。贺赖头部落徙居平舒，是值得注意的事。

淝水战后前秦崩溃，后燕代兴，此处情况出现变化。《资治通鉴》晋太元十二年（北魏登国二年，387）三月，"燕上谷人王敏杀太守封戢，代郡人许谦逐太守贾闰，各以郡附刘显"。刘显，独孤刘库仁之子，杀库仁弟眷而为独孤部大人，曾逼迫居独孤部的贺后母子遁归贺兰部。其时"刘显地广兵强，跨有朔裔"[1]，而道武此时初即王位，力量还很微弱。上谷的王敏和代郡的许谦反燕，均附独孤刘显。《资治通鉴》又载，同年，"燕赵王麟讨王敏于上谷，斩之"；第二年三月，"燕赵王麟击许谦，破之，谦奔西燕。遂废代郡，悉徙其民于龙城"[2]。显然，慕容麟"悉徙"代郡民于龙城，当包括三十年前的前燕时期由贺赖头率领居于代郡平舒城的数万贺兰部民在内。至于此部民之统领者是否还是贺赖头，那就不得而知了。

贺赖头降燕居平舒城，王敏杀上谷太守，许谦逐代郡太守，燕废代郡并悉徙其民诸事，有助于说明如下问题：

（一）平舒城以及代郡所在的祁夷水附近，适宜农牧，是㶟水流域发展较早的地方[3]。前燕以来降的贺赖（贺兰）部民居此，相当于《贺讷传》中的"分土定居，不听迁徙"。只是作为"匈奴单于"的贺赖头似乎尚未同于编户，仍然统领着贺兰部落。前燕拜贺赖头为宁西将军，封云中郡公，当有利用其所统部落力量，令其为前燕看守西部自代郡至云中郡这一习称为代北地区的目的，而代北正是后来北魏统治的主要区域。可以想见，那时前燕是宁愿看重贺兰

---

[1]《魏书·张衮传》。
[2]《通鉴》此事，《魏书·许谦传》及《晋书·慕容垂载记》均无记。按许谦被燕赵王麟击破后，贾闰还为代郡太守，395年参合陂之役，贾闰与从弟贾彝同时被俘降魏，事见《魏书》的《太祖纪》和《贾彝传》。《贾彝传》谓闰降时官为代郡太守，但闰作润，《太祖纪》误作闾。
[3]参前田正名《平城历史地理学研究》"北魏时代的壶流河流域"一节。中译本，书目文献出版社，1994年，15—18页。

部，而不信任什翼犍所统领的拓跋部的。这与西晋卫瓘居幽州刺史、护乌桓校尉时，以其西部地区的乌桓督察代北拓跋力微的形势，甚为相似。从这个角度审视，与贺赖徙平舒约略同时，贺兰部贺野干出居拓跋部东部大人，此二事似乎有所关联，只是无资料直接证明贺野干与贺赖头的实际关系。

（二）前秦灭代，委贺兰部帅贺讷（贺讷就是贺野干之子）总摄东部为大人，居大宁，其军事任务是自西临东，为前秦守。同时，以南的平舒城，正有贺赖头率领贺兰部的三万五千之众居驻，其军事任务本来是自东临西，为前燕守。前秦既灭前燕，平舒贺赖部的作用始发生变化。贺讷居大宁时，贺赖也当在贺讷总摄范围之内。这也许是前秦命贺讷"总摄"的目的之一。大宁贺讷的贺兰部，与平舒的贺赖（也是贺兰）部遥相呼应，实际上起着由贺兰绥抚乌桓、并扼阻慕容燕从北道自东向西入侵的作用。这反映此时北道的关键掌握在贺兰部之手。

（三）贺赖头降燕而不亲燕，当许谦逐代郡太守贾闰、归附独孤刘显时，未见贺赖部有抗拒许谦的举动。而且，贺赖部在许谦举郡归附独孤刘显仅仅一年以后，就被燕军逼迫迁出此一地区，估计是慕容对贺赖部有所猜疑，而且由于贺讷在近而猜疑日甚之故。

（四）贺赖部被徙，贺讷也未必能安居摄东之任。代北东部形势变了，但此处的战略地位仍旧。登国元年，道武邀约后燕之师大破与之争位的窟咄于高柳，这是拓跋引慕容入代北之始。二年，道武破独孤刘显，也引慕容为助。三年，道武命王建讨斩降燕的刘显弟亢泥于乌桓聚居的广宁。凡此诸役，皆深具战略意义，而行军作战就在东部，必得经过大宁。居大宁总摄东部的贺讷，想必已撤回阴山以北去了。

（五）在拓跋复国前后，代北地区既有独孤部刘显坐大，又有贺兰部贺讷兄弟功高难制。往后道武帝在树立帝业的过程中，与独孤、贺兰产生矛盾，在所不免。正是由于这种形势，导致道武帝强制分割离散贺兰部，也强制分割离散独孤部，不如此道武帝就找不到前进的道路。

三 道武帝离散贺兰诸部落

前秦既溃，代北政治秩序破坏，部族关系势必重新组合调整。385年独孤部帅刘眷破贺兰部于善无[1]，这当是北面的贺兰部势力向独孤部中心地区渗透，导致独孤部的反击。就在此年，刘显取代刘眷，寄居独孤部的贺后母子北奔贺兰。登国元年（386），道武即代王位后，始归盛乐。同年，道武复避由长子北上争位的窟咄而北走贺兰部，贺兰庇护道武，更显示其实力的突出。接着，不遑宁处的道武帝引后燕兵力由东而入，破窟咄而收其众。原由贺讷扼守以防慕容的代北东部地区转而向慕容开放，出现了拓跋与慕容的短期结盟。登国二年、三年、四年，道武帝几度亲赴赤城。赤城在今北京延庆之北，属慕容势力范围。《水经注》记载，今延庆附近有道武帝庙，当与此时期道武帝连年东行活动到此以处理与慕容诸事有关[2]。道武帝庙出现在此处，是拓跋、慕容结盟的证据。拓跋、慕容结盟，最先是为了对付窟咄的北进，往后则是针对贺兰。

登国四年，道武袭击在漠北的与贺兰部关系密切的高车诸部[3]，意在包抄贺兰。《贺讷传》："及太祖讨吐（叱）突邻部，讷兄弟遂怀异图，率诸部救之。帝击之，大溃，讷西遁。"《太祖纪》：袭

---

[1] 刘眷继其兄刘库仁"摄国部"在383年，见《太祖纪》。刘眷破贺兰部于善无，见《刘库仁传》附眷传，《资治通鉴》系其事于385年。
[2] 《水经·㶟水注》牧牛山，"山在县东北三十里，山上有道武帝庙"。县，杨守敬《水经注疏》谓即居庸县，是。居庸县城，今北京延庆，其时为上谷郡治。道武帝一生行踪与这一地区有关的，只有登国二、三、四年几次东幸赤城。鲜卑人本有在其祖先旧游之地立祠祭祀的传统，所以牧牛山上道武帝庙的修建，必与此数年中道武帝东幸赤城事有关系。
[3] 《魏书·贺讷传》："其先世为君长，四方附国者数十部。"高车当在此"四方附国者"之中。

高车诸部落，大破之，"贺染干兄弟率诸部来救，与大军相遇，逆击走之"。这是拓跋、贺兰直接冲突的开始。五年，道武帝与慕容麟合击贺兰、高车诸部于意辛山。稍后，铁弗刘卫辰又袭贺兰，贺兰部请降于拓跋，"遂徙讷部落及诸弟处之东界"[1]。我们取前贺讷曾总摄东部事与下年慕容麟攻破赤城事合观，此"东界"的具体地点当在大宁与赤城一带，今河北省北境。这又是由于贺讷曾有过率领贺兰部居大宁总摄东部十年的历史缘由之故。如果把上述登国三年慕容麟尽徙代郡民于龙城，其中当包括贺赖头所领部民之事，视为贺兰部第一次被强制迁徙的话，这次"徙之东界"就是第二次了。

登国六年，贺讷兄弟内讧，后燕"兰汗破贺染干于牛都"；慕容麟"破贺讷于赤城，禽之，降其部落数万。燕主垂命麟归讷部落，徙染干于中山"[2]。贺染干被强徙中山，当是贺兰部第三次被徙事件。至此为止，贺兰部绝大多数部落已被强制迁徙定居，但是贺讷本人似尚领有部落。

此后，贺兰部更趋衰败。道武帝用兵于中原时，贺讷从征。皇始二年（397）魏军败于巨鹿柏肆之后，《魏书·庾业延传》谓"贺兰部帅附力眷、纥突邻部帅匿物尼、纥奚部帅叱奴根等闻之，聚党反于阴馆"[3]，庾业延率万骑"殄之"。此事同书《太祖纪》、《高车传》以及《资治通鉴》所记略同，似乎被殄者是贺兰、高车在阴馆的游离部分。又皇始三年，从征中原有功拜广川太守的贺卢（贺讷之弟），袭杀冀州刺史，逃奔南燕，遂随南燕湮没。贺卢即前注所引《宋书》、《晋书》的贺赖卢，他奔南燕当有贺兰部落随同。至此，道武帝

---

[1] 《魏书·贺讷传》。

[2] 此事《资治通鉴》卷一〇七记载比《魏书·贺讷传》详。贺讷兄弟内讧，拓跋拟加征讨，请慕容为向导。慕容则径发兵击破讷、染干，事罢未果。牛都，胡注谓"其地当在牛川"。按拓跋珪复国，即代王位，大会于牛川，牛川之地遂具临时国都性质，故有牛都之称，以后道武行幸亦常至此。张金龙《北魏政治与制度论稿》（甘肃教育出版社，2003 年）第 445 页评及本文时对牛都之名作此解释，有理。

[3] 附力眷，《魏书·昭成子孙·毗陵王顺传》作贺力眷，音译不同而已。

舅贺讷、贺染干、贺卢三人中，只剩下贺讷一人，据《贺讷传》，此时贺讷已无所统领，而且后嗣无闻。道武舅氏中还有一个贺讷的从父兄贺悦，待道武"诚至"有加，得到道武善遇。贺讷、贺悦的部民，自然也被强制离散，分土定居了。这是第四次离散贺兰部落，也就是现知的最后一次。

四　贺兰部落离散以后的余波

　　从贺兰部的个案看来，离散部落是一个激烈、复杂而又往往出现反复的过程，主要手段是战争。而且，主要的对手已被迁徙离散之后，编户而居的昔日的部落民未必能立即安于其处，昔日的部落帅未必不图恢复部落权力，所以一有风吹草动，再酿事端的可能性是难免的。贺兰部落即有其例。

　　《贺讷传》于讷从平中原以后说："其后离散诸部，分土定居，不听迁徙，其君长大人皆同编户。"这是离散部落的几项具体内容。《贺讷传》接着说："讷以元舅，甚见尊重，然无统领。以寿终于家。"《贺讷传》叙事次第如果准确的话，贺讷部众离散，似乎是在皇始、天兴年间。这是直接说到北魏离散部落之事最重要的资料之一。其实这只是就贺讷一人所统，而不是就与拓跋关系密切的各个贺兰部落，更不是就贺兰部整个部族而言。本文上面所说登国年间贺赖头徙龙城，贺讷兄弟徙"东界"，其中的贺染干徙中山，都是贺兰部被分割离散的几件大事。稍后贺力眷叛于阴馆，贺卢远走南燕，看来是对道武帝离散贺兰部落的抗拒，但他们所统从此也在历史上消失了。最后就是对贺讷、贺悦的处置。贺兰部被分割离散的过程，在前燕、后燕和北魏时期都在进行，不过决定性的行动是北魏道武帝采取的。

　　从北魏历史看来，离散部落是拓跋部落联盟发展为专制国家所不可少的一个措施。如果拓跋部不是处在这一向专制国家飞跃的阶段，如果拓跋本身也只是作为部落而存在，就无力离散从属诸部落，也没有从属部落需要由拓跋来离散。离散部落之举更要求被离散的部落具有相应的社会条件，使部民能够改变世代相承的游牧习俗而定于农耕或半农半牧，使部落帅能够全部或部分放弃部落特权而同于编户齐民。对于所涉部落来说，这是一次社会大变革，不大可能由哪一个君主任意地以一道政令加以实现。复国之初的道武帝，更不具有这种权威。从另一方面来说，并不是所有部落都具有转向农耕的最必需的社会发展条件，都可以分土定居而不再图迁徙。靠军事征服而并不稳定的北魏社会中，总有一些对拓跋无碍或粗犷难驯的部落不在拓跋注目之列而未被强制离散。它们循自然规律逐渐演化为编户齐民往往需要长得多的时间。六镇兵起以后，有那么多部落领民酋长参与，浮现到社会表层，例如秀容尔朱荣，说明以前道武帝离散部落之举，范围毕竟是有限的。这只要读一读周一良先生《领民酋长与六州都督》的著名论文就可明白[1]。还有，部落离散也往往不能一次完成，而是需要武力监督，反复较量，对强大的部落尤其是这样。上举贺兰部落离散就是一个典型个案。

十六国的某些国家中，统治者强制迁徙被征服部落于指定地域，本非罕见之事，但是却没有一国曾把离散部落分土定居当成具有国策性质的大事记录下来，与拓跋史不一样。我想，这是由于拓跋曾以部落联盟首领地位，与四方附国部落共处于代北地区长达百年之久，有些部落与拓跋更是结成特殊关系，不容拓跋部从部落联盟共主转向专制君主地位之故。其实，有些国家其统治者称帝以后，也存在前此共处的部族部落首脑间的权力之争，但多是以当权者内乱形式出现，结果是酿成一场一场的大屠杀。从这个角度说来，拓跋与诸部得百年共生之益，其离散部落之举毕竟还算文明一些。

---

[1] 周一良：《魏晋南北朝史论集》，中华书局，1963年，177—198页。

贺兰部本来"有部众之业,翼成皇祚"[1],因此贺讷得列入《魏书·外戚传》之首。贺兰部落离散以后,在一个时期内,部民大概还是聚族而居,昔日的部落贵族也可能在墟落间继续享有威信,暂时保有某些特权。高柳郡的安阳(今河北阳原)[2]是贺兰部落离散后其部民在代北的一个聚居点。安阳贺兰部民从何而来,难于确言。一种可能是贺讷或贺悦原来的部民,另一种可能是天兴元年(398)"徙山东六州民吏及徒何、高丽杂夷"[3]于京师时将原徙中山的贺染干部徙来。也可能还有别的来源,或各种来源都有[4]。在往后的历史中,贺悦的后人与安阳的贺兰部民确有关系,所以我疑贺悦部民被指定定居于此。

天赐六年(409),平城发生了清河王绍与道武帝所定继承人齐王嗣争位的大事。是年六月道武帝死。据《魏书·清河王绍传》,"肥如侯贺护举烽于安阳城北,故贺兰部人皆往赴之,其余旧部亦率子弟招集族人,往往相聚"。肥如侯护,即《贺讷传》的肥如侯泥,为贺悦之子,贺讷从侄。贺护袭爵居平城,当然同贺讷一样无所统领。《贺讷传》谓道武帝死,"京师草草,泥(护)出举烽"云云,当然是指自京师外出,举烽告警。绍传所说"其余旧部",似指在安阳附近的原贺悦部民以外的贺兰旧部,也可能还有贺兰以外被徙于此的其他部民。

同明元帝拓跋嗣争位的清河王拓跋绍,是道武帝贺夫人所生,此贺夫人亦出贺兰部,而且是道武帝母献明贺皇后的胞妹。《清河王绍传》云:"初,太祖如贺兰部,见而悦之,告献明后,请纳焉。"所

---

[1] 《魏书·外戚传·序》。
[2] 高柳郡安阳,北魏永熙中置,即两汉代郡之东安阳县,今河北阳原境。
[3] 《魏书·太祖纪》。
[4] 《魏书·世祖纪》太延元年(435)乐平王丕等军至和龙,"徙男女六千口而还"。《南齐书·魏虏传》:"佛狸(按即世祖太武帝)破梁州(凉州)、黄龙,徙其居民,大筑郭邑。"和龙、黄龙,即前文贺赖头所部徙之龙城,今辽宁朝阳。自和龙(黄龙)徙民代北,也可能包括一部分贺兰(贺赖)部民,不过这是较晚的事。

以此次争位事件牵涉贺兰部民利害至巨。天赐末年，道武帝死前不久，贺夫人有谴被幽禁，道武将杀之。这是清河王绍为乱的直接原因。据《资治通鉴》，绍乱时年十六，则绍生于登国九年（394），其时贺兰部已多有分割迁徙。贺护出举烽火，不论从什么角度看，都与贺兰部的命运有重大关系。举烽目的可能是为了助绍，也可能是为了助嗣。我认为从事件的前前后后看来，贺护在当时朝野汹汹人怀异志的情况下举烽于贺兰部民聚集的安阳，更像是为了保护贺兰部而采取的戒备措施，所以贺兰部民一时云集。由于局势迅速得到澄清，举烽聚族也就立即罢散。后来明元帝赐绍及其母贺夫人死，贺护却没有因此事被追究。

清河王绍弑其父道武帝，闭宫门，从门扉间谓群臣曰："我有父，亦有兄，公卿欲谁从也？"群臣惊愕，"惟阴平公元烈哭泣而去"。这是《清河王绍传》的说法。元绍公布道武帝死讯，要挟群臣在包括他本人在内的可能的继承人中拥护他继承帝位。因此，"我有父"之说不可解。《资治通鉴》录此，作"我有叔父"，而叔父即下文"哭泣而去"的阴平公烈。阴平公烈是卫王仪之弟，秦王觚之兄，据考与道武帝同为贺后所生的兄弟[1]。因此，元烈、元绍都是贺兰部之甥。元烈、元绍之母，在贺兰部是亲姊妹；元烈、元绍，在拓跋部则为亲叔侄。元绍视元烈为道武帝可能的继承人，是因为绍知道拓跋君位本有兄弟传承的旧俗；而元烈"哭泣而去"，则是由于他面临道武被害的事实和他自己的尴尬处境感到震惊的缘故。

齐王嗣是在其母刘皇后被赐死条件下立为皇位继承人的，这是最早见于记载的子贵母死之制的实行。道武帝决心建立有序的皇位继承制度，他为预防最有部族权势背景的清河王绍争夺皇位，先发制人，编造谴杀绍母口实，是很可能的事。所以史籍只能含糊其辞。这成了拓跋绍杀父夺位的导火线。我的推测如能成立，则更足以说

---

[1] 李凭：《北魏明元帝以太子焘监国考》，《文史》第三十八辑，中华书局，1994年。

明拓跋绍事件是道武帝离散贺兰部落的余波，也可以视为对道武帝所建子贵母死制度所产生的一次强力抵制。

道武帝死亡前后的宫内事变，牵涉的人物多与贺兰部有关：元烈、元绍之母均出贺兰部；贺后之侄贺护举烽以召贺兰部民；元绍母贺夫人有谴，也可能是道武帝处置贺兰部的一系列举措中的一个，而且可能与道武帝考虑择继之事有直接关系。从拓跋、贺兰矛盾和贺兰潜力看来，贺护举烽是部落离散后贺兰部民自我保护行动，不过适时而止，未酿成新的事端。至于元烈，他既居嫌疑之地，为了免于获咎，不得不以策略处理此事。《魏书》本传说："元绍之逆，百僚莫敢有声，惟烈行出外，诈附绍募执太宗，绍信之。自延秋门出，遂迎立太宗。以功进爵阴平王。"

如果上举贺兰部落被强制分割迁徙之事果然就是《魏书》所指的离散贺兰部落的主要内容，那么贺兰部落主要部分被离散的时间可定在登国五年、六年，此二年中贺讷兄弟与其部落徙于代北"东界"，贺染干更再徙中山，贺兰部落离散，大体已成定局。依此类推，《高车传》所谓"太祖时分散诸部，惟高车以类粗犷，不任使役，故得别为部落"，也当是登国四五年道武大破高车诸部并多掳获之时的事。《官氏志》把道武离散部落之事定在登国初年，我认为说得早了一点。至于许多适于离散的小部落，慑于拓跋威力，闻风而服，接受迁徙和定居，也当是有可能的，但难于一一考定。

强徙部落，十六国时本来就是常见的事，但并不称作离散部落。道武帝在完成帝业的过程中，从总体上意识到离散部落的深层意义，理解其必要性和可能性，因而采取更主动更连续更暴烈的措施，不只是迁徙，而且还要离散，使之分土定居，同于编户齐民，包括君长大人在内。这是他与十六国君主的不同之处。他掀动了这一具有时代意义的浪潮。部落离散，过程是复杂的，而且有反复，但毕竟是无法逆转的事，不悖部落发展的趋势，不悖部民的利益。从贺兰部个案来探究，道武帝离散部落问题的大体内容就是这样。

在部落被离散特别是清河王绍事件之后，贺兰权势削除殆尽。《魏书》所见的贺兰部人情况，如贺狄干，"家本小族"[1]，出使后秦而得习读书史，返北魏后被道武帝杀害，其弟亦死。还有太武帝贺皇后，"少孤，无父兄近亲"[2]，只有从父贺迷以外戚赐爵食封而已。《文成帝南巡碑》碑阴题名，随行臣僚姓名可辨者中，贺赖氏人名二见，其一居内侍之职[3]。《独孤信墓志铭》谓信曾祖母出于贺兰氏[4]；据《周书·独孤信传》，信祖父于文成帝和平年间"以良家子自云中镇武川"[5]，则信曾祖母贺兰氏年代当在太武帝时，身份平常。北朝后期造像石题记，其中亦数见贺兰人名[6]。总的看来，贺兰孑遗尚有迹可寻，但贺兰作为强大的部落实体是逐渐消失了。今本《元和姓纂》之贺兰条，其世系之文系由贺若条冒入，已由岑仲勉考出，见该书岑氏校记[7]。这说明贺兰氏早就无可靠世系可记了。

---

[1]《魏书·贺狄干传》。
[2]《魏书·贺迷传》。
[3] 山西省考古研究所、灵丘县文物局：《山西灵丘北魏文成帝〈南巡碑〉》，《文物》1997年第12期。
[4] 赵超：《汉魏南北朝墓志汇编》，天津古籍出版社，1992年，480—481页。
[5] 参看《周书·贺兰祥传》。
[6] 马长寿：《碑铭所见前秦至隋初的关中部族》，中华书局，1985年，55—59页。
[7]《元和姓纂》附四校记本，中华书局，1994年，1318页。

独孤部落离散问题
——北魏"离散部落"个案考察之二

一 前秦灭代以后的独孤部

独孤部，《魏书·官氏志》入神元时内入诸部，于拓跋部有殊勋，孝文帝定为勋臣八姓之一。《魏书》之《刘库仁传》及《刘罗辰传》均载独孤部事，但未提及独孤部名。《魏书·贺讷传》及《北史·刘库仁传》谓库仁为"独孤部人"，《魏书·燕凤传》则称之为"别部大人"。按，独孤本是入塞北狄十九种之一的屠各，刘虎之宗，刘路孤之子。刘路孤归附于代王拓跋郁律（即北魏追尊的平文帝，317—321 年在位），并一度与郁律共驻代北的东木根山。从拓跋部而言，自可称独孤为"别部"。平文帝以来，拓跋与独孤世婚。刘库仁母为平文帝女，昭成帝（338—376 年在位）又以宗女妻刘库仁。库仁子亢泥也娶昭成帝女。后来的北魏道武帝，其皇后刘氏又是库仁弟眷之女，独孤帅罗辰之妹。

昭成帝什翼犍三十九年（376）前秦灭代，献明帝（昭成子）贺后携子拓跋珪等逃奔贺兰部未果，转投独孤部栖身。贺后投独孤部，除了由于独孤、拓跋累世婚姻而刘库仁又恩信可托以外，还由于苻坚命独孤部和铁弗部分统黄河东西的拓跋部

67

民[1]，而拓跋部旧人几百户已由南部大人长孙嵩等率领投奔独孤部。铁弗刘卫辰为屠各刘虎之裔，卫辰妻为昭成帝女。铁弗、拓跋关系虽然也很久远，但不和谐，前秦军灭代之役，即由卫辰向导。拓跋内部事务，铁弗影响不大。《魏书》以铁弗列于五胡传中，同时独孤部刘库仁、刘罗辰则分别入功臣、外戚传，迥然不同。铁弗赫连勃勃独立建国，抗衡北魏，与柔然一起并为北魏大患，直到太武帝时始被征服。

贺后得刘库仁、刘眷兄弟庇护，居独孤部九年（376—385），拓跋珪由六岁成长至十五岁。其间大事有淝水之战，前秦瓦解，后秦立国，慕容复燕等，对代北诸部都有影响。385年，独狐新部帅刘显将害拓跋珪，珪及其母贺后先后北走阴山，投贺兰部。贺兰部帅贺讷及诸部大人利用时机，拥拓跋珪恢复代国。登国元年（386）珪即代王位。

贺后等人留驻独孤部时，独孤部是代北地区最强大的部落，其影响及于恒代以东。苻坚灭代后以贺兰部的贺讷总摄东部并迁居大宁（今河北张家口）时，史载贺讷"行其恩信，众多归之，侔于库仁"[2]，可知独孤部在这一带享有威信，早于贺兰部的贺讷。前秦败后，慕容复燕，刘库仁遣骑出援幽冀以拒慕容。他曾发"雁门、上谷、代郡兵，次于繁畤"。[3]发兵所及，自然也是他势力所及之处。刘库仁之子刘显统治独孤部时，"地广兵强，跨有朔裔"。[4]《魏书·刘罗辰传》说：其时"显恃部众之强，每谋为逆"，拓跋珪以此逃离

---

[1] 发此议者是旧代使人燕凤，他说服苻坚利用此二部相互制衡，共统拓跋，认为这是前秦"御边之良策"。见《魏书》卷二四《燕凤传》。从燕凤所言"待其（按指昭成帝什翼犍）孙长，乃存而立之"看来，这是燕凤存心保护拓跋部的一种办法。铁弗部中心驻代来城（悦跋城，在今鄂尔多斯）；独孤部中心，据其活动地域看来，在善无（今山西右玉境）。

[2] 《魏书》卷八三上《贺讷传》。

[3] 《魏书》卷二三《刘库仁传》。

[4] 《魏书》卷二四《张衮传》。

独孤而北投贺兰。从刘库仁在此区域早有恩信，到刘显地广兵强，这些资料使我感到，苻坚灭代后以贺讷总摄东部，即有以贺兰制衡独孤的意向。

拓跋珪复国后，登国二年三月，"燕上谷人王敏杀太守封戢，代郡人许谦逐太守贾闰，各以郡附刘显"。[1]同年六月，道武帝拓跋珪大破刘显，刘显从弟刘罗辰投奔道武帝。由于拓跋部的强力介入，独孤部分裂了。

二　刘显引窟咄争位和道武帝离散独孤诸部落

登国元年正月，拓跋珪即代王位，大会于牛川，以世为南部大人的长孙嵩为南部大人。此时代国北面暂时有贺兰部屏蔽，比较安全，主要问题在南。二月，拓跋珪返拓跋故地盛乐；三月，即有"刘显自善无南走马邑，其族奴真率所部来降"[2]之事。此时，拓跋珪所全力关注的，是依靠贺兰，驱逐刘显，拓定南部。贺兰部曾于前一年南下善无，为刘库仁弟刘眷破走，可见独孤、贺兰之间本有矛盾。本年刘显自善无南遁，自然是惧拓跋结贺兰来攻。刘奴真是刘眷之子，刘显的从兄弟，《魏书》记其事迹非常混乱，将在下节考述。

刘显遁走马邑后，介入昭成子孙争位之事。他使弟刘肺泥（亢泥）迎拓跋珪之季父拓跋窟咄，逼拓跋南境。这样就形成拓跋窟咄背靠独孤，拓跋珪背靠贺兰的一场争夺君位的殊死斗争。窟咄为昭成子，前秦来侵，"昭成崩后，苻洛以其年长，逼徙长安，……因乱随慕容永东迁，永以为新兴太守"。[3]拓跋珪逐窟咄后，于登国二年

---

[1]　《资治通鉴》卷一〇七晋太元十二年。
[2]　《魏书》卷二《太祖纪》。
[3]　《魏书》卷一五《昭成子孙·拓跋窟咄传》。

六月转而讨破扶持窟咄的刘显于马邑，刘显南奔慕容永于长子，其部众悉降于慕容麟，被徙于中山。这就是上节所说登国二年六月道武帝大破刘显之事，见《魏书》卷二《太祖纪》及卷二三《刘库仁传》。《资治通鉴》同年又记"燕王（慕容）垂立刘显弟可泥（亢泥）为乌桓王，以抚其众，徙八千余落于中山"。这当指独孤部刘显之众降慕容而被徙中山者有八千余落之多，而独孤刘亢泥之众当仍由刘亢泥率领。据后来的史料判断，乌桓王刘亢泥为后燕广宁太守，可知东汉以来乌桓人聚处的广宁长期为独孤驻守，用以绥抚原驻的乌桓人，因为独孤也是乌桓。刘显八千余落徙中山，这是独孤部的主要部分第一次被强徙，是独孤部落离散之始。刘显破败，拓跋部得以统治代北南部的濠水上游区域。

由于独孤部刘显、刘亢泥兄弟的介入，昭成子孙争位问题的解决比较艰难。拓跋部内嫡庶观念虽已萌生，但嫡庶地位差异尚无严格的习惯法予以规定，宗法性的继承制度尚未形成，拓跋君位实际上没有公认的、法定的继承人。《魏书·昭成子孙·寔君传》记拓跋灭国前夕事："是时，献明皇帝（按即道武帝父寔）及秦明王翰皆先终，太祖年六岁，昭成不豫，慕容后子阏婆等虽长，而国统未定。"昭成庶长子寔君觊觎君位，昭成侄斤说寔君曰"帝将立慕容所生，而惧汝为变"云云，于是寔君"乃率其属尽害诸皇子，昭成亦暴崩"。此事《资治通鉴》所记有"寔子珪尚幼，慕容妃之子阏婆、寿鸠、纥根、地干、力真、窟咄皆长，继嗣未定"之文。寔君"尽害诸皇子"，此六子中窟咄得免，阏婆也可能不曾遇害[1]。阏婆其人，下

--
[1] 献明帝寔及秦王翰皆慕容后所生，先死。慕容后其余六子，除阏婆、窟咄以外，当在被害之列，但均有后。寿鸠子常山王遵，纥根子陈留王虔，地干子毗陵王顺，力真子辽西公意烈，事迹均见《魏书·昭成子孙》各传。其《毗陵王顺传》曰："柏肆之败，军人有亡归者，言大军败散，不知太祖所在。顺闻之，欲自立，纳莫题谏，乃止。"由此可知，昭成诸子后人，也大都认为自己有继承拓跋君位之权。昭成庶长子寔君之子，也图自立。窟咄兄力真之子意烈，原来也不助珪而助窟咄。

文有考。

《魏书·窟咄传》:"刘显之败[1],遣弟亢泥等迎窟咄,遂逼南界,于是诸部骚动。……太祖虑内难,乃北逾阴山,幸贺兰部,遣安同及长孙贺征兵于慕容垂。贺亡奔窟咄。"安同抵中山,慕容垂遣慕容麟率部达牛川,"窟咄兄子意烈捍之"。此时贺兰部贺染干也响应窟咄,"来侵北部,人皆惊骇,莫有固志,于是北部大人叔孙普洛节及诸乌丸亡奔卫辰"。《魏书·穆崇传》记崇外甥于桓曰,"今窟咄已立,众咸归附",谋执拓跋珪以应窟咄。从这里所引"诸部骚动"、"人皆惊骇"、"众咸归附"诸文,以及响应窟咄者皆拓跋、长孙、叔孙、万俟于等显赫部落的人物,甚至形成刘亢泥、贺染干这两个当时颇具实力的部落南北夹击拓跋珪的形势看来,拓跋珪的危殆是显而易见的。所谓代北"诸乌桓亡奔卫辰",当包括一部分独孤乌桓在内。拓跋珪开拓帝业,除了制服族内强劲的对手以外,必得处置贺兰、独孤这两个特具功勋而又强大难制的部族。这两个部族由于与拓跋部世婚而具有的影响拓跋部内部事务的潜力,没有其他部族可以匹敌。

拓跋珪为昭成帝嫡孙,这本是他在名分上的优势,但嫡长名分并不受特别的尊重。拓跋珪年幼,只有十六岁,这是他不利之处。《魏书·莫题传》,莫题"遗箭于窟咄,谓之曰:'三岁犊岂胜重哉?'言窟咄长而太祖少也"。其实,还有不比珪年长而欲与珪争位的昭成子孙,这就是昭成庶长子寔君之子,拓跋珪的从弟某,《魏书》载其事而未存其名。

《魏书》卷二五《长孙嵩传》:"刘显之谋难也(按指刘显欲杀依托于独孤部的贺后之事),嵩率旧人及乡邑七百余家叛显走,将至五原。时寔君之子亦聚众自立,嵩欲归之。见于乌渥,称'逆父之子',劝嵩归太祖。嵩未决,乌渥回其牛首,嵩俛偭从之。"《魏书》

---

[1] "刘显之败"指刘显自善无奔马邑事,在此年三月;刘显遣弟刘亢泥迎窟咄,在同年八月。俱见《魏书·太祖纪》。

此卷本阙，以《北史》及他书补。《北史》卷二二《长孙嵩传》，此篇文字为"……时寔君之子渥亦聚众自立，嵩欲归之。见于乌渥，称'逆父之子'，劝嵩归道武……"，云云。并读这两段资料，大意是清楚的，但个别文字可能有问题。其中渥、乌渥、于乌渥是同一人，但不是寔君之子。寔君之子，史籍本未留下名字，《北史》记事时作"寔君之子渥"，此渥字显系传写者涉下文于乌渥之名而误增，因而出现难解之疑。此段文字补入《魏书》时，史臣于"寔君之子渥"处删除了误增的"渥"字，可谓有识。《资治通鉴》卷一〇六收录这段文字，作"……时拓跋寔君之子渥亦聚众自立，嵩欲从之。乌渥谓嵩曰：'逆父之子，不足从也，不如归珪'"，云云。《通鉴》虽沿《北史》之误，但在"逆父之子"下补"不足从也"，语气为足，是可信的。只是于乌渥为何许人，与寔君有何关涉，还要有所探索。

于乌渥之名，北朝诸史只此一见，疑即昭成之子阏婆的异译。从现有资料看来，只有把于乌渥视为阏婆的异译，才能将《长孙嵩传》史文解释通畅。阏婆是昭成慕容后之子，其同母兄弟多人均死寔君之手。阏婆与寔君虽是异母兄弟，但有弑父杀弟之仇，所以有前引"逆父之子"的说法。"逆父"即指寔君。寔君杀慕容后诸子时阏婆当幸免于难，此时与率部北奔的长孙嵩相遇于五原附近。阏婆劝长孙嵩奔投其时已在贺兰部的拓跋珪，而勿投寔君之子，其理由未举嫡庶之别而举"逆父之子"，亦见拓跋珪嫡出名分在当时并不特别起号召作用。不过寔君有弑父杀弟恶名，毕竟对其子夺取君位不利，所以其子自立之举未能引起波澜，很快就无声无息了。

解决窟咄问题的决定性战役发生在登国元年十月，其时拓跋珪会慕容麟之师于高柳，大破窟咄，窟咄奔铁弗刘卫辰，被卫辰杀，窟咄所部则为拓跋珪所并。窟咄既破，刘显孤立，才有登国二年六月破刘显于马邑，刘显部众被徙中山之事。刘显反拓跋珪而又导演拓跋叔侄之间君位之争，宜其与拓跋珪不能两存；而其所统领的部落也不可能独立存在，拓跋珪必将有以处置。

至此，独孤部还有刘亢泥的部众没有被消灭。刘亢泥原受刘显之命招引窟咄，自然也不会为拓跋珪所容。他在窟咄败后降于慕容，被封为乌桓王。《太祖纪》皇始元年（396）六月[1]"遣将军王建等三军讨（慕容）宝广宁太守刘亢泥，斩之"，徙其部落于平城。这是《魏书》所见独孤部民第二次被强制迁徙。这样，独孤部刘显部落徙中山，刘亢泥部落徙平城，独孤部所余重要力量只剩下早已来降的刘罗辰所部，不过其部民当也定居于一个指定地点了。

独孤各部被分割离散了，贺兰部落也被分割离散了，正是此时，道武帝改元皇始。看来离散这两个重要部落，是北魏帝业的标志。

三 《魏书》所见的刘奴真与刘罗辰

《魏书·刘库仁传》于"太祖即位，显（库仁之子）自善无南走马邑"之后，溢出一大段关于"族人奴真"的文字，然后再叙"后太祖讨显于马邑，追至弥泽，大破之"。《魏书》另有刘库仁弟眷之子《刘罗辰传》，列于卷八三上《外戚传》[2]贺讷之后。据这些记载，刘奴真、刘罗辰均于此时率部落降于拓跋珪。在《北史》卷八〇中，其《外戚传·序》谓以罗辰"附其家传"，意即附于库仁传中，而不提及奴真，这显然是《北史》馆臣有意将奴真事删削了。

《魏书·刘库仁传》溢出文字如下：

> 族人奴真领部来附。奴真兄犍，先居贺兰部。至是，奴真请召犍而让部焉。太祖义而许之。犍既领部，自以久托贺讷，

---

[1] 严格说来，是登国十一年六月，因为此年七月改元皇始。皇始意味着道武帝业之始。

[2]《魏书·外戚传》，其刘罗辰传系后人掇拾《魏书·刘库仁传》所附刘眷数语以及《北史·刘库仁传》有关文字而成。参看点校本《魏书》、《北史》有关诸传校勘记。

德之,乃使弟去斤遗之金马。讷弟染干因谓之曰:"我待汝兄弟厚,汝今领部,宜来从我。"去斤请之奴真。奴真曰:"父为国家附臣,世效忠贞。我志全名节,是故推让。今汝等无状,乃欲叛主怀贰。"于是杀犍及去斤。染干闻其杀兄,率骑讨之,奴真惧,徙部来奔太祖。太祖自迎之,遣使责止染干。奴真感恩,请奉妹充后宫,太祖纳之。

这段文字上紧承"太祖即位,显自善无南走马邑",下紧接"后太祖讨显于马邑,追至弥泽,大破之",去掉这段文字,其上文下文叙刘显事,本来文从字顺,浑然一体,严密无间。这段文字所叙奴真事,却与上文下文都不衔接,显然是另外系统的一则史料,魏收不审,插入刘库仁传所附刘氏诸人事迹中,使所叙述拓跋珪与刘显事前后割裂。李延寿编纂《北史》时,似乎于此已有疑惑,但未深究,只是删除了《刘库仁传》中此段史料,[1]而且全书不著奴真名字。后人读魏收书,未曾留意于此一与《北史》的差异。[2]《通鉴》照录《魏书》这段文字,未作考异,亦无注[3]。细玩这段文字,我认为其中的奴真就是刘眷之子罗辰,音译不同而已。以诸书所载罗辰与奴真的事迹合参,有许多一致之处,其余此有彼无或彼有此无之处,并无扞格且可互补。

(一)"族人奴真领部来附",与《太祖纪》"其(按指刘显)族奴真率所部来降"合,时间在登国元年三月刘显自善无南走马邑之后。拓跋南来,刘显惧逃,奴真则降于拓跋,独孤部分裂成两大部分。《魏

---

[1]《魏书》中奴真之名除见于这一段文字外,《太祖纪》登国元年三月、七月还两次出现,《北史》在相应处也都删除了。
[2]《四库全书总目提要》史部正史类《魏书》条:"李延寿修《北史》,多见馆中坠简,参核异同,每以收书为据。"像这里所举李延寿删削疑文以正魏收书之疏失,例证还不多见。
[3]按今本《魏书》是北宋刘恕等人校定。恕等谓其书"言词质俚,取舍失衷,其文不直,其事不核"(见今本《魏书》附录)。刘奴真事正是《魏书》"其文不直,其事不核"的显例。刘恕录之入《通鉴》之中,未予抉剔,亦是微疵。

书》卷二四《张衮传》谓其时刘显地广兵强，跨有朔裔，然后说"会其兄弟乖离，共相疑阻"，指的就是刘显、刘奴真分道扬镳之事。

《魏书·外戚传》本亡，其《刘罗辰传》系掇拾《刘眷传》及《北史》而成，其中说："及太祖即位，讨显于马邑，追至弥泽，大破之。后奔慕容麟，麟徙之中山。罗辰率骑奔太祖。显恃部众之强，每谋为逆，罗辰辄先闻奏，以此特蒙宠念。"这里所说刘罗辰事，就是"族人奴真领部来附"的过程。刘罗辰为刘显从兄弟，这里称"族人奴真"，虽不甚确，亦无不合。

此段文字于"麟徙之中山"以前，与《北史·刘库仁传》全同。点校本《北史》于校勘记中出注，言《北史》删节《魏书·刘库仁传》，"全失本意"。据《魏书》，刘显败走后又掠慕容麟马，麟讨显，显乃奔慕容永于长子，其部众则降于麟，麟徙之中山。《北史》这里径说刘显奔慕容麟，不实。其实《北史》此段文字于"罗辰率骑奔太祖"之后，述事亦颠倒错乱。罗辰奔太祖，在太祖讨显于马邑之前，不在其后。因为《北史》此传下文即有"显既杀眷，罗辰遂奔道武"之文，是可信的。刘眷为刘罗辰父，父死子走，否则亦将不测。而刘显杀眷是道武即位前一年的事，不会在道武破刘显以后。又，显恃强谋逆，罗辰辄先闻奏，必是太祖犹在独孤部时事，谋逆指谋杀贺太后及太祖。太祖已出走贺兰，就说不上刘显"谋逆"了。

总之，史籍分别叙述的刘奴真、刘罗辰率部来附的事迹，大处说来是相符的，正好可证是一人而非二人之事。至于叙述倒错之处，当是史臣之疏误。史籍记载倒错，史臣于罗辰、奴真事不甚了了，率尔操觚，未曾深究。

（二）"奴真兄犍，先居贺兰部。至是，奴真请召犍而让部"事，以及兄弟反目，奴真杀兄犍、弟去斤诸事，包括犍及去斤名字，北朝诸史中仅此一见，可补《刘罗辰传》记事缺失。文中叙及独孤部和贺兰部关系，也值得留意。此二部是拓跋部周围最有力量的部落，两部虽分驻南北，但行国不居，往来时有。刘眷之时，独孤部曾"徙牧于牛川",地在北境,刘眷长子刘犍大概就是在这时留牛川未归,"久托贺讷"。考虑到385年刘眷曾"破贺兰于善无",而善无在独孤部地境,以及刘眷又击蠕蠕别帅肺渥于贺兰部所驻的意亲山(即意辛山)这两个事实,可知独孤部奴真兄弟关系牵连独孤、贺兰二部,又衍生出贺兰部内贺讷、贺染干兄弟关系,是可以理解的。拓跋部驻地盛乐在贺兰、独孤之间,无事时起桥梁作用,有事时易受南北夹击。拓跋珪只有用军事力量处置独孤、贺兰部落中之异于己者,囊括代北地区,求得安全,才能求得伸展,求得扩张。

可以作为此条旁证的是,奴真有兄有弟,他自己排行第二,而《刘库仁传》恰有"眷第二子罗辰"[1]之文。以奴真为罗辰,此条亦无抵牾。

(三)"奴真曰:'父为国家附臣,世效忠贞。……今汝等无状,乃欲叛主怀贰。'"按《刘库仁传》末史臣有论曰:"刘库仁兄弟忠以为心,盛衰不二。"今刘罗辰又背弃刘显而投奔拓跋,更见其"世效忠贞","盛衰不二"。所谓"叛主怀贰",指刘犍与贺染干的关系。据《贺讷传》,贺染干一直是反对拓跋珪,反对贺讷拥珪为君主的。屈从贺染干,自然就是叛拓跋珪了。下云贺染干讨刘奴真,太祖"责止染干",反映了拓跋珪居间起调停作用。此时拓跋珪还得依赖贺兰部,说太祖示意染干是可能的,说"责止"染干,却是夸饰之词,当时他并无此力量。

(四)贺染干攻刘奴真,还有贺兰部与独孤部更为长久广泛的部族关系背景。独孤部在其驻地善无周围,影响较大。前秦灭代后命铁弗、独孤分统拓跋部众,本有使之相互制衡之意。同时又命本驻阴山以北的贺兰部帅贺讷总摄东部,迁居大宁,"行其恩信,众多归之,侔于库仁"。这显然是引贺兰部南来居东,绥抚周边部族,以

----

[1]《北史·刘库仁传》作"眷第三子罗辰"。考虑到此传盖调整《魏书》有关文字而成,别无他据,所以我断"第三子"为"第二子"钞刻之误。据《魏书·刘库仁传》,眷三子,顺序当是犍、奴真、去斤。

分独孤之势，维持代北地区力量的平衡和稳定。拓跋灭国至复国的十年，似乎是一个贺兰与独孤各自广树恩信以招引原拓跋部落联盟诸部的过程。独孤、贺兰两部势力所及，犬牙交错；游牧去来，更无拘束，所以有贺兰部南至善无，独孤部徙牧牛川这样的远距离游动。加以双方内部各有矛盾，在贺兰是贺讷与贺染干矛盾，在独孤是刘显与刘罗辰矛盾，此部族矛盾一方与彼部族矛盾一方又有勾连，因而形成部族间更为复杂的关系。拓跋部在灭国后寻求两方部落保护，复国后却又利用矛盾，逐步扩展拓跋实力。对贺兰，是以贺讷为友，贺染干为敌；对独孤，是以刘奴真为友，刘显为敌。最后，是羁縻贺讷、刘奴真，以至于消灭贺兰、独孤作为部落的存在，树立道武君权。从这个大背景来解读这段溢出文字，可以看到此时贺讷是贺兰部的代表，刘奴真是独孤部的代表。我们又看到，独孤部落权力传承顺序是库仁—眷—显—罗辰。库仁传弟眷，库仁子显杀眷自代，拓跋讨显，显奔逃，独孤部的领袖和代表，只有罗辰。因此"领部来附"的奴真与罗辰必定就是一人。刘奴真就是刘罗辰。

（五）"奴真感恩，请奉妹充后宫，太祖纳之。"按卷一三《皇后传》："道武宣穆皇后刘氏，刘眷女也。登国初，纳为夫人。……以铸金人不成，故不得登后位。……太宗即位，追尊谥号。"又《外戚传》："刘罗辰，代人，宣穆皇后之兄也。"史籍中未见道武帝另有刘姓后妃，《魏书·道武七王列传》所见诸王母氏，除刘皇后外，只知有贺、王、王、段诸氏及缺姓氏者二人。而且，刘皇后是登国初纳为夫人的，而奴真降太祖并奉妹，正是登国元年的事。[1] 所以奴真奉

---

[1] 附带说明，《太祖纪》登国元年三月和七月都记奴真率部来降之事。我认为三月事是刘显南奔后奴真背弃刘显而留在原地驻牧；七月事则是刘显命弟肺泥（亢泥）掠奴真部落，奴真为求保护而率部落向拓跋靠近。《太祖纪》七月"刘显弟肺泥（亢泥）率骑掠奴真部落，既而率以来降"，所述似亢泥率奴真部落来降。这与事实不符，点校本校勘记已指出此问题。我认为这是文字有脱漏，来降者只能是奴真，绝非亢泥。不过，上举溢出文字中记贺染干自北攻奴真事，与《纪》亢泥自南掠奴真部落事，是否是约定的南北夹击，无可考。

妹充后宫，与罗辰之妹为宣穆皇后，两者同为一事。这是一条较强的理由，证明刘奴真就是刘罗辰。

从以上几方面推断奴真就是罗辰，并无抵牾不通之处，如果没有新的反证出现，我想是可以断言的。

这段溢出文字，给我们增补了一些关于独孤部的资料。独孤刘犍可以脱离母体，久托贺兰部，大概同拓跋寄居独孤部一样。而当贺兰与独孤矛盾时，拓跋则居间调停，又可以概见拓跋、贺兰、独孤这三个驻地相连部落的特殊关系。又，奴真三兄弟的离异，反映游牧的独孤部不断分裂的倾向。贺兰兄弟关系其实也是一样。道武正是利用这种状况，凭借历史赋予拓跋部作为部落联盟首领的权威，对周围部族特别是对独孤、贺兰，分割而离散之，从而完成了自己的帝业。

四 部落离散以后的独孤部民

《魏书·太宗纪》："初，帝母刘贵人（按即刘罗辰之妹）赐死，太祖告帝曰：'昔汉武帝将立其子而杀其母，不令妇人后与国政，使外家为乱。汝当继统，故吾远同汉武，为长久之计。'"这就是北魏后宫子贵母死之制的正式开端。子贵母死，一个目的是清除帝母与政的可能，这在此后百年内，到孝明帝母胡太后事实上废除子贵母死之制，并且临朝听政为止，大体上是一直实行着的。[1]子贵母死的另一目的是不使外家为乱，这只靠赐死帝母还不够，还须尽可能削弱外家部落，直至消灭其作为部落的存在。道武帝时的外家，包括其母族贺兰和妻族独孤，都是勋臣，都领强部，削之不易。所以道武削弱外家，采取了兼具军事、政治、社会内涵的离散部落方式，斗争

---

[1] 文明冯太后几度听政，是特例。但是她并无亲子为储贰，与子贵母死之制无关。此问题我在《北魏后宫子贵母死之制的形成和演变》中已作解释。

相当激烈。刘皇后赐死，是独孤部落离散以后的事，其间自有关系。

离散部落，具体说来是使被征服的部落分土定居，不许迁徙，同时剥夺其君长大人的部落特权，使之一同编户。就是说，不许旧时君长继续领部活动，以免与拓跋对抗。这要被离散部落具有相当的发育水平，有些部落能行，有些还不能行。还应当有足够的可用土地可供定居的部民耕牧，平城近处具有这一条件。而且，还要有能够强制实行的政治力量，从部落联盟领袖迅速向帝国君主转化的道武帝具备这样的力量。所以，在道武帝完成帝业的登国年间，昔日部落联盟的不少成员得以被离散，而作为道武帝外家的独孤部，同贺兰部一样，成为离散部落这一具有时代意义的措施的重点对象。

独孤部落离散，如前所述，见于记载的有刘显、刘亢泥二次。登国二年（387）刘显部落被慕容麟徙于中山，天兴元年（398）魏徙山东六州民吏以充京师，诏给内徙"新民"耕牛，计口授田，这些内徙"新民"理当包括原徙中山的独孤刘显部民。这也可说是第三次强徙离散独孤部落了。皇始元年（396）已被强徙平城的独孤刘亢泥部落，天兴元年也当在计口授田之列。至于独孤刘罗辰部落，因为无军事征服关系，所以也无强徙离散的记载。刘罗辰随道武平中原，以新旧勋赐爵授官，子孙相袭，至曾孙刘仁之，逐渐汉化[1]，所统部落早已离散，其经历与贺讷、贺悦大概相近。部落离散后的独孤部民，也当同于居安阳墟落间的贺兰部民。

据《魏书·昭成子孙传》，昭成帝子寿鸠之子常山王遵，遵子名素，"太宗从母所生，特见亲宠"。可知刘罗辰另有妹为遵妻。此即北京图书馆藏元倖碑拓所说遵"妃刘氏，太宗明元皇帝之姨"。除刘罗辰支系以外，《魏书》所见能确认的独孤部人物，只有刘尼。刘尼曾祖有功于道武；祖父缺仕履，疑在部落离散后居墟落间而无闻达；

---

[1] 参《魏书·刘罗辰传》及附传，《北史·刘库仁传》及附传，《魏书·刘仁之传》。再往后的独孤世系，可参看长部悦弘《刘（独孤）氏研究》所附世系图，日本《琉球大学法文学部纪要·日本东洋文化论集》创刊号，1995年。

父从军旅，累官至将军。刘尼本人太武帝末年典兵宿卫，平宗爱之乱有功，迁官晋爵。这类似于居高位的一般北姓武人，看不出有何家族部落背景。山西灵丘所出北魏文成帝《南巡碑》碑阴题名中，就有这类独孤凡六人[1]。《孝文帝吊比干墓文》碑阴有"武骑侍郎臣河南独孤遥"之名[2]，知独孤部人有迁洛者。北魏分裂后，独孤人物大量涌现，备见姚薇元《北朝胡姓考》独孤条。其中有些人原居代北，并非迁洛独孤部人之后。如北周独孤信[3]，魏末六镇兵起后，自武川避地中山，遂从军旅，为西魏、北周重臣，周、隋、唐三朝皇后所出。又如北齐尧难宗妻独孤思男，生于魏宣武帝延昌元年（512），父独孤盛，魏恒州刺史。独孤思男籍贯为代都平城，亦非迁洛独孤之后[4]。

独孤部落被离散后，甚至刘皇后赐死后，独孤部人未见有何反应，这与贺兰部有所不同。但独孤部人似乎较早地离开了权力斗争的旋涡，反而获得了较稳定的生存条件，所以齐、周、隋、唐时独孤

---

[1] 山西省考古研究所、灵丘县文物局：《山西灵丘北魏文成帝〈南巡碑〉》，《文物》1997年第12期。这六人分别是：侍中、安南大将军、殿中尚书、□□、东安王独孤侯须尼，内三郎独孤□□，威武将军、内三郎独孤他突，轻车将军、内三郎、夹道男独孤□□，建威将军、□□折纥真、建德子独孤平城，三郎幢将独孤□真。
[2] 《金石萃编》卷二七。
[3] 独孤信，姚薇元《北朝胡姓考》推定为刘尼之孙，其理据如下：刘尼，《宋书·索虏传》作独孤侯尼须，盖刘尼之为侯须尼之省略，说本陈毅《魏书官氏志疏证》。《周书·独孤信传》："祖俟尼，和平中，以良家子镇武川。"姚氏据此，谓侯、俟形近易讹，俟尼即侯尼，而侯尼为侯须尼之省译。"若然，则刘尼乃独孤信之祖也"。姚氏论考至此，可备一家之言。但姚氏续谓"和平乃高宗年号，与尼传时代亦合"，则有问题。刘尼参与平宗爱之乱，拥立高宗文成帝有功，时在正平二年（452）。此后刘尼官京师，至延兴四年（471）死，子社生袭爵。所以，刘尼无在和平（460—465）中以良家子自云中"镇武川，因家焉"之可能。姚氏关于年代的推断既不确切，刘尼为独孤信之祖之说也难于成立。
[4] 《独孤思男墓志铭》，见《河北磁县东村北齐尧峻墓》一文，《文物》1984年第4期。录文参赵超《魏晋南北朝墓志汇编》，天津古籍出版社，1992年，454—455页。尧峻即尧难宗，附见《魏书·尧暄传》。墓志谓独孤思男"发系御龙，降祥赤雀，滥觞激而遂远，绵缀积以不穷"；又谓"爱自高族，作配君子"，都表示北魏末年犹居平城的独孤氏有较高的社会声望可以标榜。

人物之盛，也比贺兰远胜。

  道武帝离散部落之举，从全局看来，正是他能结束五胡十六国纷纭局面重要的一着。道武建国的十年征战，从部落体制上摧毁了最强大也是最亲近的贺兰、独孤世婚部落，通过多种方式使之逐渐变为帝国编户，才使他的帝国一时不再有别的部落力量敢于挑战，更使他的世继之业不再受强大的外家和母后干扰。离散部落客观上也促进一些部族及时脱离部落统治的原始状态。道武帝以此提升了拓跋族在各族关系中的地位，增强了北魏政权的统治能力，开启了中国北方社会恢复元气徐求发展的道路。此后北魏与周边各族战争，一般都是攻而能胜，被征服族也常被强制迁徙，这些都可视为道武帝离散部落的余绪。

关于子贵母死制度研究的构思问题

《学林春秋》主编张世林先生约我写一篇"我与……"的回顾文章，我答应过，但又没有写成。我反复道歉，并且已婉辞了。最近，该书第二编一校已过，主编旧话重提，要求我还是补写一篇，态度甚为恳切，我只好又勉强答应了。

主编早为我安排了题目，无非是想让我写自己比较熟悉的问题。我想这类问题，有兴趣的同行都已了解，无烦再说什么，于是就自作主张，改成现在这个样子。这实际上不是总结什么研究成果，而是汇报古史界一个年逾"古稀"的老兵近年涉足新领域进行探索的一点心得，顺便也整理一下所作《北魏后宫子贵母死之制的形成和演变》一文的思路，以便读者理解。

我为什么会到拓跋史领域里来探头探脑呢？从远处说，将近四十年前，在翦伯赞先生领导下为《中国史纲要》撰写秦汉史纲要和魏晋南北朝史纲要两部分时，把过去积累的教材重新整理、查证、订补、加工，感到所写成的这八百年历史书中最为薄弱的部分，无过于东汉和北魏。这些都是延续一二百年的重要王朝，本不应没像样的内容可写。可是，一来是史学界对此两朝的研究成果确实较少，二来是我自己根底浅，没能进入这两段历史的深层领域进行探索。我知道，中国通史中还有相当多的段落，相当多的方面，存在类似情况，等待史学界同人一代一代接力去填补充实。填补充实的根本办法，不能是在原有研究基础上一遍又一遍地去改编通史，只能是有针对性地多做专题研究，逐渐积累成果。在撰写上述《纲要》时我曾萌发"人弃我取"的想法，把历代史家弃置的北魏历史（均田、士族、府兵等少数热点题目历来重视者多，不在此列）捡拾起来，作一番努力，看能不能起一点填补历史空白的作用。但时过境迁，二十多年中在这方面却什么事情都没有做。

80年代中期以至90年代连续的若干年中，几位随我攻读学位的学生，不约而同地把博士论文选题都定在北朝时期，前后有八名之多。他们各定一题，都有问题要与我讨论，其中好多问题我都没有现成答案，这逼着我跟他们一起读书思考。他们每篇论文都有立意、取材、定范围和题目、分层次和章节等的多次反复和修正，甚至有时推倒重来。我如果不跟着他们转，就很难起释疑解惑的引导作用。这样，自己也会发现一些不在他们研究范围以内的问题，这些问题在脑子里积淀日久，想花点时间把它们弄清楚。于是从三四年以前开始，我干脆把手头的工作计划放弃，集中气力来攻一攻北魏问题。这样我就不知不觉地进入这个园地，一混就是几年了。

教书是我的天职，我也喜欢教书，喜欢同青年人打交道。我懂得教学相长的道理，并且经常从中受益。我很想多开一点专题研究性的课程，这一来是系内教学的需要，二也是为了逼着自己多研究一些问题，出一点研究成果。我明白，自己毕竟已是午后三四点钟的"太阳"，不能没有自伤迟暮之感。秋后的蚂蚱，还不快蹦几蹦，怕难得再有机会了。80年代以后，我匆匆忙忙地开过魏晋史专题研究、秦汉史专题研究、东晋门阀政治研究、吴史导读等课程，还准备开《颜氏家训》导读课程。90年代初，一场病打断了计划，以后的工作节奏不得不作适当调整。

开专题研究课是个苦事，也是个乐事。要开出一门新课，得先准备好十个八个题目，有基本资料、基本见解、基本结论，也就是说得先有若干篇论文素材才行。课程每一讲总得多少有一点新鲜之处，大体上要能自圆其说，经得起学生们听、想、问，使他们觉得有所收获。这首先是自己逼自己，苦就苦在这里。有的问题，讲过以后觉得破绽很多，或是资料过于贫乏，缺乏新意，并不成功，不免懊恼得很，干脆放弃算了（也有的问题，放弃几年之后，回头再捡起来，居然又能弄出一点名堂）。有的情况比较顺利，课堂讲过，自觉理直气壮，学生听来也兴味盎然，课下还找我讨论。这对我来说就像是通过了答辩一样，增强了信心。这种情况，只需再作一段时间的细致思考，完善论点，充实资料，并且能排除各种反证，能回答各种可能出现的不同观点甚至反驳观点，就能较快地写出一篇自己觉得还算满意的文章。不过真的出手，最早也是一年以后的事，因为我一般说来是出不了"急就篇"的。这就是乐的所在。后来结集出版的《秦汉魏晋史探微》多半都是这些专题研究课程的成果。《东晋门阀政治》的一部分内容，也在出版以前所开课程里讲过。那时周一良先生、祝总斌先生和我，研究领域很接近。我和祝先生希望周先生领着我们一起做研究，周先生说："还是搞松散的联盟吧！"周先生一锤定音，我们就把各自写成的论文分请其他二位审读。我们彼此都很认真，给作者反馈回来的意见，有总体评估，有对考证和分析准确度的看法，有史料调换增补等，都很有价值。我往往参考这些意见作最后一遍修改，心里比较有数，然后就敢于发表了。古人说"三人行，必有我师"；而我说，三人行，都是我师。这一段彼此切磋学问文章的难得的时间，大约将近十年，我得益不浅，回味无穷。

80年代，我感到还有一点新题目、新思路，能开出一些新课程。自我的要求关键是追求创新。成果虽然不算多，但日子过得比较充实。不过，研究的内容通过课堂检验并发表以后，要把它拿到课堂重复去讲，就觉得味道不如以前，讲的人和听的人感觉都不会好。这就逼着自己再去作新的试探。那时真是想用这种办法找回一点过去浪费了几十年的光阴。如果在早二三十年开始能有这种条件，自己有拼搏精力，经过积累，也许成果会可观一些，如同师辈们学有所成都靠中年积累那样。但是岁月不饶人，到了就衰的年岁来补课，要想焚膏继晷，跑跑颠颠，"上穷碧落下黄泉，动手动脚找东西"，是不大可能了。也许我还可以掉转头另走一条路，如做点二手性的或其他的什么什么工作，但又觉得这毕竟不是自己志趣所在。因循几年之后，我终于跟着学生学位论文写作，一起走上了探索北朝史的路子。只是这毕竟已是步履蹒跚，缺乏创造力的时候，已是需要进一步调整工作节奏的时候了。

  铺垫一番以后，该回到主题上来。研究拓跋史，谁都会有资料奇缺的苦恼，没有资料，问津的同人自然就少，积累的成果与别的段落相比自然就不丰富，要在这里抓出新题是困难的。有时读书偶有心得，觉得可以下手，但经过反复检索，往往发现某位博学的前贤已经使用过这个资料、探究过这个问题，没有我置喙的余地了。摸索了一年，我才抓住北魏后宫子贵母死制度这个题目，分析它的可疑点，确知尚无前贤有过细究，一旦涉入，略有甜头，就追下去了。其实这个问题也算不上新鲜，它无非是一个野蛮人忽然做了皇帝，采取了灭绝人性的野蛮手段来巩固皇统，而且颇有成效，如此而已。正是由于这种原因，以往史家停留于对拓跋珪的道义谴责，而不愿费时间去查个究竟。不过，我却执着于自己所隐约感到的一些疑问，不轻易放弃。我记起捕鱼人沿溪而行的故事，前面会不会忽然出现一片桃花林，把我带进豁然开朗的境界呢？当然，涉入这一领域的问题，我缺乏必要的人类学素养和知识积累，眼界有限，这是我始终感到忐忑不安的。

  拓跋历史显得单薄，史料遗存少，首先还是由于其自身的文化内涵不够丰富的缘故。这就更需要我们有敏锐的眼光，从史料缝隙中找出由头，作合理的分析判断。越是史料匮乏和纷乱无绪的年代，越是要充分注意平常视而不见、弃置不用的针头线脑，千万不要在这些零星琐碎的东西中，漏掉哪怕是片言只语的难得材料。历史毕竟是发展而来，总有前因后果，总有横向影响，问题是找到一些蛛丝马迹去辨认它。我想起即令是过去西方史家所称的黑暗时期，不也逐渐找到了它所以存在的理由，存在的状态，特别是逐渐认清了它承前启后的历史地位吗？

在这方面最让我引为榜样的，莫过于陈寅恪先生在纷乱如麻、无从入手的周隋之际历史过程中看到了一根他名之为关陇本位政策的粗大线索，使这段历史得到理论性的阐释；而且以之向纵深方面延伸，构成贯通北朝到隋唐历史演进的系统。这真是独具慧眼，真是化腐臭为神奇的大手笔、大学问。尽管经后人几十年的运用、推敲，觉得关陇本位政策问题还有不完备、可议论、该修正之处，但这正是学术发展后浪推前浪的正常情况，不影响这一理论的价值，不影响它推动中国中古历史研究的前无古人的作用。我曾见到过对此说基本持非议的文章，但又觉得其立论并不能完全脱离此说的影响。陈先生的学问从整体上说来到现在为止还有其不可企及性，我并不奢望在拓跋历史研究中一下子找出相当于周隋之际历史线索那样的大发现。眼前学界还看不到这种前景。但是我们有责任宣传史学贵在创新，身体力行，反复实践才行。如果把学界力量，尤其是中青年史家的力量集中到创新的努力方面，减少重复劳动，增加原创性的探索，经过若干年的积累，获得较多的突破，把古史中包括拓跋史的空白点、薄弱点多加填补、充实，使之更为丰满，这不仅是对一门学问的贡献，更是对中华民族文化的贡献。我觉得，这种务实的创新，比抽象地构思各种历史模式，空谈各种理论，进行无效争辩，要更有价值。

我抓住"子贵母死"制度问题来研究，并非认定从此问题中准能发现认识拓跋历史的重大线索，只是想找到这一奇特制度的来龙去脉，看看是否会对拓跋历史的认识有一点新的启示。我萌生此念，是觉得初行此制时道武帝像是经过相当充分的考虑，懂得它的得失之处，而且多少有应付不测的思想准备，而不像是一种临时心血来潮的不顾后果的因应措施。道武帝这样一个"出自结绳，未师典诰"的野蛮人，居然找到偶见的汉代典故作为口头依据，虽有"太子"的强烈反抗而不回头,并且从此形成代代因袭的北魏定制,这显然不是只用个人的残酷习性可以解释通畅的。也许这种需要付出如此巨大代价的制度,真有某种还没有人加以探究的深层背景。

这个问题既然是从君位继承中产生的,我就以道武帝为基准,一代一代地向上追踪。结果与预期恰恰相反,看不到旧君杀妻以立新君,新立之君皆无血亲母后的事实。看到的却是几代君主都有强有力的母后,新君靠母后护持,才能得位和固位。至少从桓帝祁后以来,拓跋部女强人辈出,代代都有。道武帝本人之母贺太后就是很了不起的女强人,道武帝如果没有这样的母亲就根本不可能有自己的君位。这些事实证明拓跋部已形成了母强立子的历史传统,而看不到有导致子贵母死的历史背景。既然如此,我好像是应当另寻新路了。可是我换了一个角度来估量这个问题,想到母强立子传统既然确是事实,而子贵母死制度又毕竟还是实行了,两者之间内容截然相反,反差如此强烈,是否这正是应当探索的症结所在呢?

换了角度看,思想果然开窍了。道武帝本人,在建立北魏之前不过是部落联盟的酋帅,在此之后却成为君主专制国家的皇帝,他地位的陡然变化,不正是一个极强烈的反差吗?前面说到君位传承中所看到的反差,是否正是从属于后面所说道武帝地位变化这一个同样强烈的反差,前者正是后者所需要的条件呢?我肯定地认为正是如此。这样,我的研究在这个环节上找到了目标,真有点"豁然开朗"的感觉,正如俗话所说:退一步,海阔天空。

拓跋旧制,"七族"、"十姓"血缘相近,"百世不通婚",拓跋婚姻必取之于拓跋以外部落。拓跋居部落联盟领袖地位,其君后和母后的部族一般具有相当实力。按习俗,这是一种政治婚姻,它有利于婚家部族,也有利于部落联盟的维系与巩固。事实上,有不少部族与拓跋是世代通婚,包括娶后和嫁女。君后有强大的部族背景,部族也因君后而增加影响。这是有不少资料可以证明的。道武帝母后所出的贺兰部与道武帝母后本人,自然也是这样的关系,而且道武帝自己同样有强大的后族,即独孤部。道武帝如果因袭这一传统,靠母族、后族支撑自己的部落联盟领袖地位,是可以办到的,他开始的确是这样做的。但是要靠这种传统的手段树立一种超越一切之上的专制君权,却是办不到。道武帝必须有一个集中权力的过程,其中包括剥夺母后和母族权力,皇后和后族权力特别是母族、后族干预拓跋事务的权力。剥夺权力必将影响现实利益,引起强烈抗争,因而是非常棘手的问题。我觉得探索子贵母死制度的实质和渊源,钥匙就在这里。

悟出这个道理,好些疑点都可纳入这个思路来逐一琢磨。首先就是《魏书·太宗纪》的如下一段话可以得到确切解释:"初,帝母刘贵人(按刘贵人出自独孤部)赐死,太祖告帝曰:'昔汉武帝将立其子而杀其母,不令妇人后与国政,使外家为乱。汝当继统,故吾远同汉武,为长久之计。'"一个野蛮皇帝对这样一个重大决策引汉典为据,表面看来说的是汉武帝故事,实际上却全是拓跋宫廷内情。所谓妇人与政,指的是道武以前各代后宫母强立子的惯例;所谓外家为乱,指的就是几代以来各外家部族干预拓跋君位传承。说拓跋自家的事而引汉典为饰,这还由于道武帝本人有相当强的历史感,而他身边的一些汉士也用《史》、《汉》故事帮他作历史比附。

我把力微以后拓跋部君位传承中后妃的作用逐一作了清理,又把君位传承中后妃的部族背景逐一作了清理。资料虽然很不全备,但毕竟还是有不少确凿纪录,而且大体上辈分分明,统系分明,有相当的可信性,可供分析利用。我特别注意到《魏书·序纪》所记拓跋诘汾与天女合而生力微,在拓跋部后人口碑中留下"诘汾皇帝无妇家,力微皇帝无舅家"之谚的故事。我们都知道古史中玄鸟降卵、履大人迹、朱果发祥等有关各族先民的传说,都是知母而不知父,这符合古史常情。连鲜卑檀石槐出生事迹也说是知母而不知父,所说的事离拓跋力微相距才几十年。至于像力微这样知父而不知母,却是罕见。而且我们可以考知,诘汾长子匹孤自塞北迁于河西,为秃发部之祖，这就是说力微是有长兄的，力微无舅家之说就更难令人相信。力微本人庇托于妻族没鹿回部（没鹿回即后来的窦氏），手刃其妻及妻兄没鹿回部大人，才使拓跋部振兴起来，而其妻窦氏后来却不以罪人论而是被尊为北魏的始祖皇后，与始祖力微分别配飨天地；窦氏所生之子，即没鹿回部之甥，就是后来被尊为文帝的沙漠汗。这就是说，杀妻立子在后人（包括道武帝本人）看来是可以理解的事，道武帝所行不是完全没有历史影子的。力微时的拓跋部早已脱离神话时代，力微以前若干代先人大体都有名字和迁徙走向，而且拓跋部最早居留的地方，现在也已探明。所以，把力微说成天女所生，显然是编造而成，目的是为了掩饰某种不便说出的情节而已。

力微无母和力微杀妻的这组故事，其情节与此后几代拓跋部母强立子的事实完全相反，而又与道武帝所立子贵母死之制非常相通。力微只有杀妻及妻族部落大人，才能重振拓跋部，恢复拓跋部在部落联盟中失去的地位。这一确凿的事实可能包含了如下的历史信息：力微之父诘汾可能也是杀死其妻及妻族部落大人，才使拓跋部延续了部落联盟领袖的地位，才使其子力微得以继承其位。这个事实太残酷了，后人不得不尽可能把它掩饰起来，于是诘汾无妇家、力微无舅家的传说就被编造出来，于是有了力微出自天女之说。力微也是用同样手段取得权力，但他杀妻的事却未能掩饰得住，才留下来作为一则事例供我们推想。这个推想，道理应当可以成立，具体情节难说准确。

拓跋历史中确有不少事情是鲜卑人自己可以知道，对外却要掩饰起来，特别是不能记入官方公开的史册的。崔浩之死不就是由于编纂拓跋国史把一些"不典"之事写了进去，被认为"暴扬国恶"而受极刑的吗？至于拓跋历史以后又急转为外家强大、母强立子局面，其转机我们眼下还说不清楚。例如，神元帝力微既没有母家又杀了窦后，而其诸子却都得大体有序地立为君主，这究竟是凭借什么力量，目前还无从探明。至于母强立子的具体事例，可得而言的，最早是从桓帝祁后开始。

　　前面说过，道武帝本人是很有历史感的。正是在他开国创业的时候，拓跋部中，原来本是口耳相传的包含丰富的部落掌故的歌谣，被集中起来编成"代歌"，也就是"燕魏之际鲜卑歌"，后来进入北魏乐府，称为"真人代歌"，掖庭中晨昏歌之。歌词内容多是"上叙祖宗开基所由，下及君臣废兴之迹"，凡一百五十章。这自然是一部绝好的拓跋史诗，极富史料价值。它以汉字写鲜卑本音，唱起来鲜卑人懂，别人却不懂。"真人代歌"是拓跋部传说时代历史的载体，估计《魏书·序纪》一定尽可能多地使用了其中不直接触犯忌讳的拓跋史料。所以，《序纪》记事虽然简略，却比较系统，比较准确，甚至其远古部分有些都能用今天所知的考古资料大体作出印证。鲜卑史诗到唐朝时，乐府中少有人懂，所以逐渐不存，今天能翻检到一点汉译歌词，大概已不是史诗的原貌了。《魏书·乐志》所介绍的"上叙祖宗开基所由，下及君臣废兴之迹"，当与《崔玄伯传》道武帝常所关心的祖宗之事相符。道武帝向崔玄伯问及"古今旧事，王者制度，治世之则，玄伯陈古人制作之体，及明君贤臣，往代废兴之由，甚合上意"。这个开创了帝国的野蛮人面临着巩固统治的许多困难问题，长期在脑中萦回。他既想从鲜卑先人行事中，也想从历代汉人王朝的经验教训中得到启示。君位传承制度就是其中最棘手的问题之一。后来形成的后宫子贵母死之制应当就是这种杂糅了胡汉正反历史经验的一种制度。这也是一种文化现象。它以极其野蛮的手段，居然有效地解决了具有高度文明的问题，但付出了极其痛苦的代价。这是拓跋部落在其急速进化的过程中承受的一种巨大的精神痛苦。

　　关于"子贵母死"这一特异制度起源的探索，我的思路、方法、论点，大体就是这样。路子既已清楚通畅，还需用具体史实将它表述出来，而具体史实虽然不可能丰富，却也基本上能说明问题。这样，就可以进一步放开眼界，从更高的层面上来作搜索，来作推敲，以期再发现一些问题，解决一些问题，使这个课题的内容再丰满一些。果然，我找到了一些新的联想，其中一个就是：既然拓跋诸后族部落的影响和控制力如此强大，特别是就道武帝本人说来，他的成长先是受独孤部（即他后来的妻族）的卵翼，以后又受贺兰部（他的母族）的庇护扶持，既然如此，道武帝本人为什么还能突破传统，突破部落联盟的重重障碍，居然在十二年（386—398）奋斗中树立北魏帝业，使之巩固下来呢？用个人才干、长于武功等一般理由，不能从根本上解答这个深层的带有战略意义的问题。我反复读《太祖纪》等篇目（因为主要资料也只有在这些简略的记载中能找到），并且反复思考，结果是发现了一个大话题，比"子贵母死"制度要大得多，也更受史界重视，这就是道武帝"离散部落"问题。"离散部落"之举看来与子贵母死制度毫不相干，而实际上却具有完全相同的背景，可以挂起钩来一起讨论。

　　道武帝十二年创业，全是在战争中度过的。重要的战争对象，最先是由独孤部刘显迎来道武帝叔父窟咄与道武争位，道武帝在困境中联络幽州慕容部将窟咄部消灭了。接着就是与独孤部刘氏各部反反复复的战争。道武帝争取了刘罗辰的部落，纳罗辰之妹为妻，其余独孤部落则是分别加以征服，强迫迁徙他处，再叛再徙。与此交错进行的还有与贺兰部的战争，反复更多，其结果与独孤一样，一部分归附，大部分被征服、强徙。不论贺兰、独孤，归附的部分都是其部落组织被离散，部落大人同于编户齐民。至于被征服、强徙的部落，自然更是丧失部落特权。在此过程中，也夹杂了一些与他部族的战争，但又多与攻击贺兰部、独孤部有关。例如击破高车，看来是由于高车驻牧地与贺兰交错，都在阴山之北，拓跋击贺兰不能完全不触及高车，但是对高车一般是即战即和，没有形成反复攻战的纠葛。离散部落过程中，拓跋部利用了慕容部同盟的军事力量。但是慕容同样是拓跋的外家部族，需要予以处置。所以在荡平代北以后，拓跋东征慕容部，夺得并、幽、冀，并且也大徙山东徒何（慕容部）及他部族充实代北。拓跋部大体实现了统一北方的愿望，北魏也具有了帝国规模。剩下一个与独孤同源的铁弗部，驻地在朔方，与代北隔了黄河，暂时不成大害，被拓跋暂时放过。

　　细审道武创业战争的主要攻战对手，叔父窟咄除外，几乎都是与拓跋世婚的外家部族，即道武妻族独孤刘氏诸部，母族贺兰贺氏诸部，祖母族慕容诸部，其中并没有一个是拓跋部的宿敌。这岂不正好证明，道武创业的主要障碍不是别人，而是拓跋部的外家部族吗？这岂不正好证明，道武建立"子贵母死"之制，不惜以杀妻为代价来巩固北魏帝业，是有鉴于拓跋屡代强后及后族干政引发动乱的惨痛教训吗？

　　我基于这个认识，回头再来思考"离散部落"问题。这个如此被史家重视的大问题，一共才有三条明确的但是语焉不详的资料，其中还有一条是从反面说的，说是高车虽被征服，但以粗犷落后不任役使，其部落始得保全，未被强制离散。离散部落是登国年间（386—395）的事，正好是在拓跋与独孤、贺兰诸部落反复搏斗期间。离散部落自然是以部落发育到一定阶段为前提的。如果是强制实行，势必涉及部落大人利益，必然是一个反复对抗过程，决不是一声号令就可以办到。但是登国年间却丝毫看不到另外还有什么大规模离散部落之举的痕迹。因此我逐渐感觉到把离散部落理解为涉及面广泛的一次性的法令行为不一定符合历史实际。我认为所谓离散部落，特指道武帝创建帝业中把原来最贴近拓跋，成为拓跋发展和道武帝帝业明显阻力的部落，主要是拓跋外家的一些部落，在击败以后予以分割，并且强制迁徙、定居，取消其部落大人特权。离散部落一举实质就是这样。跟随此举而被离散的，很可能还有不少驻地邻近，发育水平较高，并不特别强大，本来在部落联盟之内的一些部族部落。但是首当其冲的并不是它们，而是独孤诸部、贺兰诸部。登国年间史料所载拓跋与它们的反复斗争，实际上也就是强制离散独孤、贺兰诸部落必然带来的对抗过程。稍晚被征服的慕容部也当如此。只是慕容部几次建国，久在中原，发育水平高于拓跋部，已习于定居农耕生活，不再存在血缘部落组织，所以史籍所见迁徙代北的山东徒何，都是直接计口授田，没有提及离散部落，与贺兰、独孤有所不同。

从道武帝为帝业所需而强力控制外家部族的角度来理解离散部落，等于给离散部落重新作出解读，我觉得并无滞碍之处，而且还可以和子贵母死制度相联系，因为二事内蕴相通。看来《太祖纪》登国年间记事，正是我们读通离散部落问题的最基本的资料。为了实在地证成此说，我分别写了关于贺兰部和关于独孤部部落离散问题的两篇个案考察文章，先期分别发表。

思路发展到此，更觉得道武帝向明元帝解释杀其生母的两条理由，一是不令妇人后与国政，二是不令外家为乱，是完全直接针对拓跋往事而发的深具历史内涵的说明，它牵连到子贵母死和离散部落二事，而前一事实质上是后一事的延伸，都是为了巩固拓跋帝业，使帝业得到他认为可靠的传承秩序。悠悠万事，惟此为大，终北魏之世，皇位继承确实比较有序，没有出现特别大的动乱，一旦出现问题也有制度和手段来加以约束。此二事，尤其是子贵母死之事，是道武帝的野蛮行径，但野蛮行径却产生了文明效果，这就是野蛮孕育文明。不过千余年来史家谴责子贵母死制度，毕竟是出于人性的诉求，道武帝的罪孽，并不由于此制的客观效果而可以获得历史的赦免。

到道武帝时为止的这些问题，我的论点和理据基本如此。还有一层我当时没有想到的事，就是拓跋史上出现这样一种对母族的关系，有没有深层的文化习俗背景问题。对这个问题现在补充作出解答。

《三国志·魏志·乌丸传》注引王沈《魏书》以及《后汉书·乌桓传》都记有乌桓之俗，"怒则杀父兄，而终不害其母，以母有族类,父兄则无相仇报故也"。这说的是乌桓。但在前二书的《鲜卑传》里又都说到鲜卑的言语习俗与乌桓同,然则鲜卑拓跋部自然也有怒则杀其父兄而终不害母之俗。正是从这里,很容易出现母后拥权以及母族介入拓跋君位传承事务的可能性。

《序纪》以及诸帝《本纪》中不乏拓跋弑君父而拓跋母后逞权的事例,有些事例在《本纪》中因忌讳的原因而模糊处理,后人编书都一一点出,如在《通鉴》及注中就是这样。类似事例之多,正与乌桓、鲜卑部落怒则杀其父兄习俗符合。这简直成了力微以后百余年中拓跋部落联盟的常规现象。道武帝复国,拓跋历史出现剧烈的变动。道武帝搞专制君权,建立帝国,是对部落联盟的"革命",是对各种不符合需要甚至形成发展阻力的部落习俗的大扫除。因此出现了离散后族部落和建立子贵母死之制的大动作。这就是我所论证的问题在部族文化习俗方面隐约见到的另一层背景。

但是又有新的问题涌现出来了。既然为了帝业需要而扭转母后部族强大局面,以及由此而来的母强子立局面,是实行子贵母死的直接原因,那么道武帝时有实力的外家部落已被离散,以后北魏后宫汉女日多,她们并无强大外家足以影响朝局,悖伦的子贵母死制度已失去存在理由,应当逐渐消失。为什么它并没有被废除,一直延续百年之久呢? 还有一个问题:既然道武帝不惜杀妻以杜绝"妇人后与国政",为什么到北魏中期竟出现了一个实际掌握朝政二十余年的女强人文明冯太后呢? 周一良先生在他的著作中提到了后面这个问题,觉得不得其解。

这两个问题,其实是一回事,前一个问题的答案就包藏在后一个问题的事实之中。冯太后正是处心积虑地利用已失去存在理由的子贵母死制度,把它僵化,在后宫造成为我所用的条件,借以不断维持自己的地位和巩固自己的权力,为自己家族谋利益。这里看不到还有什么重要原因,只是事涉猥琐,史家无心驻足探索而已。

原来北魏实际上存在过三种性质不全同的皇太后。一种是当朝皇帝生母,皇帝即位以前已被依制度赐死,皇太后的位号是她本人死后被追赠加谥,得以配飨太庙,一般都葬于云中金陵,自道武帝刘(独孤)皇后以来,一直到太和迁都以前,都是如此。另一种皇太后,本不是当朝皇帝生母,因而未罹赐死厄运。她们一般本是从宫人中选拔出来,循拓跋旧法手铸金人成功而被立为皇后的,如果能活到下一朝,当然可以被尊称为皇太后。但由于她们不是皇帝生母,与皇帝又无抚育关系,一般说来是无缘得到实权的。再一种是更特殊的情况,即在子贵母死制度下,新君幼稚无母,往往由保母乳养抚育,保母有劬劳保护之恩,与新帝有特殊感情,因而新帝立后被尊为保太后,以后又径尊为皇太后。太武帝的窦太后和文成帝的常太后,是这一类。她们虽非皇帝血亲,而且本非尊贵,不可能擅掌外朝权力,却因与皇帝有个人亲密关系,在日后为皇帝择后宫、立储君等事务中易于发挥影响。不过我们应当注意窦太后死葬崞山,常太后死葬广宁磨笄山,都不能入葬金陵。这是由于她们"于先朝本无位次,不可违礼以从园陵"(窦太后语)之故。

　　文明冯太后属于第二种。她是文成帝的皇后,献文帝即位后被尊为皇太后,与献文帝无血缘关系,也不曾参与抚养献文帝及立之为皇储诸事。但她在献文帝初立之时,以太后身份参与平定乙浑之乱,于巩固献文帝皇位有功,得以暂时临朝听政。这是她临时获得的一种机遇,并非遵循北魏中朝外朝正常的秩序。所以献文帝服阕,冯太后就不再临朝。

　　冯太后本是汉人,出于北燕皇族,入北魏后坐父诛没入掖庭,因缘而为皇后、皇太后,又由于特殊机遇得以弄权,但并无外家实力足以支撑。她"多智略,猜忍,能行大事",权力欲望极强。在短暂执政之时,就为自己长久之计进行筹划。她从保太后受尊重的事例中得到启发,深知最可靠的手段是母养皇储,从而控制日后的新皇帝。这等于是掌握了政局的未来。恰在此时皇子宏(即后来的孝文帝)生,冯太后"躬亲抚养",这一没有母亲的幼小皇子就成为冯太后手中"奇货"。她刻意利用子贵母死之制，除赐死储君之母以外，甚至诛戮储君的母族。孝文即位，冯氏为太皇太后，她牢固控制孝文帝，而且进行下一步筹划。以后，孝文产子，"生而母死"，就是说不待立储之日，母林氏即被依制赐死。孝文帝曾经想废除此制，挽救妻子林氏生命，以不能违逆冯太后旨意而未得成功。冯太后不但自己掌握了两代储君，还引诸冯氏女入宫，其中二人后来相继被立为孝文皇后。而且，这些冯氏女当权后也效法其姑故伎，夺取新产皇子而母养之，赐其母死。因此，由文明太后开端，诸侄效尤，子贵母死之制不但未得废除，而且更形巩固，并演化为强人倾轧的残酷手段，阴毒恐怖气氛弥漫于迁洛以后的北魏后宫之中。孝文帝临死前才下决心翦除冯氏内外势力，但未及正式宣布废止子贵母死之制。直到宣武帝后宫胡氏产子逃过了各种暗算，三岁时立为储君，即后来的孝明帝。储君之母胡氏亦得逃死，她就是以后的胡太后。胡太后是北魏一朝惟一凭血缘关系擅权的母后。至此，实行了百年的子贵母死之制事实上被废除了，但是北魏国祚事实上也终于此。

我试图找到一个突破口而进行的这项研究工作，大约费了两年时间，预期目的算是基本达到了。研究成果发表在北大《国学研究》第五卷上，该刊发行量小，见到过的同行可能不多。我在其中想要证明的是，子贵母死之制不是突然出现，也不全是道武帝个人残暴性格造成，而是有拓跋部发展中长期形成的特殊背景。它的出现，首先是符合拓跋部从部落联盟共主地位上升为专制国家皇帝地位的需要；其次是符合拓跋部摆脱君位继承无序状态、巩固长子继承制度的需要；再次是符合进一步消除和防制强大外家干扰拓跋事务的需要。看来这些目的都达到了。从子贵母死制度的探索中，衍生出了两个新问题。衍生的第一个问题是，离散部落之举与子贵母死制看来毫无关系，可是细细推究，却发现它们具有共同的历史背景，甚至可以说正是由于离散了强大的外家部落，才得以无大阻碍地推行子贵母死制度。衍生的第二个问题是，文明冯太后长期擅政，看来与立子贵母死制的初衷相矛盾,但是排比史料之后,却发现冯氏擅政正是刻意利用早已失去存在理由的子贵母死制度之故。衍生的这两个问题都是北魏历史中的头等大事,一在其前,一在其后,二事都出于同样的一个历史线索、历史背景。

回头看来,这一研究过程像是一层一层剥笋,一环一环解扣,走一步瞧一步,而不是先有基本立意,一气呵成。它探索的是一项宫中制度的渊源和演变,但都是附着在拓跋部向专制皇权国家发展的主线索上,其影响甚至延伸至于北魏中晚期历史中。这就不仅是制度史,而且进入社会史、政治史范围。这项制度有部族的传统习俗背景,又涉及文化史,它形成拓跋部沉重的精神负担。这样的研究只靠实证的方法是不够的,在一些环节上实证材料很不完备,例如论证关于母族干预拓跋大局,不是每个君王都有这方面的记录,材料上只能以偏概全;离散部落之举只能就与此项制度渊源有关方面立论而不能论及此举的方方面面。我想,这项研究与其说对拓跋史提出了什么重要结论,还不如说只是提供了一些思路和方法,让更多有兴趣的同人一起寻找和探索北魏历史的新问题,如此而已。我特别希望有更多的富有开拓精神的中青年学者不要把精力过多地集中在现成的热点问题上(当然,如果在热点问题上形成了创造性的见解,是更有价值的),而是要同时重视开拓新思路、新课题,立志填补历史研究中的空白点,而尽可能避免做重复的工作。中青年史学工作者趁精力旺盛之时要"上穷碧落下黄泉",到处去找新史料,这种功夫的重要性无须多说。只要有新史料可发掘,为此目的,哪怕个人的研究工作多绕点路,多费点时间,晚出点成果,也是值得的。

至于我自己,只要体脑能力允许,还想在这方面继续试着做点事情。我个人能做的事极为有限,找到了一小点突破口,其准确度还需要继续验证,而且就这一小点突破口,也难得"扩大战果"。但我深信治史是无尽头的事业,因而可能成为不朽的事业,不能过多地当成史家个人的事来看待。史家个人，重在发挥特点，重在创新。坚持创新务实，不断寻找新问题、新思路、新论点，总能逐渐认识历史实际，逐渐接近真理。更重要的是，这条路上总能出现新的接力人，他们会奉献智慧，作出努力，获得新成果，使研究工作达到新的境界。这就是无尽头，因而才是不朽。眼下我正在探索代北地区拓跋与乌桓关系问题，也找到了一些新"线头"，萌生了一些思路，眉目可说初具，希望明年能够完成，把它献给同行朋友。

代北地区拓跋与乌桓的共生关系

——《魏书·序纪》有关史实解析

一 缘 起

我在《北魏后宫子贵母死之制的形成和演变》文中,论及拓跋部居阴山——盛乐时期,约当中原魏晋之世,其君位传承中母后[1]具有特殊作用,形成母强则遍立诸子的局面。本来,部落君长传承制度中有立长君的实际需要。一般说来,故君的兄弟年长于故君的子嗣,故君未必有胜任统治的成年子嗣,所以部落大人往往认为立故君兄弟有利于部落的稳定和凝聚。拓跋部择立嗣君时有时也能见到这种现象。神元帝力微死后,其子沙漠汗兄弟相继在位,当即为此。在拓跋部中还有另一种现象,就是母后多有强大的部族背景,母后部族支持母后控制拓跋事务,操纵拓跋君位传承,企图巩固兄终弟及,极力堵塞其他可能的继承途径。桓帝猗㐌、穆帝猗卢之时,这种现象相当显著。依照这种兄弟传承"秩序",兄弟已尽,势必由下代传袭,但诸兄弟各有下代,各个下代又都有母族、妻族

---

[1] 拓跋早期历史中的所谓皇帝、皇后,不过是部落联盟的酋长及其妻室而已。皇帝、皇后之称都是道武帝建国以后的追封。《隋书》卷五八《魏澹传》曰:"魏氏平文以前,部落之君长耳。太祖远追二十八帝,并极崇高。"其实不只平文帝以前,道武帝以前无不如此。本文为叙事方便,沿用魏收《魏书》皇帝、皇后、太后诸称谓,不予改变。

部落。无穷的争位纠纷因此而起,酿成频繁内乱,构成道武帝建立帝国以前拓跋历史的重要内容,也成为道武帝建立子贵母死之制的直接动因。

《魏书·皇后传》[1]所见道武帝以前各代母后所出部落,其着落大体可得而言,惟有桓帝祁后族属难详,而祁后在拓跋早期历史中又是极其重要的人物,她当国之时曾正式听政,拓跋部以此被邻邦称作"女国"。我想祁后在拓跋部内之所以能有如此大的能量,经得起持久反复的折腾,祁后之族大概起了重要作用。

祁后姓氏所出虽于《官氏志》及其他有关典籍中无从稽考,但以其时拓跋婚姻关系而言,它出于北姓这个事实是历来史家不曾怀疑过的。我推测,祁后可能出于广宁乌桓,与平文王后同。东汉广宁为上谷郡广宁县,后来称作大宁,护乌桓校尉府所在,幽州乌桓西来所聚之地,在代北地区之东。本文之作,初意就在寻觅祁氏族属居代北之东的证据,进而探究阴山——盛乐时期居西的拓跋与居东的乌桓的互动关系,以充实早期拓跋历史的某些内容。

对祁后族属的探索,迄今还没有找到足以下断语的过硬资料,还只能说是一种设想:祁氏依恃的实力主体在代谷以东,与以盛乐为中心的拓跋部族主体,表现为东西双方既抗衡又吸引的局面。祁后之族似乌桓,但还不敢断定就是乌桓。本文前面几节内容,就是利用细微的资料进行审视,尽量向这个设想靠近。不过在这个研究过程中,我自己思路所及,越来越超越祁后个人族属这一个案,而进入一些较大的问题,如拓跋早期从神元帝力微到道武帝珪的历史中,乌桓族究竟占有什么地位,起了什么作用;一个落后的孤立于代北一隅的拓跋部,为什么得以逐步演化,担当了结束十六国百余年混乱局面的角色,等等。这就不是纤细考证而是拓跋历史中的宏

---

[1] 魏收《魏书》之《皇后传》亡,后人取《北史·皇后传》及他书补。以下引今本《魏书》此种情况,中华书局点校本《魏书》一般都出有校勘记,如不另有其他重要问题,本文概不出注,以省篇幅。

观考察了。

我还产生了另一种联想。乌桓部族由辽东等五郡逐次入塞,是西汉武帝时事,早于鲜卑。东汉时乌桓作为一种悍战力量,不但驰名幽冀,而且还进入了皇家宿卫军营,又随汉将出征,转战至于荆、交等州。汉、魏、晋各朝,乌桓突骑始终是天下名骑。西晋时出现的所谓"五胡",除羌人有长期转战中原的历史经验以外,没有其他任何一族进入中原比乌桓早,人数比乌桓多,弥漫比乌桓广,作用比乌桓大。但是乌桓却未被列入所谓"五胡",十六国中也没有一个乌桓人自己独立建立的国家[1]。甚至在整个魏晋南北朝时期,从来不曾见到一支独树一帜而稳定持久的乌桓势力。乌桓作为一个重要部族,其史料在正史中只存在于《三国志》裴注以及范晔《后汉书》里面,《晋书》以下正史都未给乌桓作像样的传记,《魏书·官氏志》中把它笼统地称为"诸方杂人来附者总谓之'乌丸'"[2]。看来乌桓部族的历史,是有意无意地被掩盖了。这当作何解释?究竟这一支深具活力的善战的乌桓人魏晋以后去向如何?这是一组想作探索又苦于难得结果的问题。本文只能说是试一试,所涉对象,实际上也只限于流动至于代北的乌桓而已,而不是中国北方的乌桓全族。

我把原来只求考证落实的纤细问题放在一边,而把本文主旨改在代北拓跋与代北乌桓关系方面,原因就在这里。我的目的与马长寿先生当年撰写《乌桓与鲜卑》并不一样。我也不求写出代北乌桓的全貌,而是就有限的几个方面探寻新的线索。因此我又为本文配上一个副标题:"《魏书·序纪》有关史实解析",说明我能使用的资料和所关注的问题都很有限。我能做的工作,基本上只能说是在前人搜集的资料和研究的结果基础上作一点再审视、再加工而已。

---

[1] 十六国中的夏,其种属本是匈奴,在西晋时曾有乌桓铁弗之称,但毕竟不是原来的乌桓,而且立国也在北魏之后。其事在本文最后一节中有所论述。

[2] 乌丸即乌桓。古籍中大体上是两汉称乌桓,以后则称乌丸。本文除引文从原字以外,其余概称乌桓,以求一致。

乌桓史料的稀缺，使我深感困惑。唐长孺先生最先把乌桓列入杂胡一类进行研究，所写的《魏晋杂胡考》一文中把所见乌桓资料中可得而言的问题，从极精微处做了独具匠心的剖析，对乌桓研究有开山之功。马长寿先生撰写《乌桓与鲜卑》，对乌桓资料的搜集，可以说是囊括一空，论述全面。日本史家内田吟风对乌桓史用功甚深，钻研颇久；前田正名关于平城地区历史地理方面的研究，对理解乌桓历史帮助很大。当然，新资料的发掘不能说至此已到尽头，再也无处下手。只是当我着手做这类研究时，体脑能力都感匮乏；上穷碧落下黄泉，动手动脚找东西的劲头已经丧失了。对这种研究，我只是觉得还有兴趣，还有意义，想尽一点力气而已，自我期许并不甚高。我感到前人使用过的资料，有些是对资料取其大旨，而对其深层意义不一定都处处榨干用尽，因此牙慧可拾之处往往而有。尤其是对《魏书·序纪》这一篇在我看来是历代少数族古史中难得见到的珍贵史料，利用还不算充分。我粗粗梳篦一过，觉得还可用来写点文章。这就是我以《序纪》资料解析作为副题的原因。当然，文章也不能只限于解析《序纪》有关拓跋与代北乌桓的资料而已，也还有旁征之处，不过力求与《序纪》有所印证。至于我为什么看重《序纪》的史料价值，我将以之作为北魏史学史的一个问题，另写文章讨论[1]。

在写了这一个解题性的开场白以后，将要进入正文之前，我觉得还有几句话要说。本文从总体说来，是探索由于乌桓介入而孕育出一个崭新的、活力旺盛的拓跋部，影响一个历史阶段的结束和另一个阶段的开始。本文自切入点至于终结点，其间曲折回旋，不敢说全无歧路之迷。历史贵实证，本文所涉问题，有的环节无法得到实证，像是雾里看山，隐约中得窥其轮廓，山的本态，山的细部，却无法审视清楚。这篇文章作为历史论文，感到多所欠缺，心里不踏

---

[1] 此即本书所收《〈代歌〉、〈代记〉和北魏国史——国史之狱的史学史考察》一文。

实。我想，研究民族古史，就其无文字记载年代而言，有时恐怕不免要使用这种方法，确切结论不一定能得到，但也许能起开阔视野、启发思考的作用，如果读者愿意踵迹搜寻，说不定能够扩大战果，发现新的线索，使模糊的轮廓清晰起来。如果有幸获得更多确切资料（包括文献、考古和调查资料），使某些假设之词能够证实，使乌桓作为古代一个重要部族的历史得以更多地揭明，那时就可以说乌桓研究真有收获，乌桓、拓跋在代北的共生关系及其历史作用真能说清楚、说透彻了。人类学知识一定有助于认识某些问题，可惜我自己对此所知所见太少，也希望能得到学者的指教。

二 拓跋东、中、西三部简况

《序纪》记惠帝贺傉、炀帝纥那兄弟事甚略。先是惠帝以"诸部人情未悉款顺，乃筑城于东木根山，徙都之"；炀帝"迁于大宁"，以战争不利，"出居于宇文部"，最后"出居于慕容部"。《序纪》所列徙居之地和投奔部族所在之地，其中之东木根山本文下面将有专节讨论。其余各地都在偏东之处或在东部诸郡塞外，显示惠、炀视此为安全之所，避难之处。这很可能涉及惠、炀所统之众的部族成分和与东部地区的关系，值得注意。

公元295年，拓跋按地域划分为东、中、西三部。神元帝力微之子昭帝禄官一部居东，在上谷北、濡源西，东接宇文部，都是塞外之地；文帝长子桓帝猗㐌一部居中，在代郡之参合陂北，接近平城；桓帝之弟穆帝猗卢一部居西，在定襄之盛乐故城。文帝是神元帝长子沙漠汗，未履位而死。昭、桓、穆三帝中，昭为叔，但非嫡长；桓、穆为侄，但为神元嫡长子所出，其中桓帝更是文帝的嫡长子，神元帝的嫡长孙。以此而言，桓帝最贵。不过此时拓跋部既非全无嫡长观念，又不遵循嫡长秩序。常见情况是，立长重于立嫡，立弟多于立子。还值得注意的是，昭帝居东，与宇文为邻，慕容亦在近，按理，昭帝之国应有东方诸部族背景。后来炀帝东奔所至都在昔日昭帝所居拓跋东部之地，这应当不是偶然。

力微死后，"诸部离叛，国内纷扰"，拓跋部落联盟历史出现断裂。十多年后才有上述三分局面出现，拓跋始得振兴，进入重要的发展时期。三分，就拓跋部君位继承而言，既立弟又立子，似乎是经历过某种激烈冲突而导致权力的暂时平衡，这不是顺当的发展形势[1]；但三分就拓跋部发育成长而言，又是开疆辟土，扩张势力，而且也成为从纷扰向统一的过渡，是有利的事。

拓跋东、中、西三部，地域环境和部族状况各有特点，这种特点是历史地形成的，所以三分并不只是出于拓跋部自己的选择。为了说明这一背景，须作一些历史追溯。

陈寿书《乌丸传》注引王沈书：东汉建武二十五年（49）乌桓大人郝旦率众诣阙，"封其渠帅为侯王者八十余人，使居塞内，布列辽东属国、辽西、右北平、渔阳、广阳、上谷、代郡、雁门、太原、朔方诸郡界，招来种人，给其衣食，置校尉以领护之"。按，护乌桓

---

[1] 据《序纪》，此处有两点值得注意之处。力微死后诸子兄终弟及，但剩下力微子禄官未得继诸兄之后即位，而力微长子沙漠汗（文帝）之少子，也就是力微之孙弗，却提前获得继承权。此其一。弗是文帝兰妃所出，而文帝封后诸子年长位尊，反而未得继承。此其二。这两点都容易导致权力纠纷。三分是妥协的结果。弗为"诸父所重"，"百姓怀服"，可能是他得以登位的原因，但他毕竟享位不永，仅有一年，不像是正常死亡，也不像是权力自然交接。代弗而起的是其叔禄官和嫡出的二兄猗𮎰、猗卢所构成的三分局面。看来这是力微诸子兄终弟及的完成和文帝一系以长子正位的权力继承的开始，是两种继承制的协调。兰妃子弗虽短祚而死，兰妃一系却保存了实力，仍觊觎君位。所以当三部君主相继死亡后，代立的是弗之子郁律；而害死郁律的又是猗𮎰的祁后。我们知道，猗𮎰正是沙漠汗的嫡子，力微嫡孙。由此，形成了新的东部（主要是原来的中部。原来的拓跋东部之国，自307年禄官死后已无消息，可信其地境已非拓跋辖区）与西部两大势力的对立。西部兰妃之子郁律及其后人得到居盛乐的拓跋大人拥戴，东部封后之子猗𮎰则似有乌桓以及其他居东各族各部强力支持。穆帝本居西部，但活动多与桓帝一起，关系特殊。从以后拓跋大宗落到平文帝郁律一系的情况看，穆帝猗卢居西部，势力相当孤单，只能算是暂时现象。他迟早是要移驻东部与桓帝合并，以对付西部郁律一系的。东部与西部的互动关系，实际上就是拓跋与乌桓的互动关系，是本文所关注的拓跋历史发展的一个重要线索。

校尉西汉武帝初置，治所不定，后合并于护匈奴中郎将。东汉建武时复置。范晔书《乌桓传》谓复置护乌桓校尉于上谷宁城，其议发自班彪。班彪认为原来布列诸郡塞内的乌桓，汉廷但委"主降掾史"权制，无统领者，难得安宁。据《汉书·叙传》，班彪家本北边，世居雁门楼烦，西汉末始迁扶风安陵。班彪伯父班伯，数理边务，周旋匈奴，仕定襄太守。父班稚，官西河属国都尉。班彪以家世故，本人又有于两汉之际游宦陇右、河西经历，通晓北境边情，深知忧患所在，因而有复置护乌桓校尉之请，校尉开营府于幽、并边境。复置的护乌桓校尉并领鲜卑各部，主司"赏赐质子、岁时互市"，较西汉时的单纯军事任务是大大扩充了。校尉之设，使边境形成了一种新的汉胡秩序，此后战乱虽然还是不少，但汉胡基本地境和基本形势大体未变。

前揭王沈书述及东汉乌桓渠帅居塞内者，布列于辽东属国、辽西、右北平、渔阳、广阳、上谷、代郡、雁门、太原[1]、朔方诸郡界。与二百余年后拓跋部东、中、西三部横向分列地境比较，可以看出，西晋时拓跋三部所居，正是以此为基准，贴近东汉乌桓徙居一线，只是东端由于有宇文部、慕容部之阻，止于渔阳、上谷塞外的濡源而不及辽西、辽东属国；西端则阻河为固，未曾长期据有朔方。而且在西晋永嘉四年（穆帝猗卢之三年，310）猗卢受封代王，索得代北五县封地之前，拓跋地境限于靠北面的东西一带，是相当局促的。历史地形成的地域限制决定了拓跋部生存空间范围，也决定了拓跋部必须在这个空间范围内长期与乌桓共处。

由此可知，拓跋部的东、中、西三部之地，本来是东汉用以招

---

[1] 东汉广阳、太原不属边郡，其所以列入乌桓布列之区，是由于幽并二州所统乌桓名骑一般都集中于二州州治所在的蓟和晋阳。陈国灿《魏晋间的乌丸与护乌丸校尉》（武汉大学《魏晋南北朝隋唐史资料》第一辑，1979年）一文，解释曹操徙三郡乌桓于内地，具体地点即在幽并二州州治附近，我认为是可信的。东汉建武内徙乌桓有至太原者，亦同此理。

徕乌桓实边的北境之地。拓跋部度阴山入居盛乐之后，逐渐蔓延浸润，才形成大面积地与先来的乌桓交错共生，以至于彼此渗透融合。而且拓跋浸润也不只是从盛乐一处。塞外残留的拓跋部人，他们随处入塞与先来的乌桓人共处，在当时是并不特别困难的。

拓跋东、中、西三部，地域环境和部族状况各有什么特点呢？

先从东部说起。拓跋东部，地接西晋广宁、上谷两郡的塞外部分，部族复杂，乌桓人数多，影响大，还有各部鲜卑，都是游动不居。更东的宇文部、慕容部与居上谷以北、濡源以西的东部拓跋的关系，暂时似还不多，但是比邻而居，容易互通声息，互为影响。

说者谓东部拓跋可能是汉代自东向西迁徙的鲜卑拓跋部停驻于上谷塞外濡源以西的某些部落，魏晋以来，他们与代北拓跋虽然还保留有某种一致性，又因有乌桓以及鲜卑余部的彼此影响，不断增添独立发展的因素，所以与拓跋中部、西部的关系并不稳固。此说是有理由的，只是还需要更多一点证据。

西晋护乌桓校尉例带征北将军、宁朔将军一类军号，依北族势力消长而有不同的任务。例如，公元286年唐彬居职，其主要任务如《晋书》本传所记，是对付宇文部的宇文莫槐。《魏书·序纪》记公元292年宇文莫槐死，弟普拨为部落大人，拓跋部平帝绰以女妻普拨子丘不勤。此时间尚在拓跋三分之前，拓跋已与宇文部建立婚姻关系，事实上是向东联络，以求立足。宇文部则寻求拓跋部的援助，以增加在西晋压力下自存的能力。这一事实，当与三年之后拓跋三分时其东部得以至于濡源与宇文部相邻有关系[1]。

汉、晋护乌桓校尉控制着缘边东西一线，这理当是一条隔离内外的边防线。但是线内线外都有大量的乌桓人和包括拓跋在内的鲜卑人，而乌桓和鲜卑语言习俗相通，两者的差别不断淡化。所以这条边防线隔离内外的作用并不很大。加以校尉本来就有招徕和互市

---

[1] 参看《北史·宇文莫槐传》。

任务，所以在塞内塞外之间，人的流动和物的流动应当都是很活跃的。校尉的控制力量，西晋弱于东汉，所以西晋时边塞内外相互流动更无限制。久而久之，无论是乌桓还是鲜卑，也无论原居塞外还是原居塞内，他们之间日益融为一体。公元305年拓跋中部桓帝猗㐌死，公元307年拓跋东部昭帝禄官死，原在拓跋西部的穆帝猗卢遂得总摄三部。但此后《序纪》只有拓跋中部和西部的历史记载，而拓跋东部则寂尔无闻[1]，我想原因就在于东部拓跋已融入当地乌桓、鲜卑各部之中。但是拓跋在东部也并非全无影响，惠帝、炀帝东奔事也可能就是凭借这一背景。濡源以东今伊逊河一带，往后仍有索头部人活动。

　　拓跋中部地在"代郡之参合陂北"。如按《魏书·地形志》定参合陂在凉城郡，则其地两汉皆属雁门郡，魏晋为弃地，已不设治；如按《读史方舆纪要》定参合陂在大同府东百余里处，则其地两汉皆属代郡，魏晋亦不设治[2]。本文取后一种说法。这里是乌桓与拓跋错居之所，中心地区在平城附近。但此时无论乌桓、拓跋，均非城郭而居，平城尚不具有都城意义。盛乐也是一样。

　　东汉建武年间乌桓进入代郡、雁门，比拓跋力微居盛乐向周围浸润至于雁门、代郡，要早一百多年。这两个部族在代北接触，起先必然是乌桓居于强势，拓跋居于弱势，然后是此伏彼起，此进彼退，从不协调状态逐渐趋向相互渗透，相互包容。但是我们几乎看不到这样一个由冲突到融合过程的具体史料。在以记录拓跋人和事为主体的《魏书·序纪》中，大体可以看出，在这个地区，拓跋、乌桓两个部族并没有经历过激烈的战争。猗㐌在位的第三年至第七

---

[1] 《魏书·神元平文诸帝子孙·望都公颓传》，颓，"昭帝之后也"。昭帝禄官后人似只此一见，其活动地境也不涉及东部。

[2] 《读史方舆纪要》卷四"历代州域形势"自注。严耕望有《北魏参合陂地望考辨》之文，见所著《唐代交通图考》第五卷附篇八，台北，中央研究院历史语言研究所专刊之八十三，1986年，1397—1402页。

年（297—301），共五年时间，猗𢒈本人全都用于"北巡"、"西略"，"诸降附者二十余国"，其中并没有特别提到乌桓。猗𢒈在位的第十年后，他与其弟、拓跋西部的穆帝猗卢共同援助并州刺史刘琨，连续进行对抗刘渊的大战，其军队的主力正是乌桓。在拓跋部历史发展中，拓跋部族与乌桓部族的互动关系起着重大作用，而拓跋中部地区是两部族在互动中走向熔融的关键地区，是拓跋部得以向更高文明阶段发育成长的主要空间。稍后统一了东、中、西三部的拓跋猗卢，其活动几乎都在中部地带。

现在转向拓跋西部进行考察。就拓跋与乌桓关系说来，西部与东部有相似之处，只是两个部族力量对比有程度上的不同。就拓跋传统势力根基深厚而言，东、中、西部可以看到明显差异。拓跋西部接近阴山草原，具有自身安全保障的充足空间。所以西部是拓跋部的根本所在，是它得以在三部中维持举足轻重地位的基础。西部周围虽有数量不大的朔方乌桓以及边郡杂胡与之相处，但都在拓跋部控制之中。不羁的铁弗也已被逐于河西朔方之地。西部用兵，与中部不一样，其主力的成分不是乌桓而是拓跋。猗卢驱逐铁弗的战役，用的是"弟子平文皇帝（按即思帝弗之子郁律）"的二万骑兵，这自然是拓跋兵[1]。

前已提及，思帝弗与其子平文帝郁律，同桓、穆一样是文帝沙漠汗子孙，只是前者为文帝兰妃所出，后者为文帝封后所出。据《官氏志》，兰妃所属的乌洛兰部，为北方草原诸部之一。以后北魏皇室大宗就是出于兰妃子孙一系。思帝弗"为诸父兄所重"，"百姓怀服"，可见是得到拓跋宗室大人拥戴的。桓、穆死后，祁后立子普根，再立普根之子；普根之子又死，"国人立其从父郁律"[2]，这是

---

[1] 但猗卢本人与其兄猗𢒈出兵并州，助刘琨攻击刘渊、刘聪时，用的是东部的乌桓兵而非拓跋兵。不过，这支乌桓兵不是猗卢自有，而是猗𢒈用汉人卫操等招引乌桓所组成。以后拓跋内乱，乌桓兵叛，直接导致猗卢败死。事详后文。

[2] 《资治通鉴》卷八九晋愍帝建兴四年（316）。

平文帝郁律也得到拓跋部人拥护的证据。平文帝为桓后祁氏突然袭击害死,"大人死者数十人",这是个很大的数字。数十名拓跋大人死难,当由于他们拥戴平文以抗拒来自拓跋东部祁后势力之故,可见西部潜在实力很大,东西部的斗争以后还是会继续的。以后与祁后诸子惠帝、炀帝争位的平文帝长子烈帝翳槐,他即位靠其舅部贺兰部"及诸部大人"拥立,其中当然包括拓跋大人在内。这些都是拓跋西部地区的部落力量。烈帝杀贺兰部大人蔼头[1],挑动西部内斗,才激起拓跋国人反抗,迫使烈帝出奔;但烈帝复立,仍然是靠拓跋国人拥戴。至于昭成帝什翼犍之立与道武帝拓跋珪之立,依靠的也是拓跋国人和他们各自的母后和母族。

由此可知,拓跋三国,西部之国是拓跋根基所在,持重而保守;中部之国拓跋与乌桓共生互动,活跃而进取;东部之国紧靠乌桓、宇文、慕容,游离而易隔绝,并非拓跋政权能够长期控制之处。东、中、西三国,在拓跋历史进程中的地位和走向,是各不相同的。

拓跋大人拥戴植根于西部的兰妃后人一系,对拓跋历史很有影响。但是拓跋部族毕竟不能永久局促于西部游牧之区,必须趁有利的政治形势,逐渐把重心向东推移,以接近较为发达的农业地带。所以猗卢因助刘琨之功受封为代王以后,"以封邑去国悬远(按指代王封邑之代与以盛乐为中心的拓跋之'国'相距甚远),民不相接,乃从琨求句注陉北之地"。于是刘琨尽"徙马邑、阴馆、楼烦、繁畤、崞五县之民于陉南,更立城邑,尽献其地,东接代郡,西连西河、朔方,方数百里。帝(猗卢)乃徙十万家以充之"。三年之后(313),猗卢"城盛乐以为北都,修故平城以为南都。……更南百里,于灅水之阳黄瓜堆筑新平城,晋人谓之小平城,使长子六脩镇之,统领南部"。这是拓跋部的一个大动作,显示拓跋部重心的东

---

[1] 此事涉平文皇后,事详下文。

移、南移。它展示了拓跋部在此后一个时期内战略发展的蓝图。[1]

　　从盛乐走向平城，再图进一步发展，《魏书》习称"图南"或"平南夏"，这实际上与向东发展同义。新平城在今桑干河源，更是既东又南。魏收《魏书·序纪》说平文帝"有平南夏之意"。魏澹述其所撰《魏书》义例，其二曰："平文、昭成雄据塞表，英风渐盛。图南之业，基自此始。"[2]实际上拓跋部外向发展的基础，是桓、穆时奠定的，其主要内容，一是走出僻远边塞，脱离守旧的部落势力的羁绊，参与西晋政治活动；二是为拓跋获得陉北五县广阔地域，可以作为向外活动的跳板。而且，代北五县基本上是农业或半农半牧地区，得五县地，对拓跋经济力量也会有重大影响。由于桓、穆不属于以后北魏皇室大宗，后来撰写北魏国史的人未免心存偏见，不承认穆帝图南的意义。当然，更重要的原因可能是拓跋内乱，历史出现反复，此后一个阶段拓跋重心又曾退回盛乐。这是拓跋部族发展史上的一大曲折。昭成帝立，339年拓跋部诸大人朝于参合陂（此参合当在今凉城境），议欲定都灅源川，地在新平城的更南处。阻止迁都的太后王氏裁定："国自上世，迁徙为业。今事难之后，基业未固。若城郭而居，一旦寇来，难卒迁动。"[3]这里所说的"事难"，所说的"寇"，依其时形势言之，指的就是惠帝、炀帝所倚仗的来自东方的势力，其中当以乌桓为主。

　　以上是关于拓跋三分后东、中、西三部的地理环境和部族关系特点的分析，这在《序纪》中只有极简略的描叙，实际内容则是反映从东到西拓跋和乌桓的互动关系及其后果，而这一点《魏书》作者则没有清晰的认识和交代。

---

[1] 猗卢此一部族重心转移的大动作，按理很容易引发内部矛盾冲突，但《魏书·序纪》却无直接记载。《晋书》卷六二《刘琨传》313年刘琨上疏，叙及猗卢活动，说："又猗卢国内欲生奸谋，幸卢警虑，寻皆诛灭。"这也许就是部族重心转移引发的冲突。316年拓跋内乱是否与此有关，无法判断。

[2] 《隋书》卷五八《魏澹传》。

[3] 《魏书》卷一三《平文王皇后传》。

这里有一个信息与以后拓跋部发展地境有密切关系，值得注意。王沈书《乌桓传》列举东汉入塞乌桓所徙地境，自东徂西，起辽东属国，止朔方部，几乎幽、并的全部边郡都包括在内，惟独没有雁门以西的定襄、云中、五原三郡。这并不是史料漏列，而是由于东汉时此三郡确不在徙置乌桓之列。东汉安、顺时有乌桓寇云中、五原郡事和五原太守战败的记载，见范晔书《乌桓传》。建武徙置乌桓而不及此三郡，我自己不得其解。考虑到《续汉书·郡国志》所记此三郡都是户口奇少适宜徙置乌桓之处，更是莫名所以。

不过，这三郡不在徙置乌桓之列，恰恰为稍后由阴山南下的拓跋部留下了孳生发育最主要的空间。在此空间之外，以拓跋东、中、西部为准分别言之，其东部地界受制于宇文诸部，又在西晋护乌桓校尉的监控之下，拓跋部族很难在此获得较大发展，甚至拓跋统治也很难获得稳固的立足点。拓跋中部地，约当东汉的代郡、雁门郡，实际处在拓跋、乌桓共治之下，矛盾冲突在所不免，本文其他各处另有详说。至于拓跋西部地，则如《序纪》于295年所记："是岁，穆帝始出并州，迁杂胡北徙云中、五原、朔方。又西渡河击匈奴、乌桓诸部。自杏城以北八十里，迄长城原，夹道立碣，与晋分界。"穆帝所为，就是对抗乌桓及诸杂胡，开拓和保障拓跋西境，稳定拓跋统治基础。从这里看得出来，自阴山南下的拓跋部，如果要避开荒漠地带，寻求一个较适于生存的自然环境，而且又较少遇到人为的阻碍，最便利之处就是东汉未徙乌桓的五原、云中、定襄三郡之地。以后全部拓跋部族发展历史，恰恰可以证明这一推断。

从拓跋三分以后东、中、西三部各自的地域环境和部族关系中，我们探索到东部地区乌桓最盛，中部地区二族互动共存，西部地区为拓跋根本之地这一基本情况。拓跋的社会演化和政治变迁，关键在拓跋中部。以此为总的背景，我们似乎找到了认识平文帝以来拓跋历史中延续了十年之久的复辟—反复辟斗争的途径，可以试着对《序纪》中的相关史料作出解释。这场斗争主要在拓跋中部地境演出，也涉入东西地境。

三　释《序纪》所见惠帝、炀帝东奔诸事

西晋建兴四年（316）三月猗卢死，拓跋内乱，"国内多难，部落离散，拓跋氏浸衰"[1]。在这个阶段之中，有下列三种力量介入代北事务，彼此较量，形成纷纭局面。

其一是桓后祁氏。她据有中部之地，背靠东部，本来得到晋人（汉人）卫雄、姬澹等所团聚的乌桓人和晋人也就是所谓"新人"的强大助力。但这些新人后来由于拓跋内乱而南奔并州，祁后不得不另求援助。所以有321年祁后害死平文帝，遣使与石勒通好之事，但并不成功，而且以后还受石勒侵逼[2]，不得不向北向东迁徙避难。

其二是拓跋大人，当时所谓"旧人"。他们主要力量在拓跋西部的盛乐。他们憎恨桓、穆倚仗的新人，即乌桓和晋人的势力。由于"新旧猜嫌，迭相诛戮"，悍战的新人终于被逼走并州，旧人趁此于盛乐拥立平文帝郁律。不久以后，平文帝又被居东的祁后害死。

其三是居于阴山以北的平文帝妻族贺兰部以及"诸部大人"，是拓跋西部势力的支撑者。他们随后在拓跋两系统胶着争斗之中强立平文帝之子、贺兰部之甥烈帝翳槐，力助平文帝一系挽回颓势。不过贺兰部此时只是作为平文帝一系的后盾出现于拓跋历史中，而且毕竟是一种外力。所以竞逐于代北的力量，归根结柢是祁后后人和平文帝后人两系，一在偏东，一在偏西。本节前面所提供的拓跋与乌桓关系，就是这一激烈竞逐的总背景。把以下所引《序纪》关于惠

---

[1]　《资治通鉴》卷九六晋成帝咸康四年（338）。
[2]　其时石勒宁助平文帝后人一系，不助祁后后人一系，事见《魏书·序纪》。

帝、炀帝东奔记事放在这一总背景中加以解析，就没有太多疑难之处了。

> 〔惠帝贺傉元年，321〕未亲政事，太后临朝。遣使与石勒通和，时人谓之女国使。

按，惠帝，贺傉，《序纪》谓为桓帝中子，普根之弟，祁后所出。祁后害死平文帝夺得政权，却因与拓跋大人决裂，处于孤立寡援地位，乃求前赵为与国。但从以后事态看来，此一要求被石勒拒绝，疑因桓、穆倚仗的"新人"久助西晋与胡羯为敌之故。乌桓与羯似是世仇。至于居东的祁后为什么能轻易杀害其根基本来在西部的平文帝，本文第五节将作出解释。又，"太后临朝"，当以惠帝年幼不堪政事之故。但桓帝死于305年，而惠帝尚有弟，所以惠帝即位时至少已十七岁，比道武帝复国时的年龄还要长一岁，何需太后临朝？可见惠帝身世尚有可疑之处，留待以后斟酌。

> 〔惠帝四年，324〕帝始临朝。以诸部人情未悉款顺，乃筑城于东木根山，徙都之。

按，"未款"诸部主要指盛乐地区原来拥护平文帝的拓跋诸部。平文死时，大人死者数十人，所以东西之间对立形势仍然尖锐。东部祁后势力当在平城附近以至于陉北五县旧地，既要防西面"未款"诸部，又要防南面不愿与祁后结好的前赵石氏。东木根山，其地在高柳之北，大宁西北，远盛乐而近护乌桓校尉之地，远幽、并而近草原大漠。从地缘政治角度分析，祁后引以为援的力量当在旧日拓跋东部一带以及濡源地区，一旦有事，可以有进退余地，比平城以至陉北要安全得多。而进退之路，既有塞内一线，又有塞外草原一线。所以徙都东木根山一事，似为预计往后将有东奔诸事而作出的选择。

113

又，此年"帝始临朝"，诸部反叛，颇疑祁后死于此年，局势立即失控。《魏书》此后已不见祁后事迹。

〔炀帝纥那三年，327〕石勒遣石虎率骑五千来寇边郡，帝御之于句注陉北，不利，迁于大宁。时烈帝居于舅贺兰部，帝遣使求之。贺兰部帅蔼头不遣。帝怒，召宇文部并势击蔼头。宇文众败，帝还大宁。

按，炀帝纥那，惠帝同母弟；烈帝翳槐，平文帝之子，贺兰部之甥。烈帝最有资格与炀帝争位，此时却受逼于来自东方的压力，避居于阴山以北的贺兰部中。炀帝御石虎于陉北，兵败，作长距离转移，将驻地从东木根山向东南撤至大宁。估计炀帝在大宁有所依托，实力增强，所以才敢于约宇文部自北方草原共同向西出击意辛山，索求烈帝于贺兰部。这是向拓跋西部挑衅，是321年祁后杀害平文帝这场斗争的延续。挑衅失败了，炀帝仍退守大宁，以求自保。

〔炀帝五年，329〕帝出居于宇文部。贺兰及诸部大人共立烈帝。

按，炀帝出走，必是受贺兰部及诸部大人反攻逼迫，又有后赵潜在威胁，居大宁亦不能保障安全，所以才远走宇文部。炀帝步步东退，是西部拓跋的一次大胜利。代北地区为烈帝据有，烈帝与乌桓关系较疏，更便于与后赵联系。贺兰部与诸部利用炀帝被迫东迁之势，共立烈帝，自然以帝舅之重掌控了拓跋大局。

〔烈帝翳槐元年，329〕石勒遣使求和，帝遣弟昭成皇帝如襄国，从者五千余家。

按，石勒求和是饰词，《资治通鉴》作"翳槐遣其弟什翼犍质于后赵以请和"是实。石勒愿纳其和，我疑其意在远联拓跋，近制乌桓，同时也就是抑制祁氏一系势力。什翼犍不是平文帝之妻贺兰氏所生，而是出自平文帝之王皇后，是翳槐的异母弟。什翼犍接受为质于赵之遣，又有如此众多的从者，我疑此从者是王皇后、什翼犍的亲从力量，暂时在西部不能自安自存，借机走避于石赵。

〔烈帝七年，335〕蔼头不修臣职，召而戮之，国人复贰。炀帝自宇文部还入，诸部大人复奉之。炀皇帝复立，……烈帝出居于邺。

按，贺兰蔼头为帝舅，挟亲恃功，事或有之，但是必杀蔼头当是王皇后之意。王皇后出于广宁乌桓。拓跋所谓皇后，多有被征服部落之俘虏女子在掖庭得幸有子者。《王皇后传》说她"年十三，因事入宫，得幸于平文，生昭成帝"，即此之谓。王氏此时处境尴尬，必欲除贺兰氏之子而立己子，以固权势，所以杀蔼头，因此又激成拓跋西部阵营内贺兰等部大人之叛，西部力量削弱，使炀帝得以乘机复辟。这是东部、西部冲突中衍生的一个矛盾，其根源仍存在于拓跋与乌桓之间。

〔炀帝复立之三年，烈帝复立之元年，337〕石虎遣将李穆率骑五千纳烈帝于大宁，国人六千余落叛炀帝，炀帝出居于慕容部。

按，烈帝得后赵之助和本居西部的拓跋一系拥戴，占领了东部一系炀帝的庇托之地大宁，炀帝从大宁出走慕容部，再未回归。桓、穆时开始形成的所谓新旧矛盾，随着祁后及其子嗣退出历史舞台而消失。平文王后为亲子昭成帝什翼犍造势，初步奠定了此一系统尔后统治北魏的基础。李穆入大宁事，《晋书·石季龙载记》（上）记曰：

"先是，北单于乙回（按即翳槐）为鲜卑敦那（按即纥那。纥读为敦，当即上古舌上音读为舌尖音之故。此时史籍中同类例证不少）所逐，（石季龙）既平辽西，遣其将李穆击（纥）那，破之，复立乙回而还。"自后赵视之，拓跋统绪在西，故称西部烈帝翳槐为北单于，而对东部炀帝纥那只以鲜卑相称。李穆所率五千骑，或即数年前什翼犍为质于襄国的"从者五千余家"。炀帝失大宁，无归宿地，未奔宇文而奔于慕容部，盖此时宇文部已为慕容部所并。

代北地区东西部之争，实即拓跋、乌桓之争，东部的乌桓势力被西部的拓跋势力征服，整个代北入于拓跋之手。这就是公元321年至337年间惠—炀—烈—炀—烈诸帝复辟反复辟斗争的历史内容。导演这场斗争的，在东部是祁后，而西部的王后也起着相似的作用。只是胜利了的西部拓跋势力，却包含了以王后为标志的乌桓因素。这意味着拓跋与乌桓毕竟不是不能共存的民族力量。什翼犍自邺还，即位于"繁畤之北"，当今浑源地境，在代北之东部而不在代北之西部，稍后始"移都于云中之盛乐宫"。这种无分畛域现象，也反映了代北拓跋、乌桓的民族混同。

还应当注意，拓跋西部终于战胜东部，有外来势力的影响，这就是后赵的石羯。石氏在并州时长期与拓跋的桓帝、穆帝为敌，正是石勒，在并州时消灭了穆帝所恃的乌桓精锐之师。在以后拓跋部内十余年的东西之争中，关键时刻总有后赵的军事参预，而且常常起决定性的作用。

关于《序纪》有关史料的解析笺注，至此为止。

烈帝复立的同年（337），城盛乐新城，但他一年即死，是否属于正常死亡，自有可猜测之处。他死后，政权入异母弟昭成帝什翼犍之手，太后王氏完全掌握权力。西部拓跋势力压平了对手，一时兴盛起来，诸部大人亟思恢宏桓、穆时的开拓局面，欲从盛乐迁于濡源川，其地已在句注陉口了。此时持沉着稳重态度的，反而是出自广宁乌桓的王太后,她的决策之语"事难之后,基业未固"云云,前已引述,见于《平文王皇后传》[1]。

从上举记事解析中可以看出,十余年来事态虽然纷纭,介入力量不少,但是主线只是祁后及其诸子为一方,平文帝诸子由王后导演为另一方的争位斗争。从近处看来,这是桓、穆统治矛盾积累以及内乱的后果,从远看则是导源于汉晋边塞地区乌桓和拓跋的杂处。关键人物之一的祁氏不知死于何年,介入事迹史不彰显,但是从她一度临朝以及从惠帝、炀帝徙都东木根山、遁走大宁、引宇文部为援、逃入慕容部等事来推测,祁后出于东部部族的这一结论似可信服。只是她究竟是出于乌桓,还是出于东部鲜卑的其他部分,或是出于宇文部,还难于敲定,要继续考察。

还有一个问题需作说明,即炀帝所部毕竟还是拓跋,他们得以随意出入宇文、慕容诸部,当与其地本有零散的拓跋部落有关系。《晋书·慕容廆载记》,当慕容部与宇文部相攻战时,慕容廆所统即有"索头部"之军。东晋明帝时陶侃报书慕容使者,有廆"远绥索头"之语。《北史·宇文莫槐传》及《资治通鉴》卷九三东晋明帝大宁三年(325)均载有慕容廆遣军,包括索头,共击宇文乞得龟于浇水(饶乐水,今西拉木伦河),事在炀帝五年出居宇文部之前。此战役有石勒联宇文击慕容廆,廆遣世子皝、索头、段国共击之等事。拓跋东部与宇文部相隔的濡水,其上游之东,有支流曰索头水[2],流经今围场、隆化,今称伊逊河。这里停驻的索头以及上引慕容廆所统

---

[1]《魏书·皇后传》于平文帝后宫诸人,只收王后传,不及贺兰氏。实际上贺兰氏为平文帝长子之母,年岁当在王皇后之前。但王皇后子昭成帝后来被北魏道武帝尊为高祖,为北魏皇室大宗,故史黜贺兰氏而尊王氏。拓跋习俗,皇后之立,还得有手铸金人成功的这一条件,立王氏而不立贺兰氏,或许还有此一原因,不能详也。不过贺兰部族强大,对拓跋部影响不衰,道武帝本人即为贺兰部之甥。关于王皇后其人的评论,本文后面还要论及。
[2]《水经·濡水注》:"濡水又东南,索头水注之。水北出索头川,南流……又南流,注于濡水。"

的索头，按理或是汉代随乌桓之后南移的鲜卑人一部分的留驻者，或是随昭帝禄官自西而来的拓跋，已无可考。但是这一背景有助于说明以后炀帝得以随意出入东方宇文、慕容的原因。此外，代北近处也有索头活动。《晋书·石季龙载记》石虎初即位，自诩二十余年战绩，其中有"北走索头"之功。336 年记"索头郁鞠率众三万降于季龙，……散其部众于冀、青等六州"，不久却又载遣将自雁门讨索头郁鞠，克之。或者徙置冀、青的这三万拓跋不安其居，又遁归代北了。郁鞠或云即烈帝翳槐，翳槐被炀帝所逐，附于石虎，恰于 336 年出居于邺。是否如此，还难断言。

  关于拓跋与宇文部关系，前面已有简略说明，还需补叙一些情况。以《魏书·序纪》、《北史·宇文莫槐传》以及《周书·文帝纪》参读，可知宇文部本属匈奴，原来驻牧阴山，与拓跋部为邻。公元 3 世纪下半期，约当拓跋力微死后，宇文莫槐率部东迁辽西[1]。《序纪》记平帝拓跋绰以女妻莫槐之弟，即宇文大人普拨之子丘不勤，时在 292 年。拓跋三分，昭帝隔濡源与宇文为邻，莫槐之子逊昵延又妻昭帝之女。所以《周书》称宇文"为魏舅生（甥）之国"。宇文的劲敌是其东邻鲜卑慕容部。宇文对慕容的战争屡战屡败，只因慕容长期对外方针是"先取高句丽，后灭宇文，然后中原可图"[2]，所以宇文部自身虽处在散灭之中，苟延残喘而已，犹能暂时庇护炀帝。不过到了 337 年后赵之军纳烈帝于大宁时，甫于龙城建立燕国（前燕）的慕容部就成为炀帝避难的庇护所。慕容皝既接纳了炀帝，却又积极开拓与炀帝对手烈帝的继承人昭成帝什翼犍的交往：昭成帝娉慕容皝妹，慕容皝娉烈帝女。慕容与拓跋世婚，交往不绝，不过一个逐

---

〔1〕 宇文东迁年代，王希恩《宇文东迁时间及隶属檀石槐问题略辨》有说，见《中国史研究》1986 年第 4 期。《北史》莫槐即《周书》莫那。

〔2〕 朝鲜金福轼《三国史记》卷一八高句丽本纪第六故国原王十二年（342），韩国京畿道城南市精神文化研究院出版，1996 年，180 页。《资治通鉴》此年记慕容翰进此策，内容详尽，但有不明晰处。

步向中原之地发展,一个还局促于代北一隅,彼此发展并不同步。后代史家认为拓跋氏正是承慕容后燕之衰,始得以略定中国[1]。拓跋入定襄,比慕容南下幽冀,早了约一个世纪,但是拓跋社会发展缓慢,比较慕容社会,少了不止一个兴废轮回。

从上面的分析可以看出,炀帝得以随意出入宇文部,应当有此拓跋与东方各部关系的历史背景。进一步说,应当还有祁后可能的乌桓背景。至于慕容庇护拓跋,则是同属鲜卑的缘故。东汉安帝时鲜卑大人燕荔阳诣阙朝贺,赐王印绶,"令止乌桓校尉所属宁城下,通胡市。因筑南北两部质馆。鲜卑邑落百二十部各遣入质"[2]。由此更可理解,汉晋护乌桓校尉所护虽以乌桓为主,但也并护鲜卑,而且各部鲜卑都有,自然也包括零散活动的索头,即拓跋部。

四 惟氏、维氏与祁氏

我在本文"缘起"中,交代了本节文字最先立意只是为了探索桓帝猗㐌祁后的族属问题,以图说明乌桓确实是代北东部强大的族落,祁后是代北东部乌桓的代表人物。本文上一节论惠帝、炀帝东奔事,使我相信祁后属于东部族系,但还难确认就是乌桓。现在写成的"惟氏、维氏与祁氏"一段文字,向祁后出于乌桓的认识推进了一步。我在思考过程中,无意中触及许多其他事物,具有更重要的意义,使原定姓族探索考证的目标反而失掉了色彩。姑存于此,算作本文的一段插曲,并等待后之问津者。

桓帝猗㐌皇后,《魏书·皇后传》作祁氏,《北史·皇后传》作惟氏。《通鉴》建兴四年条及太兴四年夏四月条,《通志》卷二〇,均作惟氏,当以《北史》为据。《御览》卷一三九引《魏书》则作维氏。史

---

[1] 《旧本魏书目录叙》,刘攽、刘恕等作,见中华书局点校本《魏书》附录。
[2] 据《后汉书·鲜卑传》。《三国志》注引王沈书鲜卑传多误字。

家对此不见提出过什么问题，也不见有何考辨。对祁氏出于北族，则更是古今共识，从无异说，只是还未见有确指祁后出于乌桓的说法。

邓名世《古今姓氏书辩证》卷三上平六脂，惟："吴氏《千姓篇》曰：'后魏威（按当作桓）帝后有惟氏。'"《辩证》还说惟、维二氏皆吴氏所增。这当为《元和姓纂》以后之事。惟、维作为姓氏，至此始得入于姓氏书，至少说明其姓本来不显，以前未被注意。而邓氏《辩证》于此二姓只著录惟而不著录维，或者意在表明，《太平御览》引《魏书》维氏是惟氏的误写，因而略去。但是据前秦苻坚建元四年（368）十月《立界山石祠碑》[1]碑阴名录，有"将军冯翊维叙"。该碑题名人物姓氏中可确认为少数族姓氏者有十余种，所以我认为维叙之维，也是一种少数族的姓氏，而且认定此人为乌桓大概是没有问题的[2]。又惟、维二字古时本可通用，姓惟姓维当是一事，不过历史上此姓十分少见，《辩证》于惟氏条下，也只录入桓后惟氏一人而已。

至于祁姓，《辩证》未收录。但祁、惟（维）二氏分别见于《魏书》、《北史》，而《魏书·皇后传》本阙，历来认为是后人取《北史·皇后传》补入，又取《高氏小史》及他书附益之。然则祁氏、惟氏之异，原因不当是误写造成，而当另有版本差异缘由。这版本差异或者就是来源于《高氏小史》及其他附益之书，现已无从确认。即

---

[1]《立界山石祠碑》碑名据《潜研堂金石文字目录》卷一确定，《八琼室金石补正》卷一○承用，名称与内容吻合，是正确的。《金石萃编》卷二五录此碑文时未曾见到碑额题字及碑左右两侧题名，故据碑面首句文字，误称之为《广武将军□产碑》，被学界广泛沿用。马长寿得见1920年以后新拓全文，碑额即作"立界山石祠"，证实了此碑名的准确性。见马氏著《碑铭所见前秦至隋初的关中部族》，中华书局，1985，22～23页。

[2]《晋书·苻坚载记》苻坚乘灭前燕之势，于371年"徙关东豪杰及诸杂夷十万户于关中，处乌丸杂类于冯翊、北地……"。冯翊所居族类极多，自成邑落，由苻秦所设护军统领，备见《立界山石祠碑》。此时处乌丸于冯翊，或由于此地本来就有乌桓。所以我判断此"将军冯翊维叙"即为原居冯翊的乌桓人。马长寿上引书判定此碑题名十几个姓氏属于少数民族，唯独对于冯翊维氏是否为少数民族姓氏认为无法确定，当是未曾考虑到《太平御览》所见维氏之例。

以《魏书》而言，《御览》所引《魏书》只能是魏收之书而不可能是魏澹之书[1]，其中桓后作维氏；而稍晚于《御览》，刘攽、刘恕等人所上今本魏收《魏书》，桓后则作祁氏。这说明北宋时魏收《魏书》本来就有不同版本。所以对于桓后姓氏作祁作惟，似不当轻易取舍，作出某正某误的判断。

祁氏、惟（维）氏差异本属纤细琐碎问题，古人未尝措意及此。今人所作有关此一时期胡人姓氏考索的专著，如姚薇元《北朝胡姓考》，如陈连庆《中国古代少数民族姓氏研究》，对此都是存而不论。我意既然作祁作惟（维）问题不当贸然判定某正某误，是否有两姓相通并存的可能呢？

祁、惟（维）二字形不相近，不易混用。但《广韵》二字均在上平六脂，只是声纽略异。颇疑作祁作惟（维）只是用汉字译写鲜卑、乌桓[2]语音而出现的歧异[3]。北姓祁、惟（维），姓氏本来不显，而且一般是稍晚即趋消失[4]，因此没有像列入《魏书·官氏志》的各种北姓那样固定，并有一个规范化的过程，遂留下这个历史疑点。

在乌桓、鲜卑人中，此姓祁、惟（维）互见，本来是取其音读一致，并不存在歧异问题。就汉人习用及典籍所见而言，我宁取祁而不取惟（维）。因为维姓人物我只从《立界山石祠碑》中见到一个维叙，推定是乌桓居于冯翊者，但毕竟时间稍晚，来历也无从考查；而祁姓人物可以从桓后祁氏同时的史实中查得，其人极可能是乌桓，与祁后当为同族。

我所知与本题有关的祁姓人物有二，一是祁弘，一是祁济。祁弘为幽州刺史护乌桓校尉王浚最重要的一员部将，后被石勒所杀，

---

[1] 《史通·正史》篇言唐时"称魏史者犹以收书为本"，宋时当更如此。

[2] 《后汉书》卷一二〇《鲜卑传》鲜卑"言语习俗与乌桓同"。

[3] 《太平御览》卷四四引郭仲产《秦州记》："仇池山本名仇维山。"池、维二字与祁字韵部相同，同音异译，此亦一证。

[4] 乌桓本来姓氏无常，但可能会有个别姓氏袭用较长久，如上文提到的"将军冯翊维叙"，年代较此晚半个世纪。常见的乌桓姓氏库傉官氏，持续的时间更为长久。

其年代正好与拓跋部桓帝、穆帝相当，主要事迹见《晋书·王浚传》。王浚幽州之众是汉人与乌桓、鲜卑人混合组成。王浚"为自安之计，结好夷狄，以女妻鲜卑务勿尘，又以一女妻苏恕延"。务勿尘为鲜卑段部；苏恕延当为乌桓，很可能就是汉末辽东属国自号"峭王"的乌桓苏仆延一姓之后，盖乌桓氏姓无常，率以大人健者的名字为姓。后来，王浚声势益盛，鲜卑务勿尘本为大单于，浚又表封务勿尘为辽西郡公，表封其"别部"渴末等人为亲晋王。渴末之名诸书多有异写，如羯朱、可足浑等，肯定是乌桓人。[1] 称乌桓为鲜卑"别部"，符合当时实情。王浚的鲜卑、乌桓混合之师中，乌桓突骑力量更强，鲜卑则名气较大，两者都是东胡，难于一一辨识。王浚率乌桓、鲜卑军参预八王之乱，入邺之战与入长安之战，都是以祁弘为前锋。史籍未曾明文记载祁弘为乌桓人，但以上述理由推之，说祁弘是乌桓大体是不错的。

至于祁济，约与祁弘同时，司马腾为并州刺史时祁济为并州将军之一，后与并州其他将军随司马腾就谷冀州，号为乞活，这些并州将军从此以乞活帅闻名。祁济族属未见明文，事迹见《晋书·东海王越传》。并州兵将中多乌桓，东汉乌桓有徙太原郡者，曹操内徙三郡乌桓时又有相当多的乌桓徙于并州州治附近。乞活帅薄盛，《晋书·石勒载记》称之为"乌桓薄盛"。《官氏志》"薄奚氏，后改为薄氏"，是内入诸族中的东方部族，与乌桓原先所从来的方位也相符。并州前后刺史司马腾、刘琨都曾结拥有大量乌桓悍战之众的拓跋部为援，而且还与拥有众多乌桓突骑的王浚共抗胡、羯。由此推测，认定祁济同祁弘一样是乌桓，也是合情合理的。

桓、穆用乌桓悍战之师。桓、穆死后祁后仍在旧地活动，与之对立的是盛乐的拓跋旧族，所以她还得依靠乌桓支持。祁弘、祁济与祁后出现在同一时段，活动在相近的乌桓势力强大的地区，有类

---

[1] 关于渴末是乌桓人问题，请参看本书附录二。

似的政治动向，所以说他们同族，都是乌桓，也应当是合理的推定。

乌桓本来是氏姓无常，以大人健者名字为姓的。乌桓之俗，特重先人之有健名者。《三国志·乌丸传》引王沈书：乌桓"敬鬼神，祠天地日月星辰山川，及先大人有健名者，亦同祠以牛羊。……饮食必先祭"。有健名的乌桓大人，靠乌桓人这种频繁的祭祀，其名字自然容易为乌桓人所知，并被采用为某些乌桓人的姓氏。我钩稽出三个祁姓乌桓人物祁后、祁弘、祁济，或者可以说明乌桓先民中有"大人健者"名祁。我们知道，据《汉书·地理志》，上谷郡有女祁县，东部都尉治，王莽时改祁县。后汉省。女祁故城，清代犹可辨识[1]，在今河北赤城县。此处为乌桓南徙附塞必经之路。是不是汉武帝以后乌桓南下之时曾有部落大人健者名字叫祁的，是女性，在此处停驻，并且留有英武事迹为乌桓后人怀念，因而得有女祁和祁这个地名呢？是不是这个地名消失后名叫祁的大人的事迹还留在乌桓人的日常祭祀里，留在乌桓人的口碑中，因而有后人以此名为姓呢？《南齐书·魏虏传》："胡俗以母名为姓"，鲜卑如此，乌桓当同。这是江南传闻之词，如果信而有征，则祁作为姓氏，乃依名祁之母而来，从而女祁地名，诸祁人物，都可得到一种合理的解释。按此理由推论，前秦时的维叙，就是祁叙，其姓氏也是为了怀念存在于乌桓人口碑中的名叫祁的一位女性乌桓部落大人。而且祁、维作为姓氏，也不必非世代传袭不可。这些设想，姑且作为资料记在这里以备参考。我们还知道，《读史方舆纪要》卷一八直隶桓州城（今内蒙古正蓝旗地）条有注曰："本乌桓所居。"桓州之下是兴州城（今河北赤城县南），有注曰："本汉上谷女祁县地。"这一带正是昔日乌桓南下附塞及西行必经之地。这里也隐隐约约露出一点女祁与乌桓关系的痕迹。不过顾氏未交代资料来源，只能作为传闻看待。

---

[1]《（嘉庆重修）大清一统志》卷四〇宣化府"古迹"目，中华书局影印本，1986年。

如果祁后出于乌桓之说成立，那就足以说明，拓跋历史自桓穆振兴、祁后强立诸子为君并与平文一系东西对立的四十余年（295—337）中，乌桓始终起着重要作用。其间拓跋旧人势力以平文帝、烈帝为代表，也曾取得过胜利。但昭成帝是平文帝王皇后所出，而王皇后也是乌桓（广宁乌桓），她以太后执拓跋权力达数十年之久。因此更可以说，拓跋自桓、穆以后，无论是东部还是西部，无论是祁后及其子嗣还是平文帝及其子嗣，都处在乌桓的强烈影响之下。不过此时乌桓的代表人物并不是部落大人而是母后。这主要是由于乌桓"无世业相继"以及特重母族的缘故。这是与本文主旨关系密切的问题，将在本文最后一节"拓跋与代北乌桓的共生关系"中再论。

还须说明，祁后出于乌桓之说毕竟尚未找到铁证，今后还将继续关注求解。不过我认为与盛乐对立的祁后至少必出于东方部族，这是铁定的事实，是写作本文的一个重要思路。本文以下各节，还将循此思路，阐明有关的一些问题。

补注 2001 年夏间，我在大同市，偶见坊间出售的大同市地图，得知市北方山近处有祁皇墓村地名，引起我的关注。我想，当年桓帝猗㐌的拓跋中部之国，居"代郡之参合陂北"，当今山西阳高地境，以西不远就是今大同方山。桓帝、祁后活动之区自当及于方山。西汉平城为雁门东部都尉治所，当有一定程度的开发，桓帝、祁后不会不加利用。祁后死后瘗埋于此，是完全可能的。只是鲜卑、乌桓习俗，死者只能潜埋，限于旧习，祁后也只能潜埋近处某地，不能有冢墓在地表留存。或者，祁后潜埋近处有某种口碑流传，或有拓跋、乌桓后人可能认知的某种"暗码"存在，才会在若干年后出现祁皇墓的村名。

当年，我曾登临方山，本意是考察冯太后陵及孝文帝虚陵，未及就近寻访祁皇墓村。事后，我把与祁皇墓村名有关的想法，写进了《文献所见代北东部若干拓跋史迹的探讨》一文。大同大学殷宪教授读此文后，以亲历调查所获资料见示，其中包括祁皇墓村及其近处村落状况，使我大长见识。

据调查，祁皇墓村确址在大同市北二十五公里方山西麓之如浑水西岸。该村以西几百公尺处有靳圪塔梁村。两村均无封土遗迹。靳圪塔梁村二百余居民中，有一百五十名厍姓村民。两村之间，有一处道光十四年和咸丰元年所留厍姓坟地。靳圪塔梁村以西五公里左右户堡村，尚有厍姓居民数十人。经询知，厍姓人读本姓为舍音，不读库音。村民还说，祖上相传，该村厍姓与祁皇墓村张姓，本来同为祁皇墓的守墓人，是这一带最早有的姓氏。我认为，这是与祁皇有关的重要信息。十六国时的乌桓人以张为姓者并不罕见，而厍姓我疑源于乌桓库傉官氏。库傉官即厍傉官。也许，这一带就是当年乌桓张氏与乌桓库傉官氏部落，或者是他们各自的一部分所驻在之地。还有，《序纪》中与拓跋力微共处而"亲近任势"的乌桓王库贤其人，是否可解释为乌桓之王名库贤者，而库即库傉官的姓氏呢？如果是这样，库贤在《魏书》中就当写成库傉官贤。这只是推想，无从证实。

厍姓来源，涉及古籍所见厍姓和库姓的姓氏关系，汉唐之间有一个认知变易过程。钱大昕《十驾斋养新录》卷四"厍"字条曰："《后汉书·窦融传》有金城太守库钧，《注》引《前汉书音义》云：'厍姓，即仓库吏后也。今羌中有姓库，音舍，云承钧之后也。'据此是库有舍音。《广韵》别出厍字，云'姓也'，此亦流俗所传无稽之字。"钱著所引用的正史文字，于库、厍二字的写法，或此或彼，与今通用点校本所用二字不尽相同，这本身就是库、厍在唐以前原本混用之证。此处钱氏本人行文用字，只用库字，不用厍字。

钱大昕辨库、厍原本是同一字，同一姓，并无分别，是准确可信的。《说文》只有库字，库、厍不异。《广雅》："库，舍也。"这就是库有舍音的原因。《释名》："库，舍也，故齐鲁谓库为舍也。"所以毕沅《释名疏证》解释库、厍异文异读源于方言之不同，所据即齐鲁方言谓库为舍，亦读舍音。经请教音韵学家唐作藩先生，确认先秦两汉古音,从车之字皆属鱼部:车、库、厍三字,古声母齿音章组与牙音见组,亦相近或相通。此皆可证库、厍本是一字。《广韵》库与厍分列为二,各有音读;而厍字除作为姓氏使用以外,别无他义。可见库、厍别为二字,确是后起之说。

这里说的,只是与孝文帝改鲜卑姓氏以后此姓的汉译书写有关,还不能直接解释祁皇墓村近处厍姓居民的来历。我认为,祁皇墓村近处的厍姓本来确为部落民,是代北的库傉官氏。《广韵》去声库字,注中就提到鲜卑有三字姓,库傉官。据《魏书·官氏志》:北方"库傉官氏后改为库氏"。这就是后来所见的库氏,也就是祁皇墓村近处厍姓村民的先人。《广韵》库字举库傉官为其例证之一,而如今厍姓村民自读本姓不作库而作厍,这正是库、厍二字在字形、读音方面本来不异的缘故。从这个线索看来,祁皇墓村近处大量厍姓人口被认定为乌桓库傉官氏之裔,应当是可以成立的,而这也许又可引申为桓帝祁后本出于乌桓族的一个旁证。祁皇墓村近处乌桓库傉官氏部民伴祁皇墓而生息,竟达一千七百年之久,确实令人惊异,应当能够增加祁后出于乌桓这一假说的分量。只是时间隔得太久,过程史料缺失,不敢直接引为铁证。

还当说明,乌桓本是"无世业相继",而且"氏姓无常,以大人健者名字为姓"。能够确认而且传之久远、留存至今,其居民又是如此集中的乌桓姓氏,在历史上是罕见的,库傉官氏可说是特例。

五　代谷的地理背景与西晋护乌桓校尉的广义职能

《水经·㶟水注》引梅福上事之言,曰:"代谷者,谷中之地,恒山在其南,北塞在其北,上谷在东,代郡在西。"梅福为西汉元成时人,此数语《汉书》中本传及他处均不载[1]。杨守敬《水经

---

[1] 《汉书》卷二八下《地理志》下,代郡代县条王先谦补注引此数语,未有说。

注疏》有按语曰:"此必是某家《汉》注文,而颜师古删之。郦注又脱注家之名,遂成为梅福之语矣。"杨氏按语虽属推测,但合情理。

所谓梅福上事之语,当是东汉、魏、晋时人对幽并北境今晋冀之间交通的描叙。我原以为代谷一词,指㶟水(桑干河)的一段河谷。按此立说,有些史实难于解通。经李新峰君研究见告,㶟水由并入幽的一段河谷因上游山口过于狭隘,并非古代东西通道;幽、并之间北境交通,主要循㶟水支流于延水南段,即今南洋河河谷。所谓代谷,以东汉地名为准,大体上当指幽州上谷郡郡治之沮阳,至并州代郡郡治之高柳,即今河北怀来至山西阳高一段。新峰君的见解使我明白了梅福所谓"谷中之地"的本意,明白了代谷在地理上的重要性。经他点出,我还核正了本书他处相关的一些错误。

上谷郡即以在代谷之上头得名[1]。大体说来,两汉南徙至于上谷郡北境的乌桓,折而西行,除循塞外草原路线者外,都要取道代谷。代谷地段就产业而言,以南主要是农业区域,汉人较多;以北主要是牧区或半农半牧区域,多附塞驻牧的北族,而且族属多有变化。这种东西交通形势和农牧差别,维持了千百年之久,至清代基本上还是这样。代谷之中的大宁,今河北张家口市,处在代谷这一交通线的中间点上,是自东向西实行军事控制的关键之地,东汉至晋护乌桓校尉长期驻此,未再转移,是很有道理的。

代谷这一专门名称,直到拓跋兴于代北之时,仍然在被使用。《魏书·太祖纪》登国元年(386)十月:"帝自弩山迁幸牛川[2],屯

---

[1] 《晋书》卷一四《地理志》上,上谷郡"郡在谷之上头,故因名焉"。《水经·圣水注》谓语出王隐《晋书·地道志》。
[2] 《资治通鉴》卷一〇六东晋孝武帝太元十一年即北魏道武帝登国元年(386),胡注据《魏书·序纪》及《水经·㶟水注》,考牛川即长川,在汉旦如县塞外,当今尚义、兴和县地。但牛川即长川之说不确。按旦如塞外之长川,在于延水源头处,今东洋河源,北魏柔玄镇置于此。牛川则在更西。《魏书·太祖纪》天兴二年(399)三道袭击高车,东道军出长川,西道军出牛川,车驾从中道出自驳髯水西北,此可证牛川并非长川,两处有相当距离。驳髯水所在不详,牛川当在今内蒙古塔布河流域。

于延水（今洋河）南，出代谷，会贺麟（慕容麟）于高柳（今山西阳高），大破窟咄。"这是指拓跋珪为代王，从父窟咄自南来争位，珪逃奔阴山以北的舅部贺兰部，并求援于幽州的慕容后燕。慕容麟率援兵循代谷向西来，拓跋珪则沿阴山而东，至于牛川，再东，循于延水，出代谷，会合慕容麟部，合击窟咄于高柳。这一战役记录，正好描叙了代谷在东西关系方面和南北关系方面关键的地理位置。天兴六年（403）秋，道武帝"筑离宫于犲山，纵士校猎"，以下也述及"出参合、代谷"〔1〕。

1971年内蒙古和林格尔出土东汉壁画墓，大量壁画中最重要的是护乌桓校尉幕府所在的宁城图。宁城即指大宁。墓葬年代在2世纪下半叶，很可能是汉桓帝之时。墓主未存姓名，由繁昌县令迁护乌桓校尉，似终于此官。另有家居农牧画面，家居按理是在和林格尔，其地东汉时属云中郡成乐县，即后代所称的盛乐，而且很可能此地即死者的本贯。宁城图是作为死者最显赫的历官场面而绘制于墓中的，图中包括校尉莫（幕）府平面布局和各种活动场景。最值得我们注目的是图中的赭衣免冠髡首弯腰行进的人物队列，依次向端坐堂阁内的官员行礼如仪。队列两边有武士和其他执事守卫导引。研究者确认，这些队列中人就是护乌桓校尉监领下的乌桓人和鲜卑人。据范晔书《乌桓传》，乌桓髡头，据应劭《风俗通》，鲜卑髡头衣赭〔2〕。鲜卑、乌桓同俗。这一壁画场面，形象地说明校尉对所领护者的权威，也说明校尉府的作用不是隔绝而是招徕乌桓、鲜卑，与史籍所见一致。宁城在这种作用中居于关键的地理位置，扼据幽州

---

〔1〕《魏书·太祖纪》天兴六年七月"车驾北巡，筑离宫于犲山，纵士校猎，东北逾屩岭，出参合、代谷。九月，行幸南平城，规渡漯南，面夏屋山，背黄瓜堆，将建新邑"。据《读史方舆纪要》卷四〇，犲山在故善无，即今右玉县境，但有异说。此处所叙路线笼统，大致指筑犲山宫后纵猎巡行，并有相度土宜，向漯源方向推进之意。
〔2〕《太平御览》卷六四九引。

北境诸边郡自代谷西出的关口[1]。

和林格尔汉墓壁画还有值得留意之处。该墓主经由蓟城（今北京市）赴护乌桓校尉之任，行程先过居庸关，壁画有居庸关图像及榜题。行至沮阳（今河北怀来），入代谷道。中途至宁城（大宁，今河北张家口），壁画有宁城护乌桓校尉幕府图像及榜题。墓主卸护乌桓校尉府职，西出代谷，归籍成乐（今内蒙和林格尔），壁画有家居农牧生活图像及榜题。居庸关，宁城幕府，成乐家居三处图像榜题，形象地显示出幽并北境一条东西交通线，其中主要地段就是代谷。

于延水南支（南洋河）的代谷一线，自然是在护乌桓校尉的严密监控之中。于延水的北支（今东洋河）包括当时所称的长川，其源头接近广漠草原，这一区域是汉魏以来塞外乌桓、鲜卑或暂或久的停驻处所。东汉桓帝时统一鲜卑各部的檀石槐，建庭于歠仇水弹汗山，其地就在于延水东源之处。汉末曹魏时鲜卑、乌桓自此处南下，滋扰及于雁门等郡，其中包括檀石槐之孙步度根之众。鲜卑拓跋部神元帝力微亦曾长期停驻于此。《魏书·序纪》记力微依于没鹿回部，"请率所部北居长川"[2]，可知力微其时所在位置还在长川之南。其后力微又由长川西行至于阴山，越阴山南止盛乐。又后，拓跋部的平文帝郁律与独孤部刘路孤一度自盛乐东来，共驻东木根山，其地亦在于延水东源之处，扼北上草原之要冲。由此可见，这一区域与乌桓、鲜卑的社会、政治发展有密切关系，其间的民族动态，自然也在护乌桓校尉的监控之中，不过监控能力的强弱因时而异。

本文上节提及，护乌桓校尉兼护鲜卑。其实，除乌桓、鲜卑以外，随着北塞各族起落迁徙及其与汉晋政权关系的变化，护乌桓校尉有时还兼及北境他族。西晋首任校尉卫瓘，监控所向是乌桓和拓

---

[1]《和林格尔汉墓壁画》，文物出版社，1978年。参看该书第17页诸图和其他图版、文字说明，以及《文物》1974年第1期诸文。
[2]《日藏弘仁本文馆词林校证》太和十七年孝文帝迁都洛阳大赦诏（中华书局，2001年，275页）。亦有"神元北徙，游止长川"之句。

跋，详情将另行分析。其后是唐彬，主要是对付宇文莫槐[1]。再后是张华，主要抚纳高丽诸国。再后是刘宝，其墓志称其为"安北大将军、领护乌桓校尉、都督幽并州诸军事"[2]。再后是刘弘，本传笼统谓其"为幽朔所称"，当亦兼涉乌桓、鲜卑。再后是王浚，拥有大量乌桓、鲜卑兵，《石勒载记》称其"据幽都骁悍之国，跨全燕突骑之乡"。再后是刘翰，为石勒所任，后奔鲜卑段部，曾列名于晋元帝劝进表中，有护乌桓校尉衔，当是西晋最后一任校尉，事见《晋书·元帝纪》及《石勒载记》、《慕容皝载记》附阳裕传。上列各任校尉都有总绾北方防务职能，具体行事则随北方部族形势变化而有所不同，但不离监控乌桓、鲜卑，包括监控已沉积在代北这一区域的乌桓和鲜卑拓跋部。西晋以来历置总绾北境以至东北、西北防务并民族事务之官，统名之曰护乌桓校尉，可见此时乌桓一族已替代匈奴一族，成为北境最被关注之族。这种边情状况从东汉以来逐渐形成，之后始有鲜卑之慕容、拓跋等部分别兴起于辽东、代北，替代了乌桓的地位。十六国以后，护乌桓校尉的正式名称似不常在[3]，但据有幽州的政权于大宁置守护之官以监控幽、并北境，可能还是有的。《苻坚载记》前秦徙氏户于关东之时并"移乌丸府于代郡之平城"，我认为就是此前大宁仍有"乌丸府"之证。这个问题以后还要讨论。

现在回头分析西晋第一任护乌桓校尉卫瓘的事迹问题。卫瓘于

---

[1]《晋书》本传作莫庼，误。以唐彬居职年岁计，当依《序纪》及《宇文莫槐传》作莫槐为是，其人292年被杀。莫庼为莫槐侄孙，307年称单于。卫瓘之后，唐彬之前，曾有安北将军严询败鲜卑慕容庼于昌黎事，见《武帝纪》太康三年。研究者认为，按当时通例，征北将军均带领护乌桓校尉职，严询当不例外，但又无明文可据。参罗新、叶炜著《新出魏晋南北朝墓志疏证》第6页，中华书局，2005年。

[2] 刘宝墓志，见上引罗新、叶炜著《新出魏晋南北朝墓志疏证》。该书《疏证》疑征北大将军之"大"字，为刘宝后人所虚饰。

[3] 其时偶见此官名，如《晋书·姚襄载记》"石祇僭号，以襄为使持节、骠骑将军、护乌桓校尉、豫州刺史、新昌公"，云云。这只是临时署置，与汉晋幽并塞上所置护乌丸校尉相比，职守和作用大有不同。

太始七年至咸宁四年（271—278）在校尉职，他任务明确，护乌桓并护鲜卑，而且具体说来主要是护大宁以西的乌桓并护更西的鲜卑拓跋部。因为"于时幽、并东有务桓（按即乌桓的异译），西有力微，并为边害"。时当拓跋力微统治晚期，卫瓘所为促使力微衰败而死，对此后拓跋部的历史起了重要作用。

原来，力微长子沙漠汗曾留驻洛阳，为魏、晋质子。归程中卫瓘于并州截留不遣，并且贿赂拓跋及相关各部大人，令致嫌隙。277年，沙漠汗于阴馆被诸大人矫害，同年力微亦死。《晋书·武帝纪》记"使征北将军卫瓘讨鲜卑力微"，实际上卫瓘并没有真正使用军力征讨，主要是利用乌桓谗间力微及力微周围诸部。《序纪》记诸部大人矫害沙漠汗后，力微病，乌桓王库贤"亲近任势，先受卫瓘之货，故欲沮动诸部"，诸部大人信库贤之谗，各各散走。因此《卫瓘传》载"于是务桓（乌桓）降而力微忧死"，以至出现《序纪》翌年所载"诸部离叛，国内纷扰"的后果。从这里，我们可以看到，乌桓、拓跋本是错居杂处的，所以乌桓王库贤才可以居力微左右亲近用事。还可以看到由于鲜卑拓跋部的兴起逐渐受到西晋朝廷注目，所以卫瓘行事的重点就放到利用乌桓以监控拓跋部这方面了。以后继任校尉唐彬、张华得以用事于宇文、高丽，正是由于拓跋部因"诸部离叛"而衰颓，不足为西晋之患而忧患来自于东北的缘故。稍后拓跋振兴，情况有变。王浚任职时，对付乌桓兼及拓跋又成为一项主要任务。

《通典》卷一九六《边防典·乌桓》，东汉复置护乌桓校尉于上谷宁城，文下自注曰："在今妫川郡怀戎县西北，俗名西吐教城。"我疑吐教就是拓跋，俗音有异。言西吐教者，不是指拓跋部西，而是以护乌桓校尉所护幽、并之地言之，犹《卫瓘传》言"东有务桓，西有力微"，指拓跋在乌桓之西耳。力微当与护乌桓校尉所在的上谷宁城多有往来，西吐教城之名或是此时形成，为拓跋使人往来居止之所。以后炀帝入居大宁，或亦暂驻此处。

在卫瓘离间乌桓、拓跋"二虏"时起过重大作用，以后却又成为拓跋功臣的，是卫操。此人很值得注意。《魏书·卫操传》：操，代人，"晋征北将军卫瓘以操为牙门将，数使于国（按指拓跋部），颇自结附。始祖崩后，与从子雄及其宗室乡亲姬澹等十数人，同来归国，说桓、穆二帝招纳晋人，于是晋人附者稍众。桓帝嘉之，以为辅相，任以国事"。卫瓘本来也是代人，其高祖以儒学自代郡徙，至河东安邑，遂家于此。卫操早年投卫瓘帐下，当以代郡接近大宁，或亦有家族的缘故。《魏书》紧列卫操于拓跋宗室之后，异姓重臣之首，足见其对卫操诸人的重视。

近读曹永年教授《拓跋力微卒后"诸部离叛国内纷扰"考》[1]一文，颇有启发。《序纪》于278年"诸部离叛"以下九年之内，无任何史实记载，这显然是拓跋部落联盟因为乌桓王库贤使诱以及力微之死而瓦解了。平帝拓跋绰立，286年始记"威德复举"，但只是恢复的开始。曹文钩稽西晋塞外匈奴、鲜卑、杂虏降晋史实八条，除一条年份含糊外，其余的都在上述九年之内，此后又再无此类记载。所以曹文判定这诸多史料当即力微死后"诸部叛离"拓跋而降晋的证据。至于拓跋"威德复举"，意指部落联盟重建，诸部又逐渐恢复了凝聚作用。力微所统部类淆杂，所以上举史料既有鲜卑，也有匈奴、杂虏诸名目。我觉得曹文观察细致，判断是可信的。这也说明卫瓘用卫操等人诱间拓跋，所起作用深远久长。

拓跋部落联盟经过九年的瓦解没落阶段以后，又经过几年恢复，真正重振是在桓、穆时期。这里面的重要人物，恰恰又是卫雄、姬澹等人。起先，卫操建议招纳晋人，特别是帮助组成乌桓悍战之师，不但战功卓著，而且形成代北地区一种乌桓、拓跋的特别军事组合，对于这两个部族在代北的合作共处，有更为深远的影响。1956

---

[1] 曹永年：《拓跋力微卒后"诸部离叛国内纷扰"考》，《内蒙古师范大学学报》（汉文版）1988年第2期。

年在内蒙古凉城,"晋乌丸归义侯"金印与"晋鲜卑归义侯"金印、"晋鲜卑率善中郎将"银印同出一窖,并且还有"猗㐌金"饰牌同出[1],而此地又正是拓跋三分时中部猗㐌所辖之地,此中包含的乌桓、拓跋部族关系的消息,与上述拓跋部有乌桓悍战之师的记载是相通的。虽然,历史有曲折,这支为拓跋所用的乌桓劲旅后来奔散了,但其所显示的拓跋、乌桓共生的历史趋势却是继续存在。

西晋护乌桓校尉所护,关键区域仍是上谷、广宁、代郡,即代谷之地。十六国以来的大半时间内,拓跋、乌桓所居的代谷以西实际上具有很强的封闭性,据有幽、冀的国家,都以幽州西侧的安全为忧,都要强化西侧防务。公元350年,慕容儁攻下蓟城,因而都之,立即"徙广宁、上谷人于徐无,代郡人于凡城而还"[2]。徐无在今遵化,凡城近今朝阳,都在慕容的后方。此次徙民对广宁、上谷、代郡的乌桓势力当有很大的削弱,而慕容西侧安全则增添了保障,但还不足以消除乌桓、拓跋的威胁。357年前燕徙匈奴单于贺赖头部三万五千于代郡平舒城,并以之为宁西将军、云中郡公,主要目的仍然是为了充实西侧,监控乌桓、拓跋,尤其是拓跋,因为拓跋正占有旧云中郡地,是"宁西"的首要目标。后燕慕容垂封乌桓独孤刘亢泥为乌桓王[3],以镇广宁,仍然是这一东西形势的延续。这些情节,以下各节都将分别论及。

概括言之,大宁护乌桓校尉总绾代谷,卫瓘从此处监控乌桓、拓跋;而乌桓、拓跋在代北这一相对闭锁区域内长期共处,形成互动关系,演化成盛乐时期拓跋部跌宕起伏的历史,终于孕育出北魏这样一个专制君主国家。卫瓘本来的策略是用近处的乌桓钳制远处的拓跋;但从长远后果看来,不是乌桓征服了拓跋,而是拓跋熔融了乌桓。现象虽然纷繁,过程虽然曲折,但是从这两个部族各自的特

---

[1] 李逸友《内蒙古代官印的新资料》,《文物》1961年第9期。
[2] 《晋书》卷一一〇《慕容儁载记》。
[3] 独孤从西晋时就被认为是乌桓,详见后论。

点似乎能看出一些缘由。这将是本文最后一节中试图作出的回答。

六 东木根山地名的来历和拓跋立都问题

《序纪》昭帝元年（295）国分三部，穆帝猗卢居盛乐为西部。"是岁，穆帝始出并州，迁杂胡北徙云中、五原、朔方。又西渡河击匈奴、乌桓诸部"。

《序纪》穆帝三年（310）铁弗刘虎于雁门响应白部[1]之叛，刘琨乞师，"帝使弟子平文皇帝将骑二万，助琨击之，大破白部，次攻刘虎，屠其营落。虎收其余烬，西走渡河，窜居朔方"。

《序纪》平文帝二年（318）："刘虎据朔方，来侵西部，帝逆击，大破之，虎单骑迸走。其从弟路孤率部落内附，帝以女妻之。"此路孤即是后来居于代北的独孤部刘库仁之父。刘库仁之母即是平文帝女，其妻又是昭成帝宗女。独孤与拓跋世婚。

据上引《序纪》几段资料，知朔方本有匈奴、乌桓。后来铁弗部驻朔方，在黄河之西；独孤部驻代北，在黄河之东。而这两部或其零散部落，又常流动于黄河东西两侧。铁弗和独孤都出于并州的匈奴屠各，又分别有乌桓铁弗、乌桓独孤之称[2]。他们是匈奴，是屠各，也是乌桓，要从种族上区分清楚，是很难的。他们又都与拓跋有特殊关系。不过独孤与拓跋居处交错，关系以互助居多。铁弗与拓跋的关系要复杂一些。铁弗居朔方，常渡河与拓跋发生战事，但多以拓跋驱逐铁弗回到朔方为止，两者仍然维持密切联系，决非生死之敌。

这些部族历史关系的事实，特别是铁弗、独孤游动于黄河两岸

---

[1] 白部，史籍中历来认为是鲜卑白部，孙子溪《白部新释》一文解释为羯，可备一说，不过也有反证，难于尽通。孙文见《山西地方志论丛》第一辑，山西人民出版社，1985年。

[2] 铁弗与独孤均有乌桓之称，详见本文"两种类别的代北乌桓"一节。

的事实，使我联想到一例地名移动问题，即朔方的木根山之名恰在这个阶段出现在代北，名曰东木根山。古代地名移动的惯例，往往是名从主人，中西莫不如此。这一例地名移动，是不是铁弗、独孤在部落游动中由西边带到东边来的呢？

经过反复思索，我疑铁弗刘虎从弟路孤曾驻朔方的木根山，平文帝二年刘路孤来附拓跋时，与平文帝同驻一处，以木根山旧名呼其新驻在地，遂有东木根山之称。居东木根山的刘路孤则被称为独孤，或称乌桓独孤。此中包含的种族含义或文化含义，现在已很难说清楚。或者，铁弗本为南匈奴；而独孤本为乌桓，南下后曾附于并州的南匈奴，因此铁弗、独孤都带刘姓。后来两者同时叛离并州而入代北，又同奔朔方，其间刘路孤与刘虎分裂，实即南匈奴与乌桓分裂。这只是一种推测，可以用来解释一些现象，但难确定。

刘路孤来附拓跋部平文帝的往后三年（321），桓帝祁后为使己子取得拓跋君位而害平文帝，引发大动乱，《序纪》谓拓跋"大人死者数十人"，东木根山的独孤部落当亦不遑宁处，仓皇徙离甫被称作东木根山的地方。324年惠帝临朝，《序纪》谓"以诸部人情未悉款顺，乃筑城于东木根山，徙都之"，即指惠帝就路孤与平文帝曾驻之地筑城为守，并沿用路孤所用东木根山的地名。所谓"人情未悉款顺"，当指来自平文帝一系的抗争还相当顽强，惠帝徙此并筑城为都，当是为应付攻守而预作地步。

《资治通鉴》太宁二年（324）于惠帝筑城东木根山事之下，胡注曰："河西有木根山，在五原郡东北。此木根山在河东，故曰东木根山。"朔方木根山之名，《晋书》、《魏书》偶见，多与对铁弗的战争有关，如前秦攻克铁弗于此山，北魏道武帝消灭铁弗刘卫辰父子力量也在这里。其地不是铁弗的中心区域，而是军事上退守设防之所[1]。

---

[1] 铁弗屯驻中心在代来城，似以标榜自代北而来得名，又名悦跋城，在今内蒙古东胜以西。

《中国历史地图集》标示木根山于今宁夏盐池和内蒙古鄂托克前旗之间。至于东木根山，其名数见《魏书》，该《地图集》标示于北魏柔玄镇之北今尚义一集宁一线北境[1]，东汉鲜卑檀石槐庭也在此处不远。东木根山之南是于延水北段（今东洋河）源头区域，沿此水可达代谷。惠帝之所以徙都于此，从地理上说只能有一个解释，就是此处是草原地境，西接阴山，东通濡源，无论是进攻或是退避都较灵便。此处本在拓跋中部地境之北，接近东部势力；向东南靠近大宁，而大宁是乌桓势盛之地，可避来自西部盛乐以及来自南部陉南可能的进攻。看来此策的考虑是成功的。三年以后(327)炀帝南御石虎，西攻贺兰失败，退保大宁。而且从东木根山取东北方向循草原以达濡源，再奔宇文、慕容，也是草原骑兵可以利用的通道。

关于东木根山一度成为拓跋部要地之事，是拓跋历史中一段不显眼的插曲，还有资料可供发覆。《读史方舆纪要》卷四"历代州域形势"之"后魏起自北荒"条曰：猗卢死，"其国内乱。四传至郁律[2]，筑城于东木根山徙居之"。其自注曰："在今大同府北境。其后孝文言：'远祖世居北荒，平文皇帝始居东木根山。'……《魏书》云，贺傉（按即惠帝）始城东木根山而居之。"又，同书卷四四山西大同府大同县东木根山条："在府北。《志》云五原有木根山。此山在河东，故曰东木根山。晋大宁二年，代王贺傉以诸部未服，筑城于东木根山而徙居之。魏主宏尝言：'远祖世居北荒，平文皇帝始都东木根山。'平文，郁律谥也，盖郁律亦都此云。或讹为勿根山，晋太元十四年后燕慕容德等击代叛部贺讷，追至勿根山，是也。"（着重点为引用者所加。孝文帝之言，本于《魏书·元丕传》。此问题下文还将说到。）

---

[1]《(嘉庆重修)大清一统志》卷五四九正黄旗察哈尔："木根山，在旗东南三十五里。蒙古名西北忒克。"此处木根山当脱东字。
[2] 猗卢"四传至郁律"与《序纪》不合，但亦有说，如何解释，将在本文"拓跋内乱与乌桓动向"一节所附拓跋史中普根的法统地位问题中讨论。

代北地区拓跋与乌桓的共生关系

上举《读史方舆纪要》卷四和卷四四两段材料，内容一致，其中多处提及平文帝郁律始居东木根山事，是《序纪》所无而为他处所引的孝文帝语。前一段材料于"后魏起自北荒"标目之下冠以"史略"二字，盖顾氏综合叙述之词，有不准确处。如言郁律"筑城"于东木根山"徙居之"；但后一段只谈郁律"都"东木根山而不言"筑城"，"筑城"于此山是以后惠帝贺傉时事。核以《序纪》，筑城于此者正是惠帝贺傉，前一段材料文字有误。

根据这些迹象，我对东木根山问题试作进一步的推断。

如前所述，穆帝三年以弟子郁律（平文帝）骑兵驱逐铁弗刘虎入朔方；平文帝二年大破渡河入侵的铁弗刘虎，并纳刘虎从弟刘路孤之降，处之于东木根山之地，并以女妻路孤，此即乌桓独孤部。平文帝郁律由于与这支乌桓关系最为密切，所以他遂率拓跋与刘路孤一起共驻东木根山，以便于控制调遣路孤部落，共同对付祁后一系来自东方的压力。路孤在朔方时本驻木根山，此山名就由路孤自朔方带到代北来了。《方舆纪要》说平文居东木根山，即指此事。不过当时并未筑城，筑城是惠帝时事，晚了六年。回溯拓跋历史，神元帝力微曾与乌桓王库贤同居于盛乐，此为一事；桓帝时"晋乌丸归义侯"与"晋鲜卑归义侯"金印及"猗㐌金"饰牌共出于参合陂北凉城的一处窖藏，此又一事；至此又有平文帝与路孤共处东木根山之事。这些都是3至4世纪代北拓跋和乌桓共处的史实，是两者长期在代北共生的重要证据。前秦灭代国后拓跋珪随母庇托于独孤部，也属同一性质，同一背景。

平文帝为拓跋大人所拥戴，其势力根基当在西部盛乐地区，而且此时他"控弦上马将有百万"，蔚为草原大国，为什么还会有东移之举呢？这当有对外和对内的双重原因。原来，西晋灭，平文有意逐鹿中原。《序纪》记此年平文帝"顾谓大臣曰：'今中原无主，天其资我乎！'"《序纪》又记三年后（321）平文帝绝建康的东晋使者，"治兵讲武，有平南夏之意"。由此可见，平文此时是力求开拓，以图继承西晋统绪，而与江左的东晋相颉颃。几年以来，西晋所属并州刺史刘琨，事实上是仰赖拓跋势力，包括郁律（后来称平文帝）的军力，始得力抗胡羯而得维持的。只不过平文立时刘琨已东奔，旋即败死，并州形势因而大变。百余年之后，北魏朝廷议礼，认为"晋室之沦，平文始大"；道武帝时平文帝得享有太祖庙号[1]，足见其地位之重要。平文帝欲平南夏，首在胡羯。为了平胡羯，必先处置代北东部祁后的势力，稳定拓跋后方。这当是平文帝东迁东木根山以图进取的直接原因。平文帝与独孤刘路孤共驻东木根山，逼近桓后祁氏所居，占据对祁后进攻的有利位置。但是平文帝远离盛乐，孤军突出，又有利于桓后祁氏下手谋害平文帝。不然的话，居东的祁后何得在衰颓之际，朝夕之间，忽然害死强大的拓跋君主，而且同死的拓跋大人竟达数十人之多？如果此时平文尚在盛乐而未东来，祁后也就无从发动这场突然袭击。

  找到了平文帝曾与乌桓独孤刘路孤共居东木根山的史实，也就化解了祁后居然得以突袭平文的疑团。死于平文之难的诸部大人如此之多，其中当包括一些与平文共处的独孤部人，看来刘路孤也不得不撤离东木根山了。《水经·㶟水注》如浑水流经旋鸿县（在今内蒙古丰镇东北）故城南，"北俗谓之独谷孤城，水亦即名焉"。此"独谷孤城"和"独谷孤水"，当是独孤城和独孤水之讹误。我疑刘路孤撤离东木根山后，即南移驻牧于如浑水上游之地，因此留下独孤城、独孤水之名。三年之后（324），祁后之子惠帝踵平文帝和刘路孤之迹，城东木根山而驻守。再三年，惠帝弟炀帝又以抵御石赵寇边不利而退缩，徙近大宁。

  顾氏之书提到平文帝驻东木根山事，都引用孝文帝所说"远祖世居北荒，平文帝始都东木根山"之言为据。按此段资料见于《资治

---

[1]《魏书》卷一〇八之一《礼志》（一）。平文帝子孙相袭，成为北魏帝室大宗，道武帝尊之为太祖。

通鉴》齐建武元年（494），原文是"朕之远祖世居北荒，平文皇帝始都东木根山，昭成皇帝更营盛乐，道武皇帝迁于平城。朕幸属胜残之运，而独不得迁乎"！这是孝文帝向群臣陈述迁都洛阳的历史依据。《魏书》中与此相对应的资料见于卷一四《元丕传》，略谓"昔平文皇帝弃背率土，昭成营居盛乐，太祖道武皇帝……迁居平城。朕……移宅中原"云云。《资治通鉴》之文必另有可靠根据，无可怀疑。《魏书》之文只说到平文帝"弃背率土"，未明言迁于东木根山，但却证实平文帝确有播迁之举，也是无疑的。平文帝"弃背率土"只能是指从盛乐迁出，所取方向一定是与应对祁后势力以及与"图南"的意愿相符合，这也可以作为平文迁都东木根山的一个旁证[1]。

那么，昭成帝复营盛乐，又当作何解释？这是由于平文帝迁离盛乐而遇害，说明祁后在代北势力，或者说代北乌桓势力还很强大，难于控制。以后又经历了祁后之子惠帝、炀帝为一方，与平文帝之妻贺兰氏所生子烈帝为一方的反复争位。等到炀帝遁走慕容部，祁后势力尽灭，而平文帝次子、王后所生昭成帝继位时，拓跋部也已疲惫不堪，不得不株守盛乐旧地，以求暂时安宁，休养生息。虽然此时又出现了向外发展的有利形势，饱经忧患的王太后于参合陂坚决拒绝诸大人迁都灅源川的要求，怕的是基业未固，乌桓再来。以后孝文帝所说昭成"更营盛乐"，即是呼应平文帝曾一度离开盛乐而居于东木根山的史实。

拓跋迁都之事，关系到拓跋部的兴衰起伏。但是拓跋部从游牧到定居的社会变化过程很长，定都观念并不严格，所以史籍所载迁都之事还有异同之处。李吉甫《元和郡县图志》卷一四河东道朔州："晋乱，其地为猗卢所据，刘琨表卢为大单于，封代公，徙马邑。"王应麟《通鉴地理通释》一书，素称"征引浩博，考核明确，……于史学

---

[1] 拓跋以东木根山为都，前后共历六年。计318年乌桓独孤刘路孤来降，平文帝率以共驻东木根山，至321年平文帝被害止；324年惠帝城东木根山而徙都之，至327年炀帝迁走大宁止。

最为有功"[1]。其书卷四《历代都邑考》"后魏都"条中，漏列平文帝都木根山之事。此条之中载有"晋怀帝时刘琨表以猗卢为大单于，封代公，徙马邑"之文，自注"唐为朔州"。依王氏书中《都邑考》专列都城名称的文例考虑，似猗卢曾以马邑为都。顾祖禹《读史方舆纪要》卷四四朔州条亦谓"晋怀帝时刘琨表以鲜卑猗卢为大单于，封代公，徙马邑，是其地也"。顾书、王书此句文字看来是辑自李吉甫书。稽以《魏书·序纪》，有可酌之处。《序纪》本为"晋怀帝进（穆）帝大单于，封代公，……乃徙马邑、阴馆、楼烦、繁畤、崞五县之民于陉南"云云。两相对照，李书、王书、顾书均据《序纪》文字，却于"徙马邑"下不当句断之处作了句断。《序纪》本意为徙马邑等五县之民，非谓穆帝徙马邑为都。这是李氏、王氏之误在先，顾氏袭其误。《资治通鉴》永嘉四年《考异》引《刘琨集》有猗卢"自云中入雁门"句，马邑等五县晋时虽然均属雁门郡地，却无特指猗卢驻马邑之意。马邑在拓跋地界南部，猗卢是否有小驻马邑之事，那就难于说定了。

综观以上论述，试作小结如下：

拓跋三分之时，三部地境都偏在北荒。猗卢统一，原昭帝所统拓跋东部地实际上脱离拓跋统治。猗卢得陉北五县地，又乘晋室之危，刘琨之难，多次助刘琨深入陉南、汾东之地作战。这是拓跋部以其原中部猗㐌所统地境为基地的第一次开拓。与之共同活动的部族是乌桓突骑。后来拓跋部新旧交斗，胡羯纵横，穆帝死难，拓跋开拓受阻。第二次开拓在平文帝时。平文帝与乌桓独孤刘路孤部共驻东木根山，有"图南"之势。平文帝被害，惠帝于东木根山筑城为都，后赵自陉南来逼，惠帝弟炀帝率部走大宁，即原护乌桓校尉所在地，旋又东奔受庇于宇文，后终于慕容部。拓跋部两次向外开拓，都是与乌桓共同进行的。第二次开拓受阻，又经过十年内斗后，拓跋

---

[1]《四库全书总目提要》史部地理类。

部元气大伤。烈帝依靠驻阴山以北的舅部贺兰部，退归盛乐以求休养生息，因而有王太后反对迁都㶟源川的决策出现。但王太后本人即为乌桓，拓跋东向发展并与乌桓共生的总趋势并未改变。

与"五胡"发展进程相比，拓跋部活动空间局促，前进道路不畅，社会进化缓慢。但从另一方面看来，拓跋所居盛乐背靠阴山和大草原，有一个自然蕃息孳生的较安全的环境，得以蓄积力量，保持旺盛生机。可以认为，拓跋部在五胡迭起迭衰的进程中原不过是"十六国"之后的第"十七国"而已，但由于百余年来与乌桓共生蕃息于比较安全的代北地区，终于乘十六国之衰结束了纷乱如麻的局面，建立了较稳固的统一北方的政权，从此再经起伏，才有隋唐盛世的孕育。

不少史籍从拓跋部徙都史实考察拓跋部的进化过程，其表述简明而又周备的资料还是孝文帝的追溯。他说拓跋远祖世居北荒，平文始都东木根山，昭成更营盛乐，道武迁于平城，他自己的历史任务当然就是光宅中土了。这从地理上完全看得清拓跋部进化的轨迹。我想再要一提的是，拓跋都东木根山时间虽不算长，却记录了拓跋部历史的一次反复，包含着现在难以完全说清的准确内容，理应为研究拓跋历史的人注意。

还有一层意思需要说明一下。孝文帝叙述列祖列宗迁徙诸事，及于平文帝迁东木根山，这对于解释平文帝一朝历史，有重大价值。但东木根山立都筑城，年代短暂，对拓跋历史全局毕竟影响不大。颁布于太和十七年（493）十月十八日的孝文帝迁都洛阳大赦诏，以祖宗迁徙诸事与周代先公先王相比，曰："惟我大魏，萌资胤于帝轩，悬命创于幽都。生人厥初，寔均（按即《序纪》所见之始均）稯弃。宣帝南迁，憩辇沮洳，事同公刘，业兹邵邑（疑邠邑之讹）。神元北徙，游止长川，岂异宣甫，至于岐下。暨昭成建国，渐堵盛乐，何异周父（周文），作邑乎丰。烈祖道武皇帝……虽号鸿魏，壤犹寒泽，……且都玄代，渐畅声教，颇等姬武，宅是镐京。……然后欲卜还中京，垂美无穷"云云[1]。孝文帝列举始均居幽都，宣帝驻沮洳地，神元帝止长川，以至于以后各帝都盛乐、都平城、都洛阳，符合拓跋部族社会进化的自然趋势。惟独平文帝自盛乐迁都东木根山事，是一次政治军事行动，为时短暂，时过境迁，所以孝文帝在迁都诏中就把它略去了。[2]

我之所以对看来不引人注目的一个地名的来历作出追溯，主要目的不是在地名变迁本身，而是想从一个特定角度，进一步探寻拓跋发展过程中与乌桓的关系。拓跋从盛乐向外开拓，始终有乌桓参与。这个时候，介入开拓过程的还有另一部族，就是从朔方回流的屠各刘路孤部，他们也被称为乌桓。这样，代北地区就存在着两个类别的乌桓，即从汉代以来从上谷西来的旧有的乌桓，和新近由朔方回流至代北的所谓独孤乌桓。东木根山地名来历，也就可以被引为这一历史动态的证据。

七　两种类别的代北乌桓[3]

乌桓在两汉时络绎南下，鲜卑各部紧随其后。他们一部分渗入塞内，大部分受阻于沿边一线。西汉护乌桓校尉驻蓟城或其周边之地，东汉建武复置此官时移驻迤西的上谷宁城，西晋时称为大宁。

---

[1]《日藏弘仁本文馆词林》，中华书局，2001年，275页。此诏其他文献无载。按《魏书·高帝纪》，太和十七年冬十月乙未于滑台"告行庙以迁都之意，大赦天下"，因有此诏。
[2] 近人还有一说，道武复国，于牛川即代王位，其地曾称牛都，认为也可能是一处都城。此说尚有异见。
[3]《资治通鉴》卷九六东晋成帝咸康五年录《魏书·官氏志》"其诸方杂人来附者，总谓之乌丸"之文，改作"代人谓他国之民来附者，皆为乌桓"。马长寿《乌桓与鲜卑》第43页据此说："然则拓跋部时之乌桓有广狭二义：广义的乌桓指诸方来降之民，狭义的乌桓即《官氏志》所谓乌桓氏之乌桓。"本节文字所称两种类别的代北乌桓，与马书乌桓二义之说并不相同。我认为把诸方杂人或他国来附之民不加区别地称为乌桓，这种情况事实上并不存在。

从地理上说，乌桓不能继续南进，只好流动于广阳、上谷、代郡以至于雁门、太原、朔方诸郡以求生存。东汉、曹魏撤销幽、并北边一部分郡县，这个区域汉人居民所余不多，有利于乌桓以及鲜卑各部弥漫扩散。就已入塞乌桓而言，于㶟水南段（今南洋河）河谷的所谓代谷，是一条顺当的西迁路径。广阳、上谷、代郡以南是汉人较多的农耕区域，乌桓难于大规模进入。这是前文论及的乌桓西徙形势。

东汉以后，代郡、雁门的乌桓人，至少有一部分逐渐习于农耕，不再流动[1]。西晋的雁门郡，其陉北五县地已割让给拓跋部，五县汉民徙于陉南[2]，其地的乌桓应当未曾随同迁徙而是留下来了。猗卢"徙十万家以充之"，所徙除拓跋人以外，自然还有拓跋部落联盟中的乌桓、匈奴以及其他各种杂类。这里及其迤北一带，就是后来成为拓跋部中心区域而被习称的代北。

拓跋进入代北的路线，与乌桓有所不同。拓跋先人由大兴安岭地带辗转至于西辽河上源一带之时，前路已被阻滞，所以大部分从那里西折，循漠南草原路线渐进，累迁至于阴山，越阴山到达五原、云中、定襄地区。拓跋先人曾以推演之名，列于檀石槐所统之东、中、西三部鲜卑的西部鲜卑之内。汉魏之际的建安二十年（215），罢省五原、云中、定襄诸郡，已经推移至此的鲜卑拓跋部，在这一广袤区域里发展扩散，就更无所阻滞。或者，在撤郡之前，这三郡地界已弥漫拓跋部人，所以才有撤郡之举。不过再向东去，有先已到达的并且还在陆续到达的乌桓人形成的屏障，由此产生一个乌桓人和拓跋人共处的地带，这一地带起先似乎在盛乐和平城之间，此后则随着乌桓力量的收缩逐渐东移，但也变迁不定。少数继续西徙的乌桓，则是绕过为拓跋所驻的故定襄、云中、五原之地，进入黄河以西

---

[1] 参《三国志·魏书·牵招传》。
[2] 陉北汉民尽徙陉南，留者是极个别的。《魏书》卷二三《莫含传》，含，雁门繁畤人。刘琨"徙五县之民于陉南，含家独留。……其故宅在桑干川南，世称莫含壁……"莫含究竟是汉人，还是乌桓人，本书附录有论，请参看。

的朔方。所以前引陈寿书及范晔书《乌桓传》中列叙乌桓自辽东向西进至朔方的诸郡中，正好没有五原、云中、定襄之名。

回溯这段历史，在代北地区之内，拓跋部为了生存发育自西向东，乌桓则自东向西，这种相向而动的趋势，隐约可见。乌桓和拓跋这两股本来同属东胡、言语习俗相通的部族，自然而然地汇合在一起，以此为共同的孳生发育之地，而且相互包容，相互影响。他们是代北共同的主人，共同创造着代北的历史。

代北地区虽然是乌桓先来，拓跋后到，但是拓跋以其部落组织的优势力量，在两个部族错居、渗透、影响的过程中，处于主导地位。拓跋和乌桓之间一定有不少的冲突发生，突出事件是所谓乌桓王库贤离间拓跋力微诸部。但是就整个过程而言，和平交往是主要的。在代北地区以外，有影响代北局势的重要因素存在。这种影响主要来自护乌桓校尉府，也来自并州。

乌桓和拓跋在代北活动，对西晋有所骚扰是可能的，但并非大患。护乌桓校尉卫瓘却以此为忧，我认为当另有原因。考泰始七年（271）正月，被称为匈奴右贤王的屠各刘猛叛晋出塞，翌年，猛死，其子副仑投奔拓跋部，被接纳，事见《魏书》卷九五《刘虎传》。拓跋招降纳叛，对于西晋说来是件政治大事。按，卫瓘受命征北、领护乌桓校尉，在泰始七年八月，与刘猛正月叛事必然有关；副仑降拓跋，使卫瓘更加关注代北动态。并州事态，代北形势，校尉府的活动，三事密切相关。卫瓘离间乌桓、拓跋，其必要性从这里可以看出。

以上叙述所及的代北乌桓，就是本节所谓两种类别代北乌桓中的一类，他们大体是循边塞或循代谷西来，与拓跋混居。乌桓王库贤谗间拓跋诸部大人，"诸部离叛，国内纷扰"，事在刘副仑降拓跋后不久，所以离叛拓跋的诸部，很可能包括屠各刘副仑。乌桓人没有强大的部落凝聚力，虽然以悍战闻名，但都是供人驱使。库贤能瓦解力微诸部，却不能团聚诸部以取代拓跋部的地位。同理，卫操、卫雄兄弟能率领乌桓人为桓、穆转战并州，却不能靠乌桓形成独立力量，独树一帜，以至于不得不在拓跋内乱中无所适从，终于溃散。

这个背景，可以用于解释1956年内蒙古凉城"晋鲜卑归义侯"和"晋乌丸归义侯"金印，"晋鲜卑率善中郎将"银印以及"猗㐌金"饰牌同出于一窖，这一学者疑莫能明的问题[1]。拓跋三分期间，中部猗㐌境土当包括今凉城地区。两金印都称晋"归义侯"，而且形制全同，大小微异，当是同时受赐于晋，而且说不定就是在晋"离间二房"之时。二印同出一窖，初受赐者和后来的持有者究竟是哪一个乌桓人和哪一个鲜卑人，虽不可确知[2]，但他们同在一起，与当年力微和库贤同在一起的关系相似；而且他们二者共处于猗㐌的拓跋中部之国，主导者应当是凝聚力强的拓跋而非乌桓，也与力微时同。力微至猗㐌，虽然时间已隔了将近三十年，代北的乌桓和拓跋共处的关系依旧，而且当是更广更深了。

这里还可以回顾拓跋东、中、西三部各自地位的问题。拓跋三部的方位、地域区别，大体是受当年鲜卑檀石槐的三分其地的影响。但是此时拓跋整体力量以及三部各自的重要性，却与当年檀石槐时的鲜卑不尽一致。东部昭帝禄官是力微庶子，是文帝沙漠汗之弟，他得位是出于兄终弟及的部落常规，所处东部之地不是拓跋部族主体所在，不是此时拓跋部统治的主要区域。中部桓帝猗㐌是力微嫡长孙，其时拓跋部君位继承方面的嫡庶观念处在若无若有之间[3]，猗㐌在继承上凭借嫡长孙地位，也可能有点特殊之处。其弟猗卢所

---

[1] 李逸友《内蒙古古代官印的新资料》(《文物》1961年第9期)说到两族有别，驻地亦不同，但这些印信同出一坑，"这是值得研究的问题"。陈国灿则认为二印同出，其一很可能是猗㐌得自乌丸的胜利品，见前引陈国灿文《魏晋间的乌丸与"护乌桓校尉"》。他们都不曾从拓跋、乌桓混居共生于代北地区这一特点考虑，以解释上述现象。

[2] 初受赐者是否就是库贤和力微呢？后来的持有者是否就是猗㐌和当时的乌桓某一酋帅呢？这只能是一个悬念。

[3] 参考《北魏后宫子贵母死之制的形成和演变》第二节。

居西部，是拓跋部后方安全地带，也是拓跋部生存发育的根本地带。桓帝、昭帝死后，穆帝统一三部，虽仍重视西部的盛乐，但实际上其统治中心已转移到中部地境，所以才有刘琨徙陉北五县，以其地予穆帝猗卢之事。而原来昭帝所统东部地区，已游离于拓跋统治之外了。由此可见，三部之分，中部是主导，而中部之地正是"鲜卑归义侯"与"乌桓归义侯"共处之地，比前此力微与库贤共处于盛乐是向东推进了。这正是拓跋部向外开拓必然的取向，也是代北乌桓向东收缩的结果。

本文所称代北乌桓两种类别中的第一类，大体就是这样。

至于代北另一类别的乌桓，其由来前已述及，是西晋泰始七年（271）新兴郡虑虒[1]北的屠各帅刘猛叛晋出塞之后才开始出现于代北的。新兴虑虒隔五台山与代北毗邻，停驻五台南北的部族彼此渗透浸润，自是意料中事。所以屠各刘猛叛晋出塞，也自然会与山北的乌桓、拓跋有所联系。不过刘猛叛后似仍回驻新兴，泰始八年被杀。同年刘猛之子副仑投奔拓跋部，这是文献所见拓跋部正式容纳屠各之始[2]。刘猛死后再传，其兄诰升爰代领部众。《水经·河水注》黄河支流中陵水（今浑河），右合一水曰诰升袁河。诰升袁即诰升爰，其人为刘虎之父。可知诰升爰领部时曾驻牧此处附近，地当今内蒙古凉城、山西右玉一带，多乌桓、拓跋各部，他们彼此渗透、渐趋融合，是必然之势。刘虎代领屠各之众，回驻新兴、雁门，与拓跋部有较多联系。从文献看来，这支屠各此时已具有"铁弗"称号[3]，并且有"胡父鲜卑母"的种族传说。至于所谓胡父鲜卑母之

---

[1] 虑虒在今山西五台境，魏晋所谓匈奴五部的北部所驻，东汉属雁门郡，魏晋属新兴郡。

[2] 《魏书》卷九五《铁弗刘虎传》。副仑投拓跋部后并未在此久驻。我推测277年力微死后"诸部离叛"，副仑也在离叛之列，又自代北投奔朔方。《刘虎传》云刘虎代领屠各，"始臣服于国"，实际上也只是建立一般联系而已，所以310年又有"举兵外叛"之事。

[3] 《魏书》卷九五《铁弗刘虎传》。

说是反映居新兴虑虒时与拓跋的通婚关系,还是有更古老的口碑,或者仅仅是 270 年刘猛叛晋投北以后新说,就无从确断了。

永嘉三年(309),铁弗刘虎在雁门举众背叛西晋,刘琨乞师,拓跋郁律(即后来的平文帝)受命,逐刘虎于朔方。318 年刘虎从弟路孤,即前述副仑之子,率领部分部落,从朔方东渡黄河,降于已为拓跋君主的平文帝郁律,并且同徙驻于东木根山。这一过程已见前第六节中所述。路孤之子即刘库仁,《北史·刘库仁传》称刘库仁为独孤。史家有谓,独孤即屠各异译。如果属实,则可知屠各一部分在朔方者继续自称铁弗,另一部分徙驻代北者独擅屠各之名,只是在汉字中异写成为独孤。以刘库仁部为主的独孤,也就是本节所称两种类别独孤中的另一类独孤。由于刘路孤离开朔方来归代北,独孤部从此与拓跋部保持亲近关系,而且比较稳定,影响拓跋部社会政治至数十年之久。而拓跋部与铁弗部的关系,此后反而转疏。刘库仁及其兄弟子侄活动的年代,是独孤部最兴盛的时期。道武帝离散部落之后,独孤作为部落实体的存在就不显了。

由此情况以及由《序纪》所载事实可知,新兴虑虒的屠各,离开故地而与拓跋部大面积接触后,分离为铁弗和独孤。骤现这种分离,很可能是由于铁弗、独孤这两部分人原在并州五部匈奴统治下,虽共用一个称号,但其本有的种族差异并未泯灭之故。铁弗主要停驻朔方,但常常入侵河东;独孤则主要停驻代北,但有时也游离至于朔方[1]。拓跋与铁弗之间战争较多,拓跋与独孤之间战争甚少,但三者都割不断密切往来。只是由于和战关系有多有少,铁弗、独孤在魏收书中所占位置不同:独孤人物收在外戚、功臣传中,铁弗则由于偏处西隅,后来又独立建国,所以入五胡传,被作为敌国对待。尽管如此,铁弗并不讳言其胡父鲜卑母即屠各与拓跋混杂的

---

[1] 例如《魏书》卷二《太祖纪》登国元年(386)十月拓跋窟咄兵至代北与拓跋珪争位,于是北部大人等"及诸乌丸亡命卫辰"。此乌丸当指独孤。

种族来历，所以历来被史家称为杂胡。杂胡之称本没有严格界限，在各族迁徙运动十分活跃的年代，各族混杂现象极易产生，使成分有所变异，有时还形成不同的名号。甚至匈奴与代北的拓跋，就整体来说，也早有种族混杂关系，所以在《宋书·索虏传》与《南齐书·魏虏传》中，拓跋也被视为匈奴的一种[1]。屠各本来就是匈奴。由屠各分化出来的独孤，又带上了乌桓的名号，成为代北地区另类乌桓。不过，各部族群体互相熔冶中，毕竟会呈现各自能量的大小。在代北地区，拓跋部人数较多，驻地固定持久，又有较为稳固的部落联盟组织和强劲的凝聚力，比新来的屠各，比代北的乌桓，都具有显著的优势。凭借这种优势，拓跋名号得以流传不坠，在历史上发挥较大作用，与屠各、乌桓日趋消失者大不相同。

　　铁弗与独孤，都具有乌桓名称，不过情况不同。《资治通鉴》永嘉三年（309）记铁弗刘虎叛晋事，"考异"引《刘琨集》谓"乌丸刘虎构为变逆"[2]，而此事在《晋书·刘琨传》中径作"雁门乌桓复反"，似乎雁门乌桓就是"乌桓刘虎"，也就是铁弗刘虎或屠各刘虎。我们知道铁弗就是以后的赫连，统观前后资料，铁弗、赫连应是匈奴或屠各，称乌桓的资料只此一见，别无他证，只好搁下不说。至于独孤称乌桓，除了《晋书》卷一一三《苻坚载记》"乌丸独孤、鲜卑没奕于率众数万，又降于坚"[3]一例之外，还有他证，是较为可信的。看来晋至北魏，除乌桓独孤以外，并不是所有诸方杂人都称

---

〔1〕马长寿《乌桓与鲜卑》看重《宋书》、《南齐书》的这一材料，认为拓跋早期在向南向西迁徙中与匈奴混杂，以至在草原上"产生了很多'胡父鲜卑母'的铁弗或铁伐匈奴和'鲜卑父胡母'的拓跋或秃发鲜卑"。所以他认为拓跋之名是后起的，是匈奴与鲜卑融合的产物。见该书 30 页。

〔2〕《魏书·序纪》载于穆帝三年即永嘉四年，盖以刘琨乞师，拓跋郁律于此年击破刘虎，逐之于朔方，遂追记之。

〔3〕《资治通鉴》系于晋升平四年（360），即昭成帝二十三年，谓"乌桓独孤部与鲜卑没奕干（于）各率众数万降秦"。

乌桓。[1]

一条重要的关于乌桓种族的资料，特别值得留意。慕容垂建立后燕之时，独孤部刘显（刘库仁之子）强大，横亘于幽并之间，与慕容垂为敌。慕容垂联拓跋珪击逐刘显，为笼络独孤，立独孤刘显之弟刘亢泥为乌桓王，以抚刘显之众，事见《资治通鉴》晋太元十二年（387）。此后一段时间，拓跋在并，慕容在燕，处于胶着状态，"乌丸王"刘亢泥自然在慕容一方。十年之后，北魏皇始元年（396）六月，拓跋珪东进攻击慕容后燕的前夕，"遣将军王建等三军讨（慕容）宝广宁太守刘亢泥，斩之，徙其部落"。[2] 由此可知，乌桓王刘亢泥受封以后为后燕广宁太守，而广宁正是在原护乌桓校尉驻地近处，乌桓人势力深厚。刘亢泥本非原来的代北乌桓，他以独孤部酋帅而受后燕封为乌桓王，说明他具有代表各种乌桓人的普遍资格；而后燕也正是利用他在乌桓中的号召力，使他居广宁太守以绥抚乌桓，并助后燕抗拒拓跋，十年（387—396）不曾移动。拓跋珪直到整顿了内部、决意东进之时，才以大军拔除此一居并幽之冲的广宁城，并徙置刘亢泥所领的独孤部落于代北平城。拓跋珪所遣攻广宁的大将王建，本人也是出于历代为拓跋国婚的广宁乌桓，在广宁当有很大影响。另一将军莫题本雁门繁畤人，世居陉北，与乌桓至少亦是紧邻关系。

慕容后燕封独孤酋帅刘亢泥为乌桓王，置于广宁为太守以抗拒拓跋一事，是十六国末年燕魏之际幽并之间的一件很有影响的大事。它的意义可以分几个层次来表述：一、代北的独孤原已被确认

---

[1] 细读《官氏志》，我认为"其诸方杂人来附者，总谓之'乌丸'，各以多少称酋、庶长"共二十一字，是插入语，理当句断。其下"分为南北部，复置二部大人以统摄之"云云，与乌丸无涉，而与上文"置内侍长"之文相贯。这样断句，内容才比较清楚。这二十一字大概属于窜简。在北朝诸史中，像这类窜简由点校本校勘出注者，不在少数，但此处却未有说。这是我的一点读书体会，不知当否。

[2] 此年春，慕容垂死，子宝即位。据《魏书·太祖纪》及同书《莫含传》。《资治通鉴》同。

为一种类型的乌桓；二、到了燕魏之际，独孤已不仅是代北地区一种类型的乌桓，而是进了一步，成为代北全体乌桓的总代表，所以独孤刘亢泥受封为乌桓王，是可以理解之事，时人不以为异；三、由此推导出如下一个结论：拓跋珪离散部落的重要个案之一，即离散独孤部落[1]，实际上是拓跋吞并乌桓的决定性的举动，是拓跋、乌桓两族融合的最终标志。代北地区两种类别的乌桓，事实上并为一种由独孤为代表的乌桓，最终又通过离散部落的手段并入拓跋。离散部落之举，从族属意义上完成了拓跋部道武帝的统一。

代北地区两种类别的乌桓群体完成了彼此的以及与拓跋部的融合，到北魏建国后均已消失。魏收编纂《魏书》时，这个历史过程已经不为史臣所理解。加以北魏作为正统王朝的观念在起着作用，因而乌桓部族在《魏书》中丧失了应有的地位，成为"诸方杂人来附者"的笼统称谓，这是对历史的一种扭曲。

最后，还须着重说明，本节所用独孤称乌桓的几条重要资料，在将近半个世纪以前的唐长孺先生的论文中都发现了、使用了[2]。唐先生的着眼点，是反复论证乌桓本身已杂胡化，独孤称乌桓，也是由于他们在血统上都已混杂。唐先生指的是本文所说的另类乌桓。他所论是正确的，我都同意。我所增补的认识，是以乌桓与拓跋两大部族交会于代北为总的背景，来审视其中的另一类乌桓，也就是独孤，终于成为代北乌桓的主体，而先入代北的那些本当是代北乌桓主体的乌桓反而不见记载这样一个历史事实。这也是我们能够窥测到的代北地区拓跋与乌桓共生的一种进程，一个方面。看来，早先移入代北的那一类乌桓，此时已与拓跋融为一体，难于辨识

---

[1] 参看本书《独孤部落离散问题——北魏"离散部落"个案考察之二》一文。该文指明离散独孤部落只能理解为当时最具影响并与拓跋部直接接触的独孤各部，不在此限的独孤部仍然自为部落，维持了一个时期。其他被离散的部落，亦同此例。至于早先已融入拓跋的乌桓部落，并不在该文考察范围之内。

[2] 唐长孺：《魏晋南北朝史论丛》，生活·读书·新知三联书店，1955年，427—435页。

了。至于究竟为什么独孤早在西晋时就被人称作乌桓而不是别的族称，是否有种族上的、文化上的或者是历史上的、政治上的更多根据，譬如说他们本来就是附属于南匈奴的乌桓部落，后来则未加区别地长期存在于并州匈奴五部之中？这个问题我迄今心里底数不大，因而提不出比较有把握的见解。

八　拓跋内乱与乌桓动向

魏晋以来，今晋、陕、甘、宁以及内蒙古南部区域的各族人群中，到处出现前节提及的杂胡化现象。由于动乱，这里有许多地方原住汉人日渐稀薄，汉文化在杂处各族中起不了主导作用。所以各族融合不是表现为直接汉化，而是表现为杂胡化，甚至居少数地位的汉人，久之也胡化了。这种历史现象，前辈学者早已注意，各有研究成果。如周一良先生《北朝的民族问题与民族政策》文中论四种胡[1]，唐长孺先生《魏晋杂胡考》[2]，马长寿先生《北狄与匈奴》、《乌桓与鲜卑》二书中有关章节，等等。代北杂胡的产生，是这一潮流中的一个局部现象。

力微死后，拓跋部"诸部离叛，国内纷扰"，其间有屠各刘猛后人的异动。他们中的独孤就是乌桓。《魏书·序纪》，295 年猗卢"出并州，迁杂胡北徙云中、五原、朔方，又西渡河击匈奴、乌桓诸部"，始见拓跋直接处置并州杂胡和河西乌桓的资料。此时拓跋部空前强盛，猗卢"徙十万家"以充实陉北地区[3]，所徙主要不是拓跋部民，因为此时盛乐尚待充实，无大规模外徙之理。据当时代北部

---

〔1〕　周一良先生此文最初发表于 1950 年《燕京学报》第 39 辑，后收入《魏晋南北朝史论集》，中华书局，1963 年，117—176 页。
〔2〕　唐长孺先生此文，见《魏晋南北朝史论丛》，382—450 页。
〔3〕　十万家之数似太大。《资治通鉴》卷八七晋怀帝永嘉四年（310）"考异"引《刘琨集》，谓猗卢"从琨求陉北地，以并遣三万余家，散在五县间"，似得实。

族状况言之，乌桓当占徙民中相当大的比例[1]，这正好为原有乌桓的发展提供了适当空间。

拓跋内乱，一在力微之死及死后一个时期[2]，一在猗卢死后。两次都形成拓跋历史的重大转折，两次又都是乌桓起了重大作用。

猗㐌、猗卢时期，拓跋强大的实力和有利的形势不亚于同时兴起的刘渊、石勒。但猗卢之死及死后，拓跋地位骤降，未得自建名号，开疆拓土，更无缘与于十六国之列，迁延八十余年之久，始得振兴而成为结束十六国局面的力量。这是拓跋历史中的一大问题。从拓跋内部探求原因，我认为是猗卢变更继嗣，引发子嗣母家部族冲突，酿成大乱；而且以后君位继承仍然屡起纠纷，影响拓跋部正常发展。这是拓跋地位骤降的根本原因。而拓跋内乱，所涉一方，往往就是乌桓。

据《魏书》卷一四《六脩传》、卷二三《卫雄传》和《资治通鉴》建兴四年（316）及胡注，拓跋猗卢营垒内本有旧人、新人之分。旧人，胡注谓为索头部，是对的，这还可能包括与拓跋有久远关系的某些"内入"诸部。新人，胡注谓为"晋人及乌桓人"。晋人即指汉人，也包括汉人所指挥的乌桓悍战之师。按，卫操等晋人（汉人）投身拓跋部后，"说桓、穆二帝招纳晋人，于是附者稍众"。乌桓兼指原来的代北乌桓和后来形成的乌桓独孤。这些长期相处的部族虽然日益混杂，但此时还未达到完全融合地步，区别依然存在。"新人悍战"，猗卢及其长子六脩先后率新人（卫雄、姬澹等将领在内）助刘琨转战并州，屡著战功，为旧人所忌。穆帝猗卢五年（312）发

---

[1]《三国志·魏志·牵招传》雁门乌桓五百家已是编户齐民，输租纳调，而陉北五县地尽在曹魏雁门郡内，所以判定此时代北乌桓已无严格的部落组织，故以家计。不过这条资料不能只从乌桓户纳租调一个角度来审视。还要看到牵招表复乌桓，是要使他们"备鞍马，远遭侦候"。这说明此处乌桓人脱离鞍马生活并不太久，还未成为稳定的农业居民，一旦有事，他们仍然是乌桓突骑。

[2] 曹永年：《拓跋力微卒后"诸部离叛国内纷扰"考》，《内蒙古师范大学学报》（汉文版）1988年第2期。

生于汾东地区的战役，猗卢以长子六脩、侄（猗㐌子）普根以及汉人将领卫雄、姬澹等为前锋，大获全胜，猗卢大猎于寿阳山，力量达于顶点[1]。六脩战功最大，名著于时，多种史籍都有记载，只是译名不尽相同。《晋书》之《怀帝纪》称他为利孙，《王浚传》称曰律孙，《刘聪载记》称利孙宾六须，《水经·濡水注》称曰利孙，《南齐书·魏虏传》称利孙。各书普遍著录其名称而译音不同，可见时人对他广泛关注，但并不甚熟悉。至于普根，《资治通鉴》卷八八晋怀帝永嘉六年"考异"引《刘琨集》称之为扑速根，也很有名。《刘琨集》按匈奴称呼，把六脩和普根分称为左、右贤王，是最具军事实力的人物。他们长期与卫雄、姬澹为伍，而卫雄、姬澹等素"为众所服"，军中的代北乌桓人和汉人许以生死相随[2]。他们所代表的势力，显然就是猗卢死后其营垒内被"旧人"所猜忌的"新人"。"旧人"、"新人"本非严格的部族称谓，其间关系可能随时代转变。从六脩、普根都与新人为伍看来，猗卢生前死后出现的混乱，是新人旧人之间已有相当融合的表现。

从战争中，猗卢扩大了视野。汾东之战翌年（313），猗卢城盛乐以为北都，修故平城以为南都，于南都更南的灅水上源之地筑新平城。筑都所反映的猗卢的战略部署，是使拓跋部既不脱离盛乐旧都，又逐步向陉北五县农业地区扩充，以利拓跋部发育成长。南移是拓跋部进取的方向，猗卢以六脩镇守新平城并统领南部，说明六脩被赋予推动拓跋部发展的使命。但，这只是我们认识历史的一个方面。

据《魏书·六脩传》及《资治通鉴》，猗卢爱少子比延，欲立为嗣，乃出长子六脩居新平城，"而黜其母"。新平城固然是战略重镇，

---

[1] 猗卢还有其他战功。310年他命从子郁律（即后来的平文帝）自盛乐出军击铁弗刘虎，刘虎奔朔方。
[2] 《资治通鉴》卷八九晋愍帝建兴四年卫雄、姬澹欲率众与刘琨质子归于刘琨时，晋人及乌桓皆曰："死生随二将军。"

但相对于拓跋权力重心所在的盛乐而言，毕竟只是边镇。所以使六脩居此，就是使他不得预中枢政务，以剥夺他的君位继承权。《水经·灢水注》引徐广曰"猗卢废嫡子曰利孙（六脩）于黄瓜堆"，即指此事。六脩居此而比延居盛乐，即是废嫡立庶。"黜其母"者，是防制六脩之母以及母族在这一权力秩序变动中出现反抗行动而采取的戒备措施。早期拓跋后妃都有部族背景。后妃恃其部族自重，拓跋君位传承中常常能看到母后及其部族的干预。按照这种观点推断，导致猗卢之死的拓跋内乱当与废六脩并黜其母从而引发部族冲突有密切关系。六脩长期与卫雄等新人军队并肩作战，容易被划入新人阵容。我推测比延母氏出自旧人，猗卢废彼立此，很可能是比延之母及母族势力作用于猗卢，使猗卢转而倾向于旧人的结果，而不一定只是出于猗卢个人的爱恶。稍后六脩杀比延，引起旧人的恐惧，使新人旧人矛盾激化；六脩又杀猗卢，新旧矛盾失去可以驾驭的人，使局面完全失控，以致迭相诛戮，促使卫雄、姬澹等大量晋人、乌桓人外奔。

《晋书·刘琨传》谓猗卢死，"部落四散"，箕（姬）澹等率"卢众三万人"来归琨，《愍帝纪》谓猗卢死，"其众归于刘琨"。这数万乌桓人及晋人原本是猗卢所仗的主要实力，他们南奔以后，代北的拓跋部就没有足恃的军力了。

从事态发展可见，矛盾很快超越了原来范围，从新旧相残变成兄弟相残。本来同属新人营垒的猗㐌之子普根[1]，乘乱杀六脩，实际上夺得了猗卢所拥有总摄拓跋西部和中部的最高统治权力。这意味着猗㐌一系（以普根为代表）消灭了猗卢一系（以六脩为代表），在新人营垒分裂的背景下，重演了拓跋部君位传承中兄弟相残的

---

[1]《魏书·序纪》，305年猗㐌死，"子普根代立"，指代立为中部之主。307年东部禄官死，始有西部猗卢"总摄三部"，普根作为中部之主，亦当在被其叔父"总摄"之中。316年内乱，猗卢、比延、六脩皆死，《序纪》记"普根立，月余薨"。这个"立"，有别于前引"子普根代立"，是指自立为总摄三部之主。普根死，"普根子始生，桓帝后立之，其冬普根子又薨"云云，这说的也是立为拓跋三部"总摄"之主，至少名义上如此，但看来并不被普遍承认。

惨剧[1]。

　　拓跋内乱这一纷纭复杂事件，《魏书》中散记各处，不甚清晰。《资治通鉴》爬梳整理，于叙事中寓其因果，较便理解。如《卫雄传》谓"六脩之逆，国内大乱"，把弑逆看作大乱之源；《资治通鉴》则作"普根代立，国内大乱"，认定乱事根源除了子弑其父以外，增加桓、穆两系兄弟残杀一因，这样就便于理解卫雄等新人不知所措，因而不得不外奔以求自保。因为如果只是六脩杀比延、猗卢，性质可以说是新旧相残，卫雄等自然是维护新人，义无反顾，不至于非背六脩而去不可。至于新人阵容中普根、六脩兄弟残杀，卫雄等就更是难以自处，只有断然出奔了事。

　　普根失卫雄等新人的强力支持，无以自存，旋死，其母桓后祁氏擅立普根始生之子。《资治通鉴》于建武元年（317）之末记"普根之子又卒，国人立其从父郁律"。这里，《资治通鉴》又给了我们重要的信息：祁氏靠襁褓中物毕竟维持不了桓帝猗㐌一系的君统；卫雄等率乌桓新人力量离去后，能收拾代北残局的，看来只剩下旧人了。《资治通鉴》说"国人"立郁律，所指就是以盛乐为中心的旧人拥立郁律，即平文帝。据知，郁律为思帝弗之兰妃所生，兰妃出自北方的乌洛兰部。陈毅《魏书官氏志疏证》、姚薇元《北朝胡姓考》以及陈连庆《中国古代少数民族姓氏研究》都认定乌洛兰部出于匈奴。郁律倚此背景，代表旧人，是无疑义的。同时也当有个人施政原因。《魏书》卷一一一《刑罚志》载猗卢峻刑法，尚军令，"死者以万计，于是国落骚骇。平文承业，绥集离散"。平文帝这样施政，当然能"得众心"，像《序纪》所说那样。

　　公元321年祁后害平文帝郁律，相继立己子惠帝贺傉、炀帝纥

---

[1] 普根杀六脩，猗卢一系似不再有后人。《魏书·皇后传》中无穆后传，《神元平文诸帝子孙列传》中也不见有穆帝后人。可以说普根杀六脩，"灭之"，是指把猗卢一系全部消灭了。

那，这是一着险棋，使新人顿然得势。史谓平文帝之死，"大人死者数十人"，可见那时祁后与平文帝，也就是新人与旧人两系斗争的激烈残酷。旧人失败，元气大伤。祁后一系得势，意味着乌桓压倒拓跋，自然是不得拓跋人心的。所以，惠帝贺傉在位时"诸部人情未悉款顺"，祁后不得不远求昔日拓跋之敌石勒为援，炀帝纥那甚至不得不遁走于宇文部。329年烈帝翳槐由其舅部"贺兰及诸部大人"共同拥立，旧人得势。以后新人、旧人又有反复，炀—烈—炀—烈的复辟反复辟，实际上就是分别代表东部和西部的迤北一带部族新人旧人之间的持续斗争。由于史料简略，过程中不见乌桓公开出场，但其间新人筑城于东木根山，是为退保预作准备。形势不利时炀帝东入大宁，更不利则东投宇文、慕容等事，透露桓帝后人倚恃乌桓和东部鲜卑为保障的消息。

烈帝翳槐之立，旧人中舅部贺兰起了关键作用，给这一回合的复杂斗争注入外家部族直接出面干权的新因素，所以又有335年"（贺兰）蔼头不修臣职，召而戮之"之事。此事必平文帝王皇后为己所出之子夺取君位作准备而采取的行动，"国人"未必认同，所以诸部大人一时复奉西归之炀帝。但是旧人毕竟不亲新人，当后赵军队护送降赵的烈帝至于大宁时，"国人"六千余落又叛炀帝而复归烈帝，烈帝也立即西归盛乐故地，"城新盛乐城"而居之。旧人在反复的斗争中终于获胜。

概括言之，拓跋内乱及其后续事态，披其纷纭外观而探其实质，可以认定为：第一，这是拓跋营垒中新旧之争；第二，其中夹杂拓跋君权与外家部族干政之争；第三，由此演变为拓跋兄弟支系的君位继承之争；第四，其地域表现则为东西（分别以大宁与盛乐为中心）的对立。新旧之争实际上又孕育着新旧的进一步融合，其中主要是乌桓与拓跋的融合。到了烈帝复立以及接着昭成帝什翼犍统治之时，情况才得以稳定。

在拓跋历史的这一曲折时期，当本来是支持桓、穆的新人即乌桓人和晋人南奔，而旧人力量一度强大之时[1]，祁后究竟凭借什么而能夺得权力，史无明文。据其时情况推测，代北地区东部的散在乌桓还很有潜力，祁后有凭借他们的可能。值得注意的是，在盛乐，先是支持贺兰氏所出烈帝获胜、然后又支持己所出昭成帝获胜的，是昭成帝强悍的母后王氏，而此人也是乌桓人，而且是广宁乌桓。这又说明乌桓人融入拓跋者所在多有，倾向和作用也随时各有不同。王氏"年十三，以事入宫，得幸于平文"[2]，所以有机会进入拓跋权力中心。我们不能把乌桓人始终视为与拓跋对立的新人。事实上，新人旧人的界限由于两者在长期反复斗争中进一步融合而逐渐淡化。

在代北发育的拓跋部与乌桓共存共生潮流中，我们难于寻觅到乌桓代表人物。我认为出现在拓跋内乱过程中的辈分不同的两位母后，桓后祁氏和平文后王氏，就其影响于拓跋部历史既重大又久远说来，堪称乌桓人的代表。据估算[3]，祁后年长王后三十多岁，两人各自在拓跋部对立营垒中掌权达数十年，其中至少公元321—337年的拓跋历史，从祁后害平文帝到烈帝消灭祁后一系最后势力，完完全全是她们二位乌桓妇女所导演的。

拓跋部母后及后族干政现象，其来有自，其中具体情况，从较

---

[1]《魏书·序纪》谓平文帝"得众心"，二年大破屠各刘虎，"西兼乌孙故地，东吞勿吉以西"，五年"治兵讲武，有平南夏之意"。破刘虎是事实，东西兼并则有夸大，前人有说。平文一度振兴，但不持久。总的说来猗㐌以后拓跋寝衰，真正振兴在昭成之时。

[2]《魏书·平文王皇后传》。

[3] 估算办法如下：猗㐌死于305年，据《卫操传》载桓帝碑，猗㐌死年三十九，当生于267年。假定祁后与桓帝同年，则她316年立普根之子并参预拓跋内争时年已五十，她害死平文帝时年五十五，她立惠、炀并与烈帝争夺君位之时，已是六十上下高龄，有可能在此争位过程中死去。最可能的死年是324年，是年惠帝始"临朝"，诸部反叛，局势失控，惠帝筑城于东木根山以退避之。祁后的生卒年可假定为267（或稍晚）—324年。至于平文帝王后，据《皇后传》，十三岁时因事入宫，为平文所幸，生昭成帝。据《序纪》推知，昭成帝生卒年是320—376年。假定王后入宫翌年生子，则王后生卒年是306—355年。

早诸后事迹中只能隐约察觉，而从祁后、王后这两名乌桓妇女开始，至稍晚的出于贺兰部的贺后，则事迹昭彰。这种现象，我认为正是后来出现千古罕见的子贵母死之制的背景，如果没有像子贵母死这样强硬的制度，就不足以扭转母后及后族干拓跋之政的局面，更谈不上出现道武帝的帝业。我还认为《颜氏家训·治家》所说北朝妇女习惯于干预政事，正是这种历史传统的残留表现。

从316年拓跋内乱开始，各种复杂矛盾中都有拓跋与乌桓两个部族矛盾在起作用，但它并不是始终处在激烈对抗状态。这两个部族关系的总趋势，毋宁说是合二而一，只是需要一个较长的磨合过程。以平文帝个人分析，他由拓跋"国人"拥立，所以属于旧人阵容是确定无疑的。他的长子翳槐是贺兰部之甥，自然也属旧人阵容。然而，平文帝次子什翼犍则是王皇后所出，广宁乌桓王氏之甥，而且是平文帝遇害后王皇后于万难之中艰难抚育成长。什翼犍继位和施政都由王皇后主持。平文帝二子，贺兰氏所生烈帝和王皇后所生昭成帝，虽然各自有旧人和新人的不同外家背景，但昭成帝时拓跋政权中却已见不到所谓新人、旧人之分。《序纪》昭成二年"朝诸大人于参合陂，议欲定都灅源川，连日不决，乃从太后计而止"。诸拓跋大人本来是守旧的，此时却共议向东南进入农业地区，城郭而居，而这里正是新人力量强大之地。《皇后传》王皇后曰："国之上世迁徙为业。今事难之后，基业未固。若城郭而居，一旦寇来，卒难迁动。"所谓"事难"，所谓"寇"，主要是说新人进攻，而迁都就是向新人（主要指乌桓）地区靠近。本来是守旧的拓跋大人主张迁都，出于乌桓而又掌握拓跋命运的王皇后却暂时不许。两者思考的角度恰好颠倒了。这正说明旧人与新人、拓跋与乌桓对立形势进一步淡化。但是此时的拓跋与乌桓是已融而有所未合，两者的差别还不能说完全消失。在本文以后各节中，这种差别还偶尔会浮现出来，总的趋势却是继续淡化，以致泯灭。

这里，附带梳理一下拓跋史中普根的法统地位问题，这个问题在《序纪》中比较混乱，似乎还未曾见到有人明确地梳理过。

据《魏书·序纪》，北魏先人自成帝毛至献明帝寔，共二十八帝，皆道武帝追尊，其中第二十二为穆帝猗卢，二十三为平文帝郁律。《序纪》于此二帝之间夹叙桓帝祁后之子普根及普根之子诸事，但错杂含混，而且多次使用"继立"、"代立"、"立"、"薨"诸字，其中普根之立还出现两次。后人据夹叙文字重新排定拓跋传承秩序，有穆帝四传而至平文之说，如顾氏《读史方舆纪要》[1]。这里似乎是把普根之子列入了北魏帝统之中而又不予明说。我在本文"东木根山地名的来历"一节的注释中曾提到过这一问题，现在就此再作诠释，希望对《序纪》文字的梳理和拓跋内乱的理解有所助益。

《序纪》于295年昭帝禄官之立、国分为三开始，至307年穆帝猗卢总摄三部为止的十余年中，以东、中、西三部之君并列于昭帝之下，系年记事无严格分别，细审才能辨别是何部何君之事。305年记"是岁，桓帝崩。……子普根代立"。这只能是指普根代猗㐌为中部之君，未曾影响三部并立局面。307年续记"昭帝崩后，（穆帝猗卢）遂总摄三部，以为一统"。这是指昭帝死后东部无代立之君，乃由穆帝顺势兼摄三部。普根的地位虽无交待，事实上他所拥有的中部之君的名号是被取消或者丧失原有意义了[2]。普根能征善战，312年拓跋大军助刘琨击刘聪、石勒时，普根同六脩及统领乌桓劲旅的汉人卫雄、姬澹等一样，皆在穆帝麾下作战。由此可证拓跋中部之国已非独立势力，原来"普根代立"之语已经失效了。

穆帝于310年获得陉北五县地，拓跋重心即由西部转向中部。桓、穆均为文帝皇后封氏所生，两支系关系和谐，未见利害冲突。桓帝时组成的劲旅乌桓军，桓帝死后由穆帝统领，战斗力仍然很强。

---

[1]《读史方舆纪要》卷四"历代州域形势"之"后魏起自北荒"条。
[2]《魏书》卷九五《慕容庞传》有"左贤王普根"之称，谓"穆帝之世，（庞）颇为东部之患，左贤王普根击逐之，乃修和亲"。此盖因穆帝为单于，普根以原为拓跋中部之君而有此称号。其时右贤王为穆帝子六脩，见《通鉴》永嘉六年《考异》。

这证明穆帝已靠中部力量尤其是乌桓的支持，日益接近乌桓了。有了这种变化，才有313年穆帝的决策：城盛乐为北都，修故平城为南都，于更南修新平城。而这一决策，又正是拓跋"图南"计划的重要准备。从这个角度分析，我认为后来事态演变并非种因于桓、穆本人关系不和，而是另有新的因素掺杂其间。从穆帝后来移宠于少子比延，出长子六脩而黜其母之举看来，我判定新因素就是六脩、比延各自母氏和外家部落干预拓跋部君位传承，形成新、旧对立态势。这在拓跋历史中并非初见。进一步审视，六脩、普根属新，比延属旧，穆帝本接近新人，此时则处在新旧双方影响和争夺之中，终于倒向旧人营垒。到了六脩杀比延并弑穆帝，普根又杀六脩之时，矛盾越过了新旧对立范围，成为兄弟为争君位而相残杀。所以本与新人在一起的卫雄、姬澹所领乌桓军队无所适从，才不得不叛走境外，终至瓦解。

矛盾转趋复杂，而且有扩大至盛乐地区之势。可以看出，从这次事变得利的终究是旧人，起先是比延之母，她应是出于旧族；后来拓跋诸大人拥立平文帝于盛乐，更是旧人的胜利。旧人势力在盛乐一直很活跃。平文帝得拓跋部众之心，又得屠各刘路孤（乌桓独孤）来附，在进取愿望驱使下东迁东木根山，楔入本属拓跋中部、东部祁后地境。321年，祁后反攻，谋害东迁的平文帝及拓跋诸大人，旧人胜局骤变。这是一场激烈的、影响深远的斗争，从族属意义上说是以祁后为代表的乌桓对拓跋的斗争。只是《序纪》轻轻带过，具体情节都湮没无闻了。

原来，在旧人屡屡得势之时，祁后并未退出代北历史舞台，仍然在苦撑待变。穆帝既死，普根又攻灭六脩，拓跋无主，乃有《序纪》所记"普根立"之语。这只能解释为祁后支持其子总摄三部。《序纪》305年"普根代立"和316年"普根立"，前一事指普根代桓帝为拓跋中部之君，后一事指普根代穆帝为拓跋一统之君。史不明著穆帝尚余后嗣，因此由桓帝子继统三部，合乎拓跋立长君的习俗，旧人未必不能接受。只是普根立后月余即死，《序纪》记"普根子始生，桓帝后立之。其冬，普根子又死"。祁后立始生婴儿为君，自然是祁后自己总揽一切，而且还可能引入外家（祁后外家及婴儿母家）部落干预拓跋之政，这却不受拓跋大人支持，乃有国人立平文帝于盛乐之事发生。从这里，又可以理解《序纪》特别表出祁后立普根"始生"之子的意义所在。我认为《序纪》此处记载虽极简略，文字还是多所斟酌。点校本如果对此句点作"普根立，月余而薨"，在立字处逗断，突出一个"立"字，再强调时间短促，变化突然。有此二义，较能表明普根在拓跋无主时承乏而立，本属正常事态，而且普根本来武功卓著，因而不致出现纷纭；既而有祁后骤立婴儿之事，才引发异常变化。

这只是琐碎之事，史家本可不必措意。不过道武帝在追尊先人之时，对于承认谁不承认谁的问题肯定有过细致思考。文帝沙漠汗和献明帝寔都不曾履位而死，但都获得尊号，因为他们在拓跋大宗中占有不可或缺的位置。准此，如果普根和普根之子也出现在道武帝所认可的北魏皇统的必需地位之列，同样是要被追尊的，何况普根和普根之子毕竟还有过一个"立"的程序见于拓跋历史，可以作为追尊的理由。道武帝未追尊普根父子，归根到底还是他们与道武帝本人所承的拓跋法统没有关系的缘故。

根据以上分析，我想对顾祖禹所言穆帝四传而至平文帝之语试作解释。如果顾氏不是误说的话，我意四传所指，一传指穆帝猗卢本身，二传指桓帝祁后之子普根，三传指普根之子，四传是平文帝。然后是祁后自摄君位，即《祁皇后传》所谓"平文崩，后摄国事，时人谓之'女国'"。 不过，普根子是始生而立，立之者是祖母祁氏，只能是祁氏掌权，这已经有"女国"之实了，只是毕竟还有一个襁褓中的婴儿作为权力象征。平文帝被杀，祁氏自己才真正做了拓跋之君。邻邦对祁氏之国以"女国"相称，也可能是前此祁氏有过称君局面的事实。普根之子死于316年冬，而平文帝元年即317年的拓跋历史，《序纪》只字未记，全是空白，显然这一年处在极度混乱之中，而且忌讳之事甚多，包括祁后称君在内。道武帝建国后曾力图消除拓跋历史上母后及后族干政痕迹，有意淡化祁后之事，后人撰写《序纪》，在某些关键之处自然不得不有意涂抹，遂使真相失传，祁氏事迹在《序纪》中也就非常模糊。上述推测，我认为有助于认识316年内乱中新旧对立所掩盖的乌桓、拓跋（即祁后一系与平文一系）对立的尖锐，以及两者又不可完全隔断的历史实际。

桓帝祁后一系人脉较盛。《魏书》卷一四载，桓帝后人尚有素延（道武帝封曲阳侯）、郁（文成帝封顺阳公）、目辰（孝文帝封宜阳王）。但这些人的传承状况和事迹不得而知，可能是被有意淡化了。

补注　此处附论拓跋普根法统地位问题，意在勾勒穆帝死后其嫂桓后祁氏走向政治前台的史实，探究拓跋帝系构成中的一个重要环节。初写时局限于《魏书》文字，在内容上未作广泛思考。例如乌桓、拓跋部内不但有"报寡嫂"之俗，还有"死则归其故夫"之俗，这些在祁后出台前后的行为上有无表现，在拓跋法统构成上有何影响？"女国"之称，是泛指祁后暂摄国政，还是指祁氏曾篡拓跋之国而自立？惠帝、炀帝之父究竟是桓帝，还是穆帝？这些问题，在以后草成的《文献所见代北东部若干拓跋史迹的探讨》一文中重新作了思考。我认为：一、桓帝死后，祁氏当依拓跋旧法，被穆帝收娶，生有子嗣；二、穆帝死，祁氏当依旧法"归其故夫"，因此立其故夫桓帝之子普根以及接着立普根始生之子，都是拓跋旧法的需要；三、"女国"之称意味着祁氏在立普根始生之子时实际上已是自立为国（不一定有此名义），因而不能见容于拓跋大人，拓跋大人乃另立平文帝，而平文帝立五年被祁氏害死；四、惠帝、炀帝当是祁后被穆帝收继之后所生之子。穆帝死，祁后"归其故夫"，意即回归桓帝系统，因此惠、炀按拓跋习俗均不得立。而当普根及普根之子均死，桓帝系统已无人可继时，祁后只有把惠、炀置于国君位置，由祁后自已完全操控,因而正式有"女国"之称。所谓"太后临朝",实即祁氏挟穆帝子自立,这在拓跋旧俗中是没有根据的。而324年"帝始临朝",意味着祁氏死于是年。此后在《魏书》中,已见不到祁氏事迹了。以上推测之词,或可补充本节之思考。

九 前燕云中之戍
——代北周边关系之一

本文前此各节所讨论的问题,主要都是拓跋与乌桓在代北境内的活动。代北相邻的一些区域,其控制者为了自己的需要,也不时地采取一些动作,影响代北历史进程。本文本节和下节分别讨论慕容燕布防代北的处置和氐秦经营朔方、交通代北的问题,探索代北与周边地区的互动关系,给拓跋历史另求一个横向定位。至于更直接的目的,则是探索拓跋被从朔方和幽州来的由苻坚指挥的势力灭国以前所能见到的一些朕兆。在代北与周边关系中,常常能捕捉到乌桓的踪影,这更是草写本节文字的目的。

拓跋部在其内乱以后,虽然还偶尔有过驰骋草原东西,"控弦上马将有百万"[1]的辉煌,并且一度东徙于东木根山,但是总的说来毕竟是长期龟缩于代北,并未实现向外开拓。而且,在惠—炀—烈—炀—烈的反复斗争中,无论是新人一方(惠帝、炀帝)或旧人一方(烈帝),都曾屈从于石赵以求生存。不过石赵虽不时为援助拓跋部内此一方或彼一方而向代北出兵,却也看不出有并吞代北的确定意向。拓跋始终拥有在代北发展的空间,其主体部分不曾远徙。

4世纪中期,当前燕、前秦东西并立之时,拓跋部昭成帝什翼犍在位,局势稳定,东与慕容,西与铁弗多有接触。前燕为求幽州西侧安全,自然关注代北动静,这与西晋卫瓘力图监控代北的目的相

---

[1]《魏书》卷一《序纪》平文帝二年(317)。

同。慕容儁于350年春间自龙城迁蓟后，深知西有乌桓、拓跋窥伺，影响蓟城安定，所以以部署西侧防务为当务之急。据《晋书·慕容儁载记》和《资治通鉴》，慕容儁入蓟，立即以弟慕容宜为代郡城郎[1]，以孙泳为广宁太守，悉置幽州郡县守宰。同年八月，代郡有叛事，慕容儁又徙广宁、上谷二郡民于徐无（今河北遵化境），徙代郡民于凡城（今朝阳南境）。据《晋书·地理志》（上），上谷郡以郡在谷之上头得名，而广宁郡乃太康中分上谷郡置，在上谷之下。东北面的上谷、广宁二郡与西南面的代郡，是保障幽州的冲要地带。上谷、广宁、代郡之地及其以西，有大量的乌桓，乌桓以西则是拓跋。所以前燕徙广宁、上谷民于徐无，徙代郡民于凡城，就是腾空代谷的南北两厢，以便于前燕部署防务。而且所徙之民，当包括大量的乌桓在内。

几年以后，前燕部署幽州西境防务，果然出现了大动作。公元357年（前燕光寿元年，拓跋部昭成建国二十年），慕容儁以被迫来降的匈奴单于贺赖头为宁西将军、云中郡公，用其部落三万五千人驻代郡之平舒城。从贺赖头屯驻地以及他所受宁西将军军号和云中郡公封爵的方位、地望看来，慕容儁正是要利用贺赖（按即贺兰）部落力量，为前燕监控代北云中旧地，防卫拓跋与乌桓[2]。这正与西晋初年卫瓘于大宁复置护乌桓校尉以监控乌桓、拓跋的用意相同，不同的只是一在濡北，一在濡南。与用贺赖头部驻守平舒同年，《魏书·序纪》记"慕容儁奉纳礼帛"。奉纳云云自是北魏史臣虚饰之词，但证明此年确有前燕使者西行至于盛乐，这自然是心存窥探，与贺赖部"宁西"的目标一致。

---

[1]《资治通鉴》卷九八东晋穆帝永和六年胡注："城郎，城大，皆鲜卑所置，付以城郭之任。"按，此代郡为沿袭魏晋代郡之称，郡治今河北蔚县之北。

[2] 参本书《贺兰部落离散问题》第一节。按此年五月有燕军攻敕勒（高车）于塞北，斩俘十余万之事，贺兰（贺赖）部本与高车错驻于阴山之北，贺赖头部落之降或即此役的结果。慕容大军远道攻高车，降贺兰，也有可能是从北面探测拓跋的虚实。据《十六国春秋·前燕录》，慕容儁小字贺赖跋，此与贺赖部之名有无关系，不得而知。

这里有一个看来并非偶然的现象值得留意。《资治通鉴》卷一〇〇东晋穆帝升平元年（357）记事，系贺赖头事于五月前燕攻高车之役之后，于十一月慕容儁迁都邺城之前，由此看来，处贺赖头部落于平舒又似有为邺都屏障的作用。二十年后（376），前秦自朔方、龙城等方向出军灭代，即以贺兰部酋帅贺讷率部落出居大宁以总摄东部。此前未见居平舒的贺赖头部有什么变动，估计还在平舒。贺讷与贺赖头同属贺兰。不同的是，贺讷在北，自西向东，受命为前秦总摄东部，警戒对象自然是前燕，但不只是前燕，可能还有乌桓，特别是乌桓独孤；贺赖头在南，自东向西，受命为前燕屏蔽西部，警戒对象则是乌桓、拓跋。贺赖头驻平舒较早，其时前燕还感觉不到自己的国运不长，也感觉不到建都关中的前秦有从朔方威胁代北的可能，不能逆料代北的拓跋政权居然可以被远在长安的前秦消灭。前秦灭代以后，用独孤统领黄河以东的拓跋部落，也就是说用乌桓统领被征服的拓跋。前秦又用贺兰的实力来制衡已很强大的代北独孤刘库仁、刘显部落，也就是用贺兰来制衡乌桓。这种犬牙交错的形势，比稍前慕容用贺赖头监控代北的措置要复杂得多。特别是再后几年前秦灭前燕，代北和幽冀全入苻坚之手，大宁和平舒，也就是同属于贺兰部的贺讷和贺赖头的部落势力，全入苻坚调遣，彼此不再具有制约的关系。这种大局的变化，使大宁和平舒同失战略意义，因而也不再被当局所重视。

现在回头继续探索前燕慕容和代北拓跋关系问题。代谷以西乌桓与拓跋的地域分布，始终与西晋卫瓘时一样，东有乌桓，西有拓跋，只是所谓乌桓逐渐成为原有的乌桓和后来的独孤乌桓的总称。这一带是乌桓人充斥之处，地境横亘在慕容与拓跋之间。乌桓人对外没有太大的抗拒力量，所以并不成为慕容与拓跋交往的障碍。至于前燕是否模仿晋制，对代谷一带乌桓设置了管理机构，史籍没有明言。在前秦灭前燕后，《晋书》卷一一三《苻坚载记》（上）处置前燕诸事中，有"移乌丸府于代郡之平城"之文，这个"乌丸府"如果不是前燕对西晋护乌桓校尉府的重建，就是权置的一个类似机构，而且此时一定是自大宁迁于平城。这就是说，处置乌桓曾经是前燕的一项政务，前燕灭后，又成为前秦关注的一个问题。"乌桓府"原来所在的大宁之地已非战略关键所在，而乌桓与拓跋也逐渐难于分辨，所以才有徙"乌桓府"于平城之举。这也表示从西汉以来的所谓"乌桓府"，实际上是从历史上淡出，此后再也见不到"乌桓府"的史料了。

慕容西进，除循代谷路线以外，还有北面从龙城循草原一线可以利用。前此慕容击高车而有贺赖头来降，显系循北面草原路线。前燕还有所谓"云中之戍"，是一项重要任务，其路线似是两线并用。

《资治通鉴》晋太和二年（367）"秋，七月，燕下邳王厉等破敕勒。……初，厉兵过代地，犯其稼田，代王什翼犍怒。燕平北将军武强公埿以幽州兵戍云中。八月，什翼犍攻云中，埿弃城走"。[1]这是罕见的一次慕容军与拓跋军的直接接触，似乎事出偶然，而且慕容埿军旋即"弃城"退走，没有发生大的战争。但是事情又不像这样简单。两年以后，《资治通鉴》太和四年（369）记燕尚书左丞申绍上慕容暐疏有言曰："索头什翼犍疲病昏悖，虽乏贡御，无能为患，而劳兵远戍，有损无益（胡注：燕戍云中以备代）。不若移于并土，控制西河，南坚壶关，北重晋阳，西寇来则拒守，过则断后，犹愈于戍孤城守无用之地也。"疏奏，不省[2]。以《资治通鉴》各段资料比较，可知胡注"燕戍云中以备代"，所指就是两年以前以幽州兵戍守云中

---

[1] 慕容厉等过代地，是二月事，七月破敕勒。从攻敕勒、过代地、戍云中诸事考虑，似乎是兼用了上述两条路线。"戍云中"，所指云中地点，诸家旧说或指在故云中郡内，或指在新兴郡内之云中，盖魏晋内迁边郡时所置。本文从戍云中以前诸事推断，酌取前说。下节将提及的前秦云中护军，则当以后说为宜。

[2] 申绍此疏与《慕容暐载记》所录，事虽相似而文字大异，疑是另一疏。《载记》所录，其所述前燕对外战守，都是秦、吴并举，上郡、鲁阳并举。所谓"徒孤危托落，令善附内骇"，则似指云中戍守之事。又，从《通鉴》及注文所论述戍守云中不如移控并土之意思考，亦可知所戍之云中在故云中郡而不在并土之新兴郡内。

之事。上段文字中"堙弃城走"之城，即下段文字中"戍孤城守无用之地"之城，也就是云中城。看来前燕前此并未放弃云中城守，或者是弃守而复来，以备拓跋。以慕容堙守云中孤城事，与前述慕容儁初至蓟即迫不及待地设置广宁城郎、代郡太守，东徙广宁、代郡居民之事，以及以贺赖头为宁西将军、云中郡公以戍守代郡平舒等事合而观之，前燕虽不确悉有无护乌桓校尉一类官职，但监控代北军务，则未尝一日弛废。而监控指挥之地点以在大宁为合理。

申绍此疏给了我们一个重要信息，即从前燕看来，此时拓跋已不足惧，云中也不足为守；重要的是警戒前秦从朔方、上郡渡黄河东进。所谓移云中之守于并州的西河、壶关一带，应当成为前燕的一项紧迫任务。只是这种对形势的估量未被慕容暐接受，疏奏不省。实际上，前秦确实在作攻燕准备。《资治通鉴》卷一〇一东晋海西公太和二年（367）"秦王闻（慕容）恪卒[1]，阴有图燕之计，欲觇其可否，命匈奴曹毂[2]发使如燕朝贡"云云。申绍疏奏的第二年即370年，前秦王猛之师攻陷前燕的洛阳，又自壶关、上党长驱取邺，前燕遂亡。此后，从幽州监控代北和从雍州经朔方监控代北的军事任务，就由苻坚的前秦统筹，前秦灭代的军事部署一步一步地形成，只是拓跋部似乎还没有敏锐地感觉到这种逼人的形势。

十　朔方局势与前秦灭燕、灭代

——代北周边关系之二

在前燕着意监控代北乌桓、拓跋之时，前秦也在通过朔方，向东注视代北事态，力图相机控制。具体说来，就是前秦苻坚正在营

---

[1] 慕容恪死于是年五月，亦见《资治通鉴》卷一〇一东晋海西公太和二年。
[2] 曹毂事详《晋书·慕容暐载记》附《皇甫真传》。又前秦亦置云中护军于并州，目的自然是自并州监控拓跋动静。

构一条接近、控制以至征服拓跋之路。

前秦建都长安，原来的竞争对手主要在关东，对于朔方地界散居游牧各族，本来只是等闲视之，羁縻而已。前秦同代北的拓跋、乌桓实际上没有共同的边界[1]，也没有直接交往。而铁弗自公元310年被拓跋攻逼，自代北渡河避居朔方以后，数十年中，东与拓跋部以及与乌桓独孤部始终维持联系，无论是战是和，交往未曾断绝。公元360年，铁弗部刘卫辰与前秦交好，苻坚允许刘卫辰率部居朔方塞内营田，春来秋返。据《苻坚载记》，刘卫辰附秦时，秦已有云中护军之置[2]，护军贾雍擅遣军袭击刘卫辰，受到苻坚谴责，白衣领职，这说明苻坚是留意于维持与铁弗的和平关系的。铁弗本来是自由活动于黄河西东两面，如《序纪》所见，公元360年刘卫辰来盛乐会昭成慕容后之葬，361年又遣使来聘等，此时又获苻坚允诺，得于朔方的长城内外游动。这样，苻坚与拓跋以铁弗为媒介，产生了更多的间接和直接交往。其中影响以后历史进程，值得探索的，约有三事，即一、秦、代直接交往；二、朔方局势变化；三、拓跋部落与乌桓人进入朔方。兹分论如下。

（一）秦、代直接交往

关于秦、代直接交往，资料散见于《魏书》的《序纪》、《燕凤

---

[1] 《魏书·序纪》拓跋三分之年（295），西部穆帝猗卢"始出并州，迁杂胡北徙云中、五原、朔方。又西渡河击匈奴、乌桓诸部。自杏城以北八十里，迄长城原，夹道立碣，与晋分界"。这还是西晋时事，而且并非长期固定边界，大概不久已成具文了。

[2] 护军，曹魏时始置，"刘、石、苻、姚因之"，见《元和郡县图志》卷一。苻秦时所置护军甚多，似皆置于部族杂居地。其中云中护军置于何地，史无明文。就其得以方便袭击居朔方塞内的刘卫辰一事的地理方位言之，似不置于汉云中郡旧地，即前节所述367年及369年前燕戍守的盛乐以西的云中孤城。我疑此指云中撤郡以后魏晋所置新兴郡内的云中县，地在今山西原平县西。前秦于此设云中护军，只是对代北遥相监护而已，与设于关中的护军如冯翊护军之类不同。关于护军制，国内研究文章不少，日本亦有，最近所见一篇为周伟洲《魏晋南北朝时期的护军制》，载《燕京学报》第六期，北京大学出版社，1999年。请参考。

传》,《晋书》的《载记》以及《资治通鉴》的相关部分，但是没有一处首尾详具，必须经过梳理，才能看清事实。原来，刘卫辰在秦、代之间是一个极不稳定的因素，史言其"反复难保"[1]。《魏书·序纪》，365年正月"卫辰谋反，东渡河，(昭成)帝讨之，卫辰惧而遁走"[2]。此事当是刘卫辰叛代，自朔方东渡河，攻击拓跋部，被什翼犍击退，黄河两岸为之搅动。是年秋，《资治通鉴》记"匈奴右贤王曹毂、左贤王刘卫辰皆叛秦"[3]，苻坚率淆渑之师北讨，降曹毂，擒刘卫辰于木根山，事平。九月，"坚如朔方，巡抚诸胡"，并于十二月遣牛恬使代，意在与拓跋沟通协调，并窥虚实。可以判定，牛恬出使，正是由于铁弗刘卫辰先叛代，旋又叛秦，搅动黄河东西两岸，引起朔方不宁之故。次年五月什翼犍遣燕凤报牛恬之聘，出使长安。苻坚直接获得拓跋消息，从文献上看来当自此始。

自此以后，燕凤成为秦代之间重要的中介人物。373年，他又奉什翼犍之命使秦，与苻坚互通关于刘卫辰的消息。我们知道，376年秦灭代之役，苻坚一军以刘卫辰为向导，自朔方直指代北；灭代之后，苻坚又从燕凤之策，处置拓跋部。这两件事正是刘卫辰长期反复于秦、代之间以及燕凤为使者沟通秦、代的结果。第一件，是苻坚利用铁弗以攻拓跋；第二件，是苻坚利用铁弗与乌桓独孤之间的矛盾，让他们分统黄河两岸的拓跋诸部，而又以独孤制约铁弗，并引原驻阴山以北的贺兰部帅贺讷率部入居大宁，以制独孤部帅刘库仁。这些复杂关系及其演变，影响拓跋部的发展颇为深远，本文前

---

[1]《资治通鉴》卷一〇一东晋穆帝升平五年(361)胡注，3184页。
[2] 此役，《资治通鉴》卷一〇一东晋哀帝兴宁三年记曰："刘卫辰复叛代，代王什翼犍东渡河，击走之。"3197页。按刘卫辰在秦、代之间首鼠两端，"东渡"云云，只能指刘卫辰，不可能指什翼犍。什翼犍本在河之东，何得再东渡河以击刘卫辰？此事当以《序纪》所记为正，《通鉴》有误，其"东渡河"三字当紧接"叛代"而在"代王什翼犍"之上。中华点校本随文点断，未正其误。
[3]《魏书·刘卫辰传》："卫辰潜通苻坚，坚以为左贤王。"卫辰左贤王号得自苻坚，则曹毂右贤王号当亦得自苻坚。曹毂为出自并州的杂胡，事详下。又，据《刘曜载记》，曜拜大单于，左右贤王以下皆以胡羯氐羌为之，苻秦亦袭此制度。

此已有涉及，以下还将论到。

(二) 朔方局势变化

朔方之于前秦，犹代北之于前燕，本是各自视之为边裔之地，虽间有前燕云中孤城之戍或前秦云中护军之设，但毕竟都只是监视震慑而已，不是持续的军事活动。代北、朔方之间的交往，端赖刘卫辰反复其间；形成朔方局势变化的契机，正是公元365年刘卫辰既叛代又反秦的事故。这次叛乱牵动朔方部族甚多，而苻坚的反应既果断，又强烈，影响深远。他逼降曹毂，处其二子于贰城（今陕西黄陵县西北）东西；擒刘卫辰，而又封之为夏阳公（夏阳在今陕西韩城境）以统其旧众。同时还处置了一些响应曹毂、刘卫辰叛事的部落部族。《苻坚载记》说坚"自骢马城如朔方，巡抚夷狄"，其出巡路线盖自长安城向北至骢马城[1]，到达旧朔方郡、上郡境。他分别强徙曹毂、刘卫辰部于长安正北偏东的贰城、夏阳境，此处正是前秦安顿内徙部族部落最为集中的地区。从苻坚出巡路线看，是对散在朔方各族的大巡视，大扫荡，大整顿。经过这次大的动作，苻坚清理了后方，调整了力量，实际上为370年灭燕和376年灭代两大战役的发动作了准备。

在思考苻坚处置朔方诸部族问题时，我联想到金石书所著录的《郑能进修邓太尉祠碑》和《立界山石祠碑》（下面分别简称为"郑碑"和"立界碑"）[2]，这是苻秦流传至今的仅有的两通铭文完整的石碑。在中国北方，要到一百年以后，这种碑铭文字才逐渐

---

[1]《元和郡县图志》卷四关内道银州："晋、十六国时为戎狄所居，苻秦建元元年自骢马城巡抚戎狄，其城即今州理城是也。"按骢马城当在今陕西佳县、米脂境，汉代上郡治所肤施在其近处。

[2]"郑碑"和"立界碑"均见陆增祥《八琼室金石补正》卷十，文物出版社影印本，1985年，53—55页。《北京图书馆藏中国历代石刻拓本汇编》第二册，分别题作"邓艾祠堂碑"和"张产碑"，中州古籍出版社，1989年。王昶《金石萃编》卷二五则把"立界碑"题作"广武将军□产碑"。

多起来，而且都是佛教造像铭文和墓志铭，而不是行政性的记事文字。尤其使我感到鼓舞的是，第一，这两通碑铭年代分别为苻秦建元三年和四年（367和368年），正与苻坚扫荡朔方的时间建元元年（365）衔接；第二，两碑主要内容都是军政人员会同当地官佐和部族酋豪勘定某个特定部族所驻地界，而所勘地界大体都与朔方相连或相近，按理说，这正是苻坚巡抚朔方、扫荡群胡的后续行动。例如"郑碑"是勘定"北接玄朔"的冯翊护军辖区，"立界碑"所涉及的是与冯翊护军毗邻的"西至洛水，东齐定阳，南北七百，东西二百"这一片今陕东洛水与黄河之间的狭长地带。两碑所涉区域，正是苻坚时或稍前徙置诸胡最为集中的地方。应当特别感谢的是，已故马长寿教授长期搜罗陕西境内分散遗存的有关碑石碑拓，比勘校录，提供了远迈前人的一些新拓本和一些考证文字。其中"立界碑"还求得前人漏拓的"立界山石祠"碑额，不但使此残缺石碑文字，同样也使"郑碑"文字，都能确认为剖分地界，而这正是两年前苻坚巡抚朔方、迁徙诸胡的善后措施[1]。

"郑碑"所涉冯翊护军所统部族，有"和宁戎（按即和戎和宁戎二部的合写）、鄜城、洛川、定阳五部领屠各；上郡夫施黑羌、白羌；高凉西羌；卢水、白房、支胡、粟特。苦水杂户七千，夷类十二种。兼统夏阳治"。以上文字所列部族种类名号，历来引用者多有不同点读，但都难于恰合"夷类十二种"之数。我意当指五部屠各、三种羌、四种含西域血统的杂胡，以及不在数内的苦水杂户[2]。

我觉得"郑碑"中"兼统夏阳治"一语，应当留意。因为在"郑

---

〔1〕 马长寿：《碑铭所见前秦至隋初的关中部族》，12—38页。该书搜求的碑铭尚多，其余的都是百余年后各族居民所立的造像铭，内容虽与本节无直接关系，但亦可见内徙诸胡的融合已大进一步了。
〔2〕 "夷类十二种"，其中的白房，史籍多解为鲜卑白部，前揭孙子溪《白部新释》认为是羯。我暂取此说，列白房为有西域血统之胡。"苦水杂户七千"，大概是指一种居于苦水附近尚处在形成过程中而无正式名称的杂户群体，自有户口数目，另属一类，不在"夷类十二种"之内。苦水在今宁夏境内，北入黄河。碑读不敢确定，暂志于此。

碑"建立之前两年，建元元年之末，苻坚自朔方回到长安，《资治通鉴》记"以曹毂为雁门公，刘卫辰为夏阳公"。刘卫辰称匈奴，称屠各，称铁弗，又自云"胡父鲜卑母"，实际上是先代来自并州的杂胡，族源以匈奴为主。夏阳东临黄河，隔河即并州吕梁、汾水区域，这一带都是杂胡成长发育之地。前揭周一良先生考四种胡，唐长孺先生考魏晋杂胡，都言及这种地理与种族情况，极为详审。据《苻坚载记》，苻坚擒刘卫辰于木根山后，"巡抚夷狄，以卫辰为夏阳公以统其众"。"巡抚夷狄"四字，《资治通鉴》作"巡抚诸胡"。可断刘卫辰夏阳公之所统者，除其本属以外，还有别的"夷狄"或"诸胡"。这与刘卫辰原本受自苻坚的左贤王地位相合。所以我疑"郑碑"冯翊护军于其所统的"夷类十二种"以外，"兼统夏阳治"，即是指兼统刘卫辰受封夏阳公以后所领的"夷狄"或"诸胡"。这就是说，建元三年立"郑碑"，很可能有建元元年苻坚巡抚处置朔方诸胡的历史背景。

关于苻坚处置曹毂之事，亦需稍作考察。曹毂的知名度不如刘卫辰，但具有一定影响，甚至影响域外。刘卫辰和曹毂同时率所部反苻秦事，《晋书·海西公纪》有记，说明这在当时是一件南北皆知的大事。《晋书·慕容㬂载记》附《皇甫真传》，苻坚筹划灭燕之役，"遣其西戎主簿郭辩潜结匈奴左贤王（按当作右贤王）曹毂，令毂遣使诣邺，辩因从之……"而郭辩对燕自称"辩家为秦所诛，故寄命曹王"云云。由此可见曹毂有曹王（王指右贤王）之称，能纳前秦之叛，并具遣使诣燕的政治地位。毂降秦后，其酋豪六千余户被强徙长安。毂旋死，二子均得封侯，分处于贰城东西两边，各两万余落，号东、西曹。这在当时部族林立之时，是一个颇大的人户数目。曹毂本人曾受封为雁门公，与刘卫辰的夏阳公地位相若。以二人封地比照，曹毂也当是先人来自并州的杂胡。北魏时并州山胡以曹为姓者甚多，有西域昭武九姓的姓氏渊源，详见前揭周文"四种胡"考证。不过雁门地境此时非前秦所辖，或是曹姓山胡本自雁门西来，雁门公之封只是标明其所自来，与夏阳公治于夏阳者，虚实有所不同。其实刘卫辰与曹毂之封，都只是重在"各使统其部落"（《资治通鉴》语），或者还有所兼统，都不会是本人实封之地。而且曹毂死后，二子统其部落，驻贰城东西，跨有洛水两岸，在"立界碑"所述刊石立界地境之内，与冯翊护军所辖毗连。就曹毂事迹及相关地境言之，苻坚处置朔方诸胡之事与二碑之立相关，这也是一个证据。

从苻坚365年"巡抚诸胡"事以及367年"郑碑"、368年"立界碑"所见前秦境内众多部族状况中，我们得知两个方面的信息。一方面是，早在西晋就是"氐羌居其半"的关中地区，又加上众多的屠各、杂胡等族入驻，被苻坚强力安顿，设护军统治，暂得相安，这是具有积极意义的大事，是苻坚得以据关中灭燕灭代的前提，甚至还可以说这是更后苻坚得以征聚数十万各族军人进行淝水之战的前提，我们应当深切注意。另一方面，如此众多的部族部落犬牙交错地驻于渭北及朔方地区，而且大体上由各区域护军分疆划界，由各部族酋长直接治理，如二碑及其碑阴题名所示，这种杂乱状态欲求真正稳定下来，不是短期内能够办得到的。苻坚对外作战，没有一个稳定的后方。苻秦终于因淝水一溃而不可收拾，这又是根本原因。可惜过去讨论淝水之战的论著，包括我自己所写的在内，都没有注意及此。

苻坚巡抚朔方群胡和"郑碑"、"立界碑"之立，时间衔接如此紧密，处理如此郑重，足见朔方民族问题是当时前秦国内的头等大事。从以后秦、代关系看来，捋顺朔方诸族事务又是影响代国局势的重大问题。

（三）拓跋部族与乌桓人进入朔方

苻坚巡抚的朔方"夷狄"、"诸胡"，其部族难于列举，但肯定包括拓跋和乌桓。他们与刘卫辰部关系本多，其中一部分过黄河至朔方附于刘卫辰部,是容易出现的事。

据《晋书·苻坚载记》和《资治通鉴》,360年春间刘卫辰降秦,获准田于朔方塞内,春来秋返。冬十月,就有乌桓独孤、鲜卑没奕于各率众数万接踵来降,但未获得入塞的许诺。《载记》谓365年刘卫辰、曹毂叛秦,率众攻杏城以南,长安吃紧,"索虏、乌延等亦叛坚而通于辰、毂。坚率中外精锐以讨之"。此处索虏即指拓跋部无疑,而乌延当即乌桓[1]。前引《载记》于苻坚击斩乌延,擒获刘卫辰之后,"巡抚夷狄,用卫辰为夏阳公以统其众"。按文意求之,似刘卫辰所统除本属之铁弗外,乌延、拓跋亦在其中,而且可能是其主要成分。这就是《载记》所谓的"夷狄",《资治通鉴》所谓的"诸胡"。我们参看《魏书·刘卫辰传》所说秦灭代后苻坚"以卫辰为西单于,督摄河西杂类",杂类之中,理当包括拓跋之居河西者。其实刘卫辰在河西朔方诸杂类(包括拓跋)中的统治地位,早在苻坚巡抚朔方之时就已确定了,灭代后苻坚命刘卫辰统领黄河以西的拓跋,只是沿袭已有的局面。

秦灭燕后,苻洛以重兵镇幽、冀。幽、冀西侧为乌桓、拓跋所阻,苻洛不得由此直接与朔方及关中相连。苻坚谓"索头世跨朔北,中分区域"[2],不灭代不足以清除阻隔,巩固幽、冀。所以灭代之师以幽州兵为战略主力[3],出和龙从北面包抄,割断拓跋与周边部

---

[1] 汉末各部乌桓之中,有右北平乌延八百余落。建安中乌延走辽东,被斩,余众内徙,事详《三国志·乌丸传》注及《后汉书·乌桓传》。乌桓、乌延混称当始此,参马长寿《乌桓与鲜卑》,112页。公元360年所见降于刘卫辰的乌延,当是昔年乌延辗转流动至于朔方者。中华点校本《资治通鉴》于"索虏乌延"二名之间未加点断,似以乌延为索虏部帅名称,可酌。又,刘卫辰在朔方屯驻之城称代来城,史籍又见有悦跋城之名,论者有谓代来即悦跋。《资治通鉴》卷一○四东晋孝武帝太元元年(376)胡注,代来城"言自代来者居此城也"。代来既为汉译此意,是否悦跋的跋也可能有所指呢?总之,代北和朔方之间多有拓跋部落来往,是肯定无疑的。

[2] 《资治通鉴》卷一○四东晋孝武帝太元元年苻坚诏语。

[3] 《资治通鉴》卷一○二东晋海西公太和四年(369)胡注,和龙本为燕之"东都"。秦灭燕,和龙原属幽州,幽州兵中自然多有鲜卑、乌桓之众。

族尤其是与阴山以北高车、贺兰的联系。然后，以出上郡（其治所就在365年苻坚巡抚朔方时所至之骢马城）之师，用铁弗刘卫辰为向导，与幽州兵会师代北。此时拓跋部君长什翼犍已是"老病昏悖，无能为患"，嗣君未定，父子兄弟间矛盾尖锐，无力抗拒苻坚之师，所以灭代并无大战。

灭代的善后与灭燕相似，但更细致。拓跋部荒裔殊俗，除少数上层人物被强徙关中，训导教化以外，其部落主体并未徙置，仍留原处。以乌桓独孤与铁弗分统拓跋居黄河东、西部落之策，出自拓跋使者燕凤。燕凤向苻坚献此策略，细玩《燕凤传》所载语，其意似在保全拓跋，尽量减少强制迁徙之类的暴力措施，而苻坚也得以利用独孤、铁弗原来与拓跋的关系看管拓跋，以安定一方局面。此策得以实行，从朔方地境说来，当有刘卫辰作为夏阳公，本已有兼统河西拓跋的历史背景。

如前所述，黄河以西的所谓朔方地区，汉代以来本有乌桓屯驻。对于作为胜利者的氐族说来，乌桓与拓跋同属异类。氐人对拓跋有整体处理之策，对独孤以外的乌桓也有所考虑。只不过乌桓并非灭国，处理之方不能同于拓跋。情况究竟如何，这就是下一节所要论证的问题。

十一　前秦灭代后对代北乌桓的处置

本文以上各节内容虽以拓跋为主线，但是乌桓动向轨迹却不时地显露在拓跋发展的背景之中。总的说来，乌桓，尤其是上谷郡、代郡以及迤西一带长期与拓跋接触甚至混居的乌桓，作为一个特定部族，其群落越来越不稳固，面貌越来越显得模糊，甚至名称也越来越不确定。可以说，这个地区的乌桓正逐渐从历史中淡出。但是从以后的情况看来，乌桓作为独立部族的最后消失，还有一个过程。

公元380年秋，苻坚出关中氐户散居方镇，并对西、北诸边牧守重新加以配置，以求进一步巩固氏族统治之时，《载记》说到"分幽州置平州，以石越为平州刺史领护鲜卑中郎将，镇龙城；大鸿胪韩胤领护赤沙中郎将，移乌丸府于代郡之平城……"此事《资治通鉴》只录"以石越为平州刺史，镇龙城"一句，其余苻坚处置平州鲜卑慕容之事，以及用韩胤处置乌桓并移乌丸府于平城之事，一概不录。被删削的这些资料，尤其是移乌丸府于平城的资料，司马光、刘恕也许认为无头无尾，不明究竟，故弃置不用。但我觉得这个记载文字确凿，含义清楚，而且颇具价值，应予探究。

前秦绥抚朔方各族，包括乌桓和拓跋，安定了后方腹地之后，轻而易举地于370年灭了前燕。接着于翌年初"徙关东豪杰及诸杂夷十万户于关中，处乌丸于冯翊、北地，丁零翟斌于新安"。[1]其中乌桓占徙民中多大数量，不可确知。十余年后，鲜卑慕容垂乘苻坚淝水战败的机会，"引丁零、乌丸之众二十余万，为飞梯地道以攻邺城"[2]，冀州多处也有乌桓起兵反秦。这是乌桓人活动的新浪潮，看来人数不少。不过这里所涉乌桓，以地域言，当是早已进入冀、并等地的乌桓；从其姓氏及起兵状况看来，似已有较深的汉化，而且旋起旋落。他们与居于上谷、广宁、代郡、朔方等处和拓跋杂处的乌桓早已没有联系，部族之间难得有太多的同一性，本节暂置不论。以下只论居上谷、广宁、代郡、朔方一带与拓跋关系较多的乌桓诸事。

前秦灭代，拓跋部族命运危殆，居间为拓跋说项于苻坚的，是拓跋使臣代郡人燕凤。《魏书·燕凤传》："及昭成崩，太祖（按指拓跋珪）将迁长安。凤以太祖幼弱，固请于苻坚曰：'代主初崩，臣子亡叛，遗孙冲幼，莫相辅立。其别部大人刘库仁勇而有智，铁弗卫辰

---

[1]《晋书·苻坚载记》。《资治通鉴》卷一〇三东晋简文帝咸安元年（371）正月，"十万户"作"十五万户"。

[2]《太平御览》卷一二二引崔鸿《十六国春秋·前秦录》，中华书局影印本，1960年，591页。《晋书·苻坚载记》、《资治通鉴》卷一〇五同。二十余万数字偏大，似不准确。或者此即淝水战时苻坚征发南进作战军队的一部分由慕容垂率领者，此时溃叛。

狡猾多变，皆不可独任。宜分诸部为二，令此两人统之。两人素有深仇，其势莫敢先发。此御边之良策。待其孙（拓跋珪）长，乃存而立之，是陛下施大惠于亡国也。'坚从之。凤寻东还。"[1]燕凤之所以能够出此各方都乐于接受的策略，主要是由于他洞悉铁弗、独孤、拓跋三方既争斗又依存的恩恩怨怨，又知道数量少的氐人此时无力直接统治由朔方到代北的广袤荒裔，不得不假手他人。质言之，即用铁弗、乌桓独孤统治拓跋。燕凤提到独孤为拓跋别部，准此，铁弗也未尝不可称拓跋别部。代国虽灭而拓跋部犹存，没有被强制迁徙离散，功在燕凤。所以《魏书》史臣称赞燕凤"和邻存国"，道武建国后燕凤"甚见礼重"，以后"入讲经传，出议朝政"，为亲近之臣，其背景就是如此。

　　前秦灭代以后在代北和朔方所构成的部族新秩序，是这个地区长期以来各族在冲突中交融的结果，他客观上是在孕育下一个阶段的历史，即拓跋振兴，北魏建国。

　　376年灭代之役，领幽州兵十万的苻洛是统帅，另有其他将领分统的步骑二十万，分别东出和龙，西出上郡，取包抄合拢之势，其用兵数目及军事动作都大大超过灭燕之役。西路秦军用铁弗为向导而又遇到独孤的抵抗，这是铁弗、独孤二部对拓跋恩怨不同的反映。代国灭后独孤中出现分化，其一部卵育拓跋，另一部却仇视拓跋，也当有历史的原因。此外，东路幽州主力之师，按魏晋以来用兵常例，当有幽州乌桓突骑为其主要组成部分，亦当有和龙的鲜卑兵，其中真正的氐人之兵是很少的。氐族本身是一个人数不多的群体。

　　灭代以后，拓跋主体仍驻牧在黄河以东独孤所统的代北地区。

---

[1] 据《魏书·序纪》，燕凤使秦，第一次在366年，第二次在373年。代灭国后燕凤得以陈诉于苻坚，很可能是燕凤第二次使秦未归之故。《资治通鉴》卷一〇四记燕凤语略同，只是更强调《春秋》存亡继绝之义，欲使拓跋对苻秦"永为不侵不叛之臣"。《晋书·苻坚载记》另有拓跋珪缚什翼犍降秦，秦迁珪于蜀等事，前人考其事之真伪有无者颇多，不具论。

苻坚对拓跋主体所在的代北的战略部署，其核心仍然是部族相制，苻坚从中利用。具体说来，是以独孤制拓跋，以贺兰制独孤，以幽州的氐人监控贺兰，掌握代北全局。从地形分析，苻坚看重大宁，以大宁为前秦自东向西和自西向东实行双向震慑的前沿。苻坚以贺讷"总摄东部为大人，迁居大宁，行其恩信，众多归之，倖于库仁"。贺讷受苻坚命，所关注的东部主要是指乌桓和鲜卑慕容。其时慕容部众多数都退保和龙，暂时无大作为。淝水战后，乌桓的代表则是独孤部刘库仁之子刘显，是极活跃的乌桓力量。贺讷的目的更主要的是驱逐刘显，所以才有上述贺讷之恩信"倖于库仁"之语。自东向西震慑，主要靠苻洛，不过苻洛不久后即叛变了。

在以上各节中，曾分散论及代北乌桓诸事，现在在这里重新集中排比一下，以见乌桓弥漫于代北的概况。

350年慕容儁入蓟之时，委署上谷郡、代郡官守，迁徙二郡居民于慕容后方之地，是为了控制防范乌桓人。357年前燕处贺兰部贺赖头部落于代郡平舒，是为了填补徙空了的代郡的乌桓地盘。376年贺讷居大宁，大宁又与平舒成为分别自南北两方监控乌桓的要地。不过此时此地的乌桓，主要已不是原有的乌桓，而是乌桓独孤。秦灭代几年之后，独孤成为"地广兵强"向西跨有朔裔，向东迈过太行的大势力。387年，上谷、代郡民杀逐太守，以郡附于刘显，虽然刘显此后为后燕攻逐，但乌桓独孤余众暂时还很强大，以至于后燕不得不于同年立刘显之弟刘亢泥于广宁为乌桓王，以统刘显之众。刘显走投西燕于长子以后，乌桓独孤大势已去，才为在独孤统治下的拓跋部的复兴提供了一个机会。所以《资治通鉴》此年胡注论曰：刘显灭而拓跋氏强矣。纵观历史，我认为胡注此论入木三分。

在乌桓独孤衰败的时候，有两个问题值得留意。一个是独孤衰落的背后，有贺讷和贺兰部所起的作用。贺兰部本驻阴山以北的意辛山。贺讷之父贺野干，什翼犍时曾为东部大人，这一历史背景，疑与贺讷得以在重要时刻受命总摄东部有关。383年刘库仁弟刘眷曾破贺兰于本属独孤的善无之地，又袭与贺兰错居的高车别部于意辛山，这正说明贺讷居大宁后，贺兰部曾南下占领独孤部的善无牧地，才招致独孤部的反击，以至独孤追奔逐北至于意辛山，并一度徙牧于意辛山南的牛川，以防贺兰、高车再度南下。这些事实都显示了贺讷总摄东部，其直接目的是扼制独孤，而独孤部刘显的强大正是反制、击破贺兰的结果。不过独孤部好景不长，其卓越的战功徒然为拓跋部振兴扫清道路，这归根结底还是反映乌桓与拓跋长期共生于代北而形成的深层关系。396年拓跋珪遣军攻斩后燕广宁太守、乌桓王刘亢泥，拓跋与乌桓之争暂时告一段落。独孤部与贺兰部是拓跋部两个最重要的婚姻部族，对拓跋部内部事务影响最大。因此贺兰、独孤之间的关系以及拓跋的对付之策，都显得特别复杂。我以前论述道武帝离散部落问题，其典型个案之一是离散独孤，与之交错出现的个案是离散贺兰，其背景于此可见。

另一个值得注意的问题是，独孤庇护的拓跋珪，一旦获振兴机会，首先就联络后燕慕容垂，兵锋指向独孤刘显。这是由于独孤与拓跋关系太密切，因而介入拓跋内部事务太深，刘显与拓跋珪母子又有仇隙之故。不首先征服独孤就不足以求得拓跋部的独立存在，更不必说建立拓跋帝业。仇隙之一，是刘显谋害庇托于独孤的拓跋珪，使拓跋珪不得不逃奔舅部贺兰部，这事与贺兰攻占善无和独孤追逐贺兰于阴山之北的这场斗争不能没有关系。仇隙之二，是拓跋珪由贺兰部卵翼复国，刘显则迎珪叔窟咄北来，与珪争位，导致拓跋珪与刘显的生死之战。事详《序纪》、《贺太后传》、《窟咄传》等。

还要补充说明的，是铁弗刘卫辰的动向。刘卫辰与拓跋相处并不和谐，但毕竟历史关系深远。《太祖纪》登国元年（386）十月，当窟咄北上争位之师在刘显接应下进至代北高柳一带，而慕容援拓跋之军尚未到达时，拓跋珪处境危殆，所属北部大人"及诸乌丸亡奔卫辰"。这里所说的"诸乌桓"当包括本附拓跋的乌桓独孤散部[1]，可见刘卫辰此时是助拓跋珪而不愿亲附刘显和窟咄的。所以当拓跋、慕容联军大破窟咄之时，"窟咄奔卫辰，卫辰杀之"。第二年刘显败奔，不就近投奔卫辰而南投慕容永于长子。这一阶段乌桓、独孤、铁弗、拓跋、贺兰几种势力的互动关系，大致如此。

  从以上事实可以看到，代北地区从远处说自力微以来，从近处说自什翼犍以来，其历史中都有乌桓的踪影。考察代北大事，几乎无一不有乌桓，或者是大宁以西原有的那种乌桓，或者是如稍后出现的乌桓独孤。在这种背景之下，我们才好解释苻坚在灭代之时必须考虑的问题之一是对代北乌桓的处置。

  前文述及《苻坚载记》380年与出关中氏户散处方镇和重新配置西、北诸边牧的同时，还宣布以"大鸿胪韩胤领护赤沙中郎将，移乌丸府于代郡之平城"一事。关于此事，学者留意不多。但我觉得还有考察价值，现在把我的想法胪列于次。

  韩胤，燕国人，关东士望，王猛灭前燕，得之，荐为尚书郎，事详《资治通鉴》，可见他不是前秦旧臣，也无经国领兵的资历。大鸿胪，宾礼应接之官，当是自尚书郎所迁。韩胤以大鸿胪领护赤沙中郎将，与移乌丸府之事连文，可推定赤沙中郎将有领护乌桓的任务，这与西晋时例以将军护乌桓校尉的成法相同，同时也和《苻坚载记》"分幽州置平州，以石越为平州刺史领护鲜卑中郎将镇龙城"的连文同例。分置平州，以石越为平州刺史领护鲜卑中郎将，和移乌桓府，并以司其事者领护赤沙中郎将，这是苻坚平定幽州刺史苻洛之叛以后的两件大事，两事都是为了分幽州之势。不过领护鲜卑中郎将职任要实一些，原幽州北境至于龙城，边塞鲜卑尽在此处，而龙城原本是鲜卑慕容的东都，所以用大将石越充任；领护赤沙中

---

[1] 此时独孤各部动向并不一致，刘眷之子刘罗辰（刘奴真）即始终附于拓跋氏，珪娶其妹，即以后的道武帝刘皇后。

郎将职任要虚一些，乌桓在幽州并无建号立国的历史，所以用文职的韩胤充之即可，而且韩胤宾礼之官，暗示平城的乌桓府带有酬酢应对作用。不过此中还有要探究的问题，就是护赤沙中郎将名称如何解释，是否就是护乌桓中郎将。

据《晋书·北狄·匈奴传》，赤沙种为西晋时北狄入塞十九种之一，晋武帝伐吴，骑督綦母倪邪有功，迁赤沙都尉。《北狄传》还说："匈奴之类，总谓之北狄。"十九种既统称为北狄而列入"匈奴之类"，所以近代著作多视赤沙为匈奴的一种，但有的对此因无确证而持或然的意见[1]。十九种中有非匈奴种者，例如乌桓，他们在匈奴强大时曾役属于匈奴，可认定为"匈奴别种"，或者"匈奴之类"。从这个意义上说，称赤沙种为匈奴别种或匈奴之类也符合当时族类区分的习惯。这就是说，赤沙种在历史上与匈奴关系很深，而赤沙种并不一定就是种族意义上的匈奴[2]。

几百年来，附塞的北域各族经过反复的并吞、交融、分裂，本来难保纯粹种族血统。赤沙种按其迁徙状况、停驻环境言之，推测其包含有乌桓、鲜卑，或者说原本是乌桓、鲜卑，是完全可能的。

王沈《魏书》和范晔《后汉书》的《乌桓传》中，都说乌桓起于辽东西北数千里的赤山。这一赤山之名被南下的乌桓带到了渔阳。《后汉书》的《明帝纪》、《祭肜传》、《鲜卑传》等处多有渔阳赤山乌桓记载。据丁谦《后汉书乌桓鲜卑传地理考证》[3]，此渔阳赤山在赤峰，西南与上谷郡相接，故有赤山乌桓数寇上谷，太守祭肜招鲜卑击破之

---

[1] 例如陈连庆《中国古代少数民族姓氏研究》"匈奴綦母氏"条以之列入匈奴，吉林文史出版社，1993年，32—33页。马长寿《北狄与匈奴》99页虽也将赤沙列入匈奴种落，但同页稍前，则说"赤沙种，似亦匈奴种落之一"，并不肯定。

[2] 《晋书·刘聪载记》，聪"累迁右部都尉，善于抚接，五部豪右无不归之。河间王颙表为赤沙中郎将"。刘聪为赤沙中郎将，与他在并州善抚豪右有关，其中当包括并州乌桓。韩胤居此官，以抚接乌桓为主。

[3] 丁谦：《后汉书各外国传地理考证》之《后汉书乌桓鲜卑传地理考证》，《二十五史三编》第四册，岳麓书社，1994年，603页。

事。我疑赤山乌桓之名随降附的乌桓人带到上谷宁城，与入塞来此的赤沙种名相混，赤沙遂成为这一带乌桓的异称。所以韩胤领护赤沙中郎将实际上就是领护乌桓中郎将，而所谓移于平城的乌桓府就是原在上谷宁城的护乌桓校尉府。这与《晋书·苻坚载记》原文并提的以石越领护鲜卑中郎将而镇龙城之意彼此照应，文从理顺。

还需要说明一下。苻坚处置后燕鲜卑，用武将石越镇龙城，有直抵慕容巢穴而慑之的意向；处置乌桓则用职司宾礼而无兵戎经历的关东士望韩胤，显然反映乌桓久已不是自有组织、自相统领的军事力量，无须用重兵震慑。不过这里所说到的乌桓主要当是以大宁为据的乌桓，"移乌桓府"也指从大宁西移。事实上，此时的大宁，已腾出来归贺讷所率贺兰部众屯驻，原有的乌桓自然只有向周边退让，原来的护乌桓校尉（如果还设有此官或类似官位的话）在大宁暂时已无存在的余地。而且此时所见活动于此地域的乌桓，多是乌桓独孤，他们从种落渊源说来，与大宁并无多大历史关系。

独孤刘显被逐以后，独孤主要代表势力已除，按理说乌桓已无足轻重了。但是乌桓潜在势力很大，有以恢复大宁为其据点的趋向，以至于后燕不得不在大宁地区树立一个乌桓王，以独孤部酋长刘库仁之子、刘显之弟刘亢泥为之，用来控制局面。至于入驻大宁的贺兰部，在此地本无根基，当在随后贺兰与独孤之争中被刘显压逼，随贺讷离去，回归阴山以北了。一个以设有汉晋护乌桓校尉府而闻名的边城大宁，376年从乌桓手中腾给了贺兰部，387年又回归乌桓王之手。不过此时的乌桓王却不是早年从上谷西来的乌桓人的后裔，而是独孤部酋刘亢泥，这个过程，透露了乌桓曲折发育的历史信息。

376年徙于平城的乌桓府，在汉晋时作为乌桓校尉的本部而存在之时，是"开营府，并领鲜卑"的一个官府实体。和林格尔东汉墓的宁城壁画给我们提供了翔实生动的景象。乌桓府是统治营兵的。《后汉书·张奂传》曾提及幽州的乌桓营。十六国以来，护乌桓校尉似已无闻，完整的乌桓营未必一直存在，但也未必没有某种松散的组织形式替代。按其时社会状况度之，有营兵必有其家属构成的营户（军户），历代营户必然积成一种庞大的居民群体，仅仅这一群体，就会构成此地乌桓的一支重要势力。这虽是一个推想，不过要是不做这一推想，苻坚时凭空出现的"移乌丸府"一事就更是无从理解了。对经历数百年的大宁乌桓说来，这只不过是一种象征性的处置。只是从苻坚澄清幽州和代北区域局势的需要说来，从与他占领代北以后处置拓跋部的相同需要说来，一个处理代北乌桓的措施，哪怕是象征性的措施，看来也有其必要性。

补注 以往史家多将赤沙种归入"匈奴之类"。我觉得从《晋书·苻坚载记》前后文意看来，设赤沙中郎将与移乌丸府于平城是性质相同的具体措施，赤沙种理当是乌桓族属，即《后汉书》常见的赤山乌桓。但我在写作此文时疏于检索，未找到直接证据，只是作为假说提出，不敢遽下断语。得滕昭宗先生函告《邓训传》有赤沙乌桓之名，乃作此注以为补正。

《后汉书·邓训传》章帝建初（76—83）中，"上谷太守任兴欲诛赤沙乌桓，〔赤沙乌桓〕怨恨谋反。诏训将黎阳营兵屯狐奴，以防其变。训抚接边民，为幽部所归。六年（81）迁护乌桓校尉，黎阳故人多携将老幼，乐随训徙边。鲜卑闻其威恩，皆不敢南近塞下。"这里史籍明确点出了上谷塞外赤沙乌桓之名，说明我从赤山、赤沙字眼迂回求证是多余的。

在此之前，东汉初年，幽州边患严重，主要是由于"三虏连和"[1]，势力强盛的缘故。三虏，李贤注谓为匈奴、鲜卑及赤山乌桓。东汉"益增缘边兵，郡有数千人"，拜祭肜为辽东太守以防之。建武二十一年（45），鲜卑与匈奴大举入侵辽东，祭肜大败之，并进而利用辽东鲜卑之力，西向攻击渔阳、上谷塞外的赤山乌桓。这些

---

[1]《后汉书》卷二〇《祭肜传》。

军事活动断续进行，迁延三十余年，乃有邓训为防上谷赤沙乌桓而率兵屯驻渔阳之事。赤沙之名大概始此。这证明祭肜所击的赤山乌桓就是邓训所防的赤沙乌桓。祭肜在辽东二十八年，于明帝永平十二年（69）徵为太仆，表明幽州东北边情暂缓；而邓训于章帝建初六年（81）迁护乌桓校尉，居上谷大宁，表明幽州边患西移。《后汉书》卷一八《吴汉传》，"渔阳、上谷突骑，天下所闻也"，此"突骑"盖指入塞的赤山乌桓，亦即赤沙乌桓。赤山乌桓本以其先祖久居之地得名，为何又转称赤沙乌桓，原因不得而知。王先谦《后汉书集解》于《邓训传》引沈钦韩曰："《祭肜传》作赤山乌桓，此赤沙疑赤山之误。"沈氏以史文之误解释，并非定说。

汉、晋以来，赤山乌桓部族迁移运动，无论在塞外还是塞内，都是由东而西。邓训由渔阳狐奴迁上谷大宁，是循此走向；三百年以后大宁的护乌桓府迁驻代郡平城，还是循此走向。

赤山乌桓在西徙过程中，几经与周围诸族撞击熔融。他们之缘边塞西徙者至于燕山山脉西端以后，南渐代北，与循代谷西行者汇合。其中一部分至少到魏晋时已浸润至于陉北、陉南，弥漫于当时的雁门、新兴郡境。《晋书·刘聪载记》所说河间王颙表刘聪为赤沙中郎将，反映了这一部分赤山乌桓转徙的事实。更多的赤山乌桓沉积于代北地区，与自西而东的鲜卑拓跋部长期相抗相联。苻坚灭代后为建立代北新的部族秩序，乃西迁乌桓府于平城。

以此为背景来解读《苻坚载记》"大鸿胪韩胤领护赤沙中郎将，移乌丸府于代郡之平城"一段文字，我觉得是通畅而无滞碍，当初的假说可以说得到证明了。

十二 拓跋与代北乌桓的共生关系

本文以上各节，杂考拓跋、乌桓在代北地区接触的方方面面，自觉内容杂乱而彼此不尽衔接，缺乏系统性。现在把这些问题总括起来思考,论述此二族共生现象,以明本文主旨。其中行文所及与以上各节内容容有重复,读者谅之。

(一)代北各部族发育中的趋同现象

东汉以来,北方诸部族一浪又一浪地涌入幽、并、雍、凉一带。随着其分支迁徙走向及环境变化,各部族不断分解,又不断组合,出现趋同和趋异的复杂现象。趋异,例如鲜卑力微逾阴山驻止于盛乐草原,带着拓跋名号,为北魏始祖;力微长兄匹孤则率部脱离母体,自塞北远走河西,称秃发部,遂创南凉。匹孤、力微部落所处地理条件和种族、文化环境不同,长期间两不相涉,各自独立发展,产生变异。鲜卑慕容与吐谷浑,异部同源,更是显例。魏、晋以迄北朝,新的族名不断出现,诸多"杂胡"之名考不胜考,都是这一历史过程的产物。

与趋异相反的是趋同。2世纪以来草原鲜卑转徙至匈奴故地(此前,乌桓也经历了类似的转徙过程)以后,匈奴余众留者还有十余万落数十万人,丧失了原有的独立冲击能力,皆自号鲜卑以求生存。这是进入鲜卑群体的一个巨大人口数字,所以《后汉书·鲜卑传》说:"鲜卑由此渐盛。"这是趋同的最大实例,也是鲜卑部族群体复杂化的一个重要原因。

南下鲜卑,族落中裹挟有数量极大的匈奴人,他们是否还保有原来的匈奴部落组织,他们与鲜卑在文化熔融上达到什么程度,各个部分并不一致。从幽、并一带内徙部族状况看来,有的保有原来的名称和部落组织而且有较大的独立性,有的被称为某主体族的"别部",有的则二者基本融为一体,甚至带上新的族落名称。这种差别,大概取决于相聚各族人口数量,文化优势,权力分配状况。从长远看来,融合则是总的趋势。这里还只是说到鲜卑与匈奴间的问题。前此乌桓南下之时,必然也会有与匈奴间的各种复杂组合和变异,只是乌桓群体本身内聚力不强,组织分散,留下资料极少,今天只能推测言之，更难确切。

乌桓、鲜卑相继南下，情况必然多相似处。今兴安岭以南以至迤西的阴山地区出土乌桓、鲜卑墓葬中，乌桓、鲜卑文化成分几乎都与匈奴文化成分并存[1]，这就是实证。

其实，以后出现的并州匈奴五部，就其族类状况言之，也决非单一的匈奴，而是包括了相当部分在各个不同阶段被裹胁的他族人，如屠各、乌桓以及名目不同的胡人如西域胡等。他们与主体族匈奴人共生于并州，取向是趋同。只是没等到融合，大动乱出现了。他们中的相当部分与匈奴的共生关系破裂，形成了不同的族类组合和趋异走向，如独孤、铁弗、各种名目的杂胡陆续出现，掀动了复杂的民族互动关系，揭开了十六国局面。这个问题另有学者研究，本文不多涉及。

由以上种种情况可知，趋同、趋异，只是相对而言，在历史过程中有时这样，有时那样。或者两者同时在不同方面显现：就与母体差异增多而言是趋异，就与新环境中他族的调适而言则是趋同。十六国的民族关系，由此显现出其多样性和复杂性。不过归根到底，北方复杂的民族关系，族属差异不是不起作用，但根本之处并不在于纯种族的异同而在于环境养成的文化异同，以及一些偶然因素的影响。先哲曾持有的这种见解，越是深入历史实际，越感觉到准确无误。

本文所关注的上谷、代郡、定襄、云中、朔方一带的乌桓和拓跋，在种族、文化上都多少不等地带有匈奴背景。从这个角度看来，《宋书·索虏传》"匈奴有数百千种，各立名号，索头亦其一也"之说，和《南齐书·魏虏传》"魏虏，匈奴种也"之说，虽属

---

[1] 例见曾庸《辽宁西丰西岔沟古墓群为乌桓遗迹论》，宿白《东北、内蒙古地区的鲜卑遗迹》、《盛乐、平城一带的拓跋鲜卑——北魏遗迹》等文，分载《考古》1961年第6期；《文物》1977年第5期；1977年第11期。又马利清等主编的《内蒙古文物志》（未刊稿）中亦多此种资料。

敌国传闻的笼统之辞，但在种族、文化上也包含有一定的历史真实。鲜卑、乌桓与匈奴在代北地区进一步整合与熔融，趋同而非趋异，这是大势所在。至于在开发程度上处于后进状态的某些地区，因时因地不断形成名目繁多的杂胡种类，则是趋异现象的反映。不过进入北朝以后，杂胡种类不是多起来了而是少起来了。

十六国的杂胡，一般具有明显的地域性、不确定性和短暂性，是此一时期民族状态变化迅速的表现。同样现象在东晋南朝是罕见的。北方与南方这方面问题的比较研究，似乎是一个新的课题，有待开发。

匈奴进入鲜卑者可以自号鲜卑，同理，匈奴进入乌桓者当然也可以自号乌桓。《魏书·官氏志》"其诸方杂人来附者总谓之乌丸"，把本应有确定种族含义的乌桓说得这样笼统，是以偏概全之词，不过也可能包含一些历史真实。据我现知实例，只有出于匈奴屠各的独孤部冠有乌桓名号，甚至独孤即是屠各的异译。也许，被称为乌丸的所谓"诸方杂人"实际上就是特指匈奴屠各，并不是任意指称附魏的所有"诸方杂人"，譬如说西域杂胡就不会被包括在乌桓名称之内。独孤、铁弗先人在某个时期进入乌桓群体而被冠以乌桓名称，这很可能带有偶然性。而《官氏志》却把这种特定现象说成普遍事实，就与历史不尽相符了。

一定时间、一定地域内某些胡族出现的趋异与趋同，往往有两个前提。一是此时此地汉人和汉文化不起或暂不起主导作用，因而汉化过程不显；一是此时此地自然环境有一定的闭锁性，因而对外交往范围有限。本文讨论的魏晋以来拓跋、乌桓在代北的共生现象，就是在这种前提下两族趋同的互动表现，其中拓跋居主导地位。总起来看，魏晋代北地区部族关系最显著的是趋同，它孕育了一个包容乌桓及其他族的有强大生命力的新的拓跋部，足以承担结束十六国纷争的时代任务。这是一个重大历史成果。

这里所称的代北，大体指阴山以南、陉岭以北、上谷以西、黄河以东的地带,地理上为山河所限制,具有闭锁性质。由于汉、魏裁撤边郡,内徙边民,这一带已很空荒。西晋刘琨再徙陉北五县民于陉南,所徙当多是汉人,这一带更空荒了。拓跋猗卢徙十万家以填充这一方数百里之地,这十万家当以游牧的北族为主。这样一出一进,汉文化影响在代北地区更被削弱。先后进入代北的鲜卑拓跋部(主要来自阴山方向)和乌桓(主要来自上谷方向)长久地积淀在这一地区,交错驻牧,相互影响,成为代北草原上新的共同主人。稍后,并州所属新兴郡虑虒的匈奴屠各也从陉南进入陉北,参与了这一区域部族互动过程。还有一些从四方八面进入的部落,一般群体不大,游动不定,作用较小。这就是新的拓跋部得以形成,从而影响代北历史久远的种族、地理、文化背景。

(二)拓跋部历史转折期中的乌桓因素

以《魏书·序纪》史实为线索,我们看到约当西晋十六国百余年中,拓跋历史经历了三次大转折,形成拓跋部落联盟的盛衰起伏,拓跋部就是在这种曲折过程中孳生发育,终于成为一支稳定中国北方社会的力量。它建国称帝比"五胡"局面之起晚了近一百年,但它获得了这一百年的僻处边隅的发育时间,所贮潜力大大超过五胡中的任何一种。拓跋百年发育所经历的三大转折,实际上也是拓跋、乌桓共生历史的演化过程。史籍虽没有留下这种共生关系直接而充分的资料,但可供探寻的痕迹却还不少。

第一次大转折:277年以后,以力微之死为契机 《晋书·卫瓘传》瓘于公元271—278年为护乌桓校尉时,"幽、并东有务桓(乌桓),西有力微,并为边患。瓘离间二虏,遂致嫌隙。于是务桓降而力微以忧死"。以《魏书·序纪》力微之死资料与此参读,可知乌桓、拓跋这同出于东胡的两族皆驻牧代北,一个偏东,一个偏西;两族各为部落,都与西晋护乌桓校尉府有联系,一个较近,一个较疏。两族又都是拓跋部落联盟成员,一个居盟主地位,一个只算从属,所以乌桓库贤才得以居于拓跋力微左右"亲近用事",终于导致拓跋"诸部离叛"。

前引曹永年文,论及《序纪》记力微死翌年"诸部离叛,国内纷扰",自此以后九年(278—286)之中《魏书》均无史实记录,证明部落联盟确已瓦解。286年拓跋绰立,"威德复举",才使联盟重建。曹文说得很对。不过《序纪》于此后平帝、思帝均无大事记录,昭、桓、穆并立之年,即295年,拓跋部始有新气象,才是拓跋真正的振兴。

我认为这次拓跋大转折导因于代北乌桓背叛拓跋,关键人物是库贤。我还认为西晋泰始七年(271)并州匈奴屠各帅刘猛"叛出塞"以及尔后刘猛族人叛服不常诸事,延续了这次拓跋衰败的时间,也增加了叛乱之众与居代北东部的乌桓接触的机会。

据《魏书·铁弗刘虎传》,刘虎先人刘猛为并州匈奴五部的北部帅,居新兴虑虒(今山西五台)之北。刘猛"叛出塞",塞外之地按理说是乌桓之区。《晋书·武帝纪》系此事于泰始七年正月,此年十一月《资治通鉴》又有"刘猛寇并州"事,无疑是自塞外回寇。刘猛八年一月被杀,《刘虎传》记"刘猛死,子副仑来奔"拓跋,无确切年月,当在刘猛死后不久。而刘猛部族则由族人诰升爰代领,在代北的中心部分留有诰升袁(爰)河的名称,可知刘猛所部实际上已是浸润于塞内塞外,陉南陉北,与周围势力广泛发生联系,有乌桓也有拓跋。

刘猛出塞之众的动向,不可能不受卫瓘谍间影响[1]。在力微死后诸部离散的情况下,刘猛族人自然是以就近投向乌桓为便。至于《魏书》只及刘猛子副仑来投拓跋以及刘猛从子(或从孙,即诰升爰

---

〔1〕 日本内田吟风氏《北魏初世匈奴独孤部的盛衰》中曾指出卫瓘谍间之时副仑来降,其复杂背景引人注目,但未深究(该文载《龙谷史坛》90,1987年12月;中译本见《北朝研究》1992年第4期)。内田之文列有独孤、赫连系谱,可参看。但其中辈分错乱,可能涉及匈奴父死妻其后母诸习俗,不可细究。

之子刘虎）来降拓跋[1]而不涉及来降乌桓的事迹，则是由于乌桓部落松散，不立名号，无出众人物为其代表，被认为从属于拓跋部落联盟而无独立历史，史臣遂以之全归于拓跋的缘故。实际上，刘猛部落及族人与此处的乌桓人关系特殊，所以被冠以乌桓名号。也许早年独孤在进入并州匈奴北部之前本来就是乌桓，所以叛离并州后终于会与代北的乌桓结合。不过这只是一种假说，目前尚无资料可以证实。

这就是拓跋居盛乐以后历史的第一次大转折，以及从中窥测到的拓跋、乌桓关系。

第二次大转折：316年以后，以猗卢之死为契机 按286年平帝绰立，《序纪》所载惟一大事是292年平帝以女妻宇文部大人普拨之子丘不勤[2]，而宇文部正是295年拓跋部一分为三之后紧邻东部昭帝禄官的部落。这是拓跋早期其东界曾远至上谷以北、濡源之西的正式记载。拓跋、宇文联姻，当与稍后昭帝得以立国至于濡源之事有某种联系。307年昭帝死，东部地面实际上又脱离拓跋统治，但拓跋、宇文联系仍然存在。二十余年后当拓跋部出现长期延续的君位之争时，一时失败的炀帝以宇文部为援，并且先后向东避走宇文部和慕容部，事详本文第二节。

拓跋三部并立时，中、西两部都有不少开拓性的军事活动，重振并巩固了部落联盟。稍后，猗卢又得总摄三部，归为一统，而拓跋重心则向原来的中部地区转移，势力鼎盛。但是316年拓跋出现内乱，

---

[1]《魏书·铁弗刘虎传》刘猛死，刘虎之父诰升爰及虎相继领部落。刘虎"始臣服于国"，后又举兵外叛。《序纪》穆帝三年（310）刘虎举众于雁门，攻刘琨新兴、雁门二郡，猗卢使弟子郁律助琨击其西部，刘虎渡黄河走朔方，猗卢以功受代公封，得陉北五县地。刘猛之孙、副仑之子路孤平文帝二年（318）降后，不闻有异动。刘库仁即路孤之子。母为平文帝女。从此，匈奴北部帅刘猛后人（刘猛—副仑—路孤—库仁……）及族众（去卑—诰升爰—刘虎—务桓—卫辰……）遂隔黄河分裂为独孤部和铁弗部，二部常有攻伐，亦多联系。参考前揭内田吟风氏文。

[2]《魏书·宇文莫槐传》平帝女误作平文帝女。《魏书》此卷佚，以《北史》补。《序纪》299年昭帝也曾以女妻宇文莫槐之子。

猗卢被杀，部众叛离，拓跋骤衰，造成拓跋历史上的第二次大转折。

追踪这次转折，发现关键之处仍然是拓跋与乌桓的关系。前面各节中，已经涉及此次内乱背景中乌桓诸问题：一是猗卢少子比延有宠，猗卢出长子六脩而黜其母，导致六脩杀比延、猗卢，疑此中矛盾有六脩、比延各自母族部落操纵，并且涉及乌桓；二是桓后祁氏也对内乱起了操纵作用，而祁氏其人可能出于乌桓；三是拓跋内乱引发"新旧猜嫌，迭相诛戮"，以至拓跋所倚仗的"新人"即乌桓及晋人数万众叛归刘琨，拓跋悍战力量丧失殆尽，拓跋"旧人"遂乘机于盛乐拥立平文帝。这是拓跋、乌桓关系影响拓跋部落联盟再次衰败最为显著的事例。

内蒙古凉城出土的印章和饰牌，很有价值。凉城在拓跋中部。乌桓印与鲜卑印同出一处，我以为这正是代北拓跋与乌桓共生现象的一个重要物证。考虑到乌桓王库贤得居拓跋力微身边之例，乌桓首领与拓跋猗㐌同处一地也属可能。这样说来，分属鲜卑（此指拓跋）和乌桓的印章应当就是此二族首领随身之物而被不明的原因掩埋一处。顺此剖析，印章也许正是当年卫瓘受朝廷命赙遗之物，本来分属力微、库贤所有，各自传授后人而得同时出土于拓跋中部地境，而这里也是猗㐌居止附近之地。

除了以上推测以外，还有可寻之迹，就是猗卢死后拓跋内乱中卫雄、姬澹率乌桓、晋人叛走的问题。拓跋内乱，迅速演变为旧人和新人的仇杀，地点在原拓跋中部以及迤南地带。卫雄、姬澹皆代郡人，与代郡乌桓和晋人联系自然较多，而旧人立平文为帝则在拓跋根本之地盛乐。平文帝以贺兰部女为妻，正反映了盛乐对阴山草原部落的依赖。此一变化过程可以反衬猗㐌、猗卢之时乌桓人在拓跋部中拥有重要地位，以至于引起拓跋部旧人的不满。正是这种现象引起拓跋旧人忌恨，终于导致双方残酷的斗争。

中部拓跋、乌桓在斗争中两败俱伤，桓帝祁后则留据中部，与本居西部的平文帝周旋。平文帝与屠各刘路孤（乌桓独孤）联合，暂时同徙于东木根山,进逼中部祁后后方之地。祁后发动突然袭击,害死平文帝及拓跋大人,护持己子为帝。平文帝妻贺兰氏之子依恃舅部,与祁氏诸子反复夺位,使拓跋内争长期延续,核心问题仍是新人、旧人之争,按地域说是中部与西部之争。这是拓跋、乌桓之争的强烈余波。不过乌桓族本不富于凝聚力,代北两种不同类别的乌桓更没有互相统属的历史关系。被称为乌桓独孤的刘路孤,出于一时的需要,与平文帝拓跋郁律同驻东木根山,与本为乌桓拥戴的祁后处在对立地位。这种阵容混杂的情况,在当时并不只是个别现象。下文将要说到的平文王皇后,出自乌桓而在政治营垒中却又代表盛乐拓跋旧族,也是一个重要例证。

拓跋内乱除新旧之争以外,有桓、穆、平文诸后族介入,形势更为复杂。六脩母族当属新人。比延之母当出旧人阵容。穆帝晚年宠比延而出六脩,意味着重新依靠旧人,至于"黜其母",则是防六脩母族干预穆帝的行动。

延续的内争,起先优势在祁氏及其所立诸子一边,后来平文帝旧人依靠贺兰部得势,消灭了祁后势力。但胜利一方的权力已在平文王皇后之手,王皇后是祁后以后的又一政治强人,但出身却不是拓跋旧族。

王后是昭成帝之母,其身世年纪已见前考。《皇后传》记321年祁后害死平文帝时,"昭成在襁褓。时国有内难,将害诸皇子[1]。后匿(昭成)帝于袴中,……得免于难"。祁后害平文及拓跋大人,还将杀害平文诸子,这是祁后的一次大胜利。但经过反复争夺,平文帝后人一系振兴,终于树立了北魏皇统,功劳在王皇后。

据前考推算,王氏入宫很可能在316年,也就是拓跋内乱爆发

---

[1] "将害诸皇子",则皇子不只昭成一人。《序纪》称昭成为平文之次子,则长于昭成的只有一人,此人就是贺兰部之甥烈帝翳槐。贺兰氏生翳槐在平文帝未立为国君之时。按拓跋旧俗,贺兰氏未曾取得皇后资格,所以未入《皇后传》。而且稍后贺兰部在拓跋部的势力被王皇后抑制,所以史传此时少有贺兰纪事。

之年。内乱中新旧相残，广宁乌桓自然属新人阵营。平文帝立，王氏"因事入宫"，我分析她就是随广宁乌桓成为旧人的俘虏，没入掖庭。平文死时王氏十八岁，在拓跋部中尚难有稳固地位，所以拓跋旧人对付祁后新人，主要恃平文长子翳槐舅部贺兰。昭成稍长，王氏当为己子预筹地步，所以断然制服贺兰，使之不能进入拓跋部的权力中心。这样，本出于乌桓新人的王氏，逐渐成为旧人营垒的核心人物。昭成初立，她从眼前形势考虑，极力反对拓跋大人所议迁都灅源川的主张，以留驻盛乐为万全之计；但从拓跋发展前景考虑，又力促与代北东部多有联系，因此而有"朝诸大人于参合陂"以及与鲜卑慕容部联姻之事。王氏个人所行，体现了新人旧人矛盾的逐渐调和，其种族内容则是体现了拓跋、乌桓共生历程的新阶段。拓跋从部落联盟转向道武帝的帝业，王氏是承前启后的一个关键人物。

从代北地区拓跋、乌桓共生历程看来，新人旧人斗争毕竟只是其中的一个片段，一个插曲。猗㐌、猗卢也好，卫雄、姬澹也好，桓、穆诸后妃及其部族也好，各自做完历史性表演以后都湮没无闻，《魏书》中著录为平文帝正式皇后的王氏，才是这一历程的真正代表人物。平文图南，未遂其志。王太后辅昭成帝排除险阻，稳定拓跋内部，休养生息，拓跋始得复振。《平文王皇后传》谓"烈帝之崩，国祚殆危，兴复大业，后之力也"[1]。由于王皇后的经营，拓跋部在这一历史关口没有发生重大转折，反而使杂乱无绪的君统继承，纳入严格的父死子继秩序[2]，从平文帝始，构成北魏皇室大宗，经历北魏一朝百余年未受大的破坏，这对拓跋部言是一个极大的历史功绩。道武帝建国时尊平文帝为太祖，尊王氏为太祖皇后，不是没有道理的。《王皇后传》评论她担当了拓跋"复兴大业"，并非虚誉。

---

[1] 王太后至昭成十八年（355）始死，见《魏书·序纪》。
[2] 接替王太后巩固拓跋父子继承制度的人物，是道武帝贺太后，也是一个历史强人，参《魏书·皇后传》。前揭《子贵母死》一文，对贺太后有较多分析。

桓后祁氏诸子势力在复辟、反复辟斗争中被消灭后，拓跋部中似乎已见不到乌桓的明显作用。这就是说，王太后只能依靠拓跋旧人的支持，而没有外家乌桓部为依靠。不过《魏书·王建传》说，王建祖姑王太后有兄弟王丰，"以帝（按指昭成帝）舅贵重"；"丰子支，尚昭成女，甚见亲待"；王建本人也是"少尚公主"。现存北魏墓志中，也能见到王氏其他的国婚关系。从这些看来，王太后虽出掖庭，但并非母族无人。昭成帝前期王太后当政时，建立了与东部慕容部的密切联系，居东的乌桓当也在其联系范围之中。王太后曾反对拓跋大人迁都㶟源川之议，反对城郭而居，但这只是惩于猗卢酿成大乱，惩于此时"事难之后基业未固"，而不是从根本上要求蛰居盛乐一隅，反对进取。只要留意迁都等议自拓跋诸大人出，而大人会议之地不在盛乐而在参合陂，即可理解此时的拓跋部已不是昔日诸大人为反对中部一带的乌桓势力而固守盛乐时的形势了。

　　还有一点值得留意。昭成即位、王太后主政以来，拓跋与乌桓对立的典型事例极少发现，对立的意识在淡化之中。虽然在特定条件下代北乌桓仍然举足重轻，如前秦灭代后独孤刘显一度势盛，但道武帝兴起，先后消灭了刘显及其弟刘亢泥，而且用以消灭乌桓王刘亢泥的主要将领，恰恰就是出自广宁乌桓的王建。这反映了拓跋与乌桓之间关系的微妙变化。

　　乌桓独孤与拓跋部实际上也是一种共生关系，跟自上谷西出的乌桓与拓跋的关系基本一样。不过它们毕竟来自屠各，自有固定的部落，固定的首领，也有相对有序的传承制度，这与前此自上谷西来的乌桓又不一样。所以这部分乌桓人与拓跋的熔融还需要另外的机遇，另外的撞击，因此形成拓跋历史另外的一次大转折。这就是苻坚灭代后出现的代北局势。

　　第三次大转折：376年以后，以苻秦灭代为契机　昭成之时，独孤刘库仁为南部大人，其母为平文帝之女，此女当即出自乌桓的王太后所生。其妻为拓跋宗女。看来拓跋、独孤交好已维持数十年之久了。拓跋与自称为胡父鲜卑母的铁弗，关系比较复杂。铁弗屯驻朔方，时和时寇，但亦常有婚姻关系和通使往来，并未隔绝。359年铁弗刘卫辰立，其时朔方以南关中地区的前秦已很强盛，刘卫辰对苻秦和对拓跋首鼠两端，与独孤态度不一样[1]。前秦灭代，用独孤和铁弗分统黄河东西两边的拓跋，而拓跋所驻，主要是在黄河东边由独孤所统的代北地区。这就是拓跋历史第三次大转折中所见最关键的一幕。乌桓独孤统治了拓跋，乌桓独孤客观上又保全了拓跋，两者在曲折道路上继续发展共生关系。

这一次拓跋历史转折中的重要人物，是独孤部刘库仁之子刘显。刘显对待拓跋部的态度，与库仁以及与库仁弟眷和眷子罗辰（奴真）都不一样；就连与显弟亢泥，原来也不完全一样。《魏书·刘库仁传》载罗辰谓父眷曰："从兄显，忍人也，为乱非旦则夕耳。"贺太后庇托于独孤部时，"显使人将害太祖（拓跋珪）"，显弟亢泥妻为昭成帝女，密告贺后；平文帝外孙梁眷亦来告，贺太后母子始得脱难奔于贺兰。386年拓跋珪即代王位于牛川，刘显遭弟亢泥迎道武之叔拓跋窟咄北来争位，造成道武阵营很大的震骇。

刘显，后来还有其弟亢泥，对拓跋部取敌视态度，或者另有恩怨的背景。只是独孤与拓跋世婚亲近，此时拓跋又受庇护于独孤，独孤自然易于介入拓跋事务，对拓跋未来传人的选择尤其关注。刘显迫害道武，刘亢泥迎窟咄与道武争位，而刘罗辰则取相反态度，在关键时刻奉妹与道武。这都是拓跋历史上有关部族干预拓跋君位传承秩序故伎的最后一次上演，而登场的部族是与拓跋长期共生的乌桓独孤。以后，与道武帝关系密切的独孤各个部分，在道武创建帝国过程中被一一征服而部落离散，这些独孤人实际上逐渐同化于拓跋。这可以说是拓跋与乌桓独孤共生历程的尾声。准此，前面所

---

[1] 独孤亦有附秦之事，如360年10月乌桓独孤与鲜卑没奕于各率众数万降秦，见《晋书·苻坚载记》及《资治通鉴》卷一〇一。但此独孤是否原属刘库仁部，不得而知。而且这也只是个别事件。

说苻坚灭代后迁乌丸府于平城，也可以说是原有的以大宁为据地的乌桓人与拓跋共生历程的尾声，时间早于独孤二十余年。至于朔方的铁弗，在拓跋珪以"图南"为务时反而获得独立发展条件，以赫连为姓建立夏国，历史上被认定是一个匈奴国家。夏国延续了半个世纪，才被北魏征服，部众融入拓跋之中。

拓跋与两种类型乌桓的共生历程分析既竟，还有一处乌桓资料不可不作交代，即两《唐书》中所见乌桓王氏问题。《新唐书》卷七二中《宰相世系表》乌丸王氏条："光，后魏并州刺史。生冏，度支尚书、护乌桓校尉、广阳侯，因号乌丸王氏。生神念……"按此段文字，赵超《新唐书宰相世系表集校》及前此岑仲勉《元和姓纂四校记》均无重要补正说明之处。王神念后人南奔。《旧唐书》卷七〇《王珪传》："在魏为乌丸氏。曾祖神念自魏奔梁，复姓王氏。"

按据《梁书》卷三九《王神念传》、卷四五《王僧辩传》以及《魏书》卷八《宣武帝纪》，知王神念太原祁人，北魏颍川太守，永平元年（508）与子僧辩一起投梁。王神念死于梁普通六年（525）稍后，年七十五，估计约生于北魏太武帝之末。其父王冏任护乌桓校尉之官，约当明元帝至太武帝时。不过北魏史中不见有护乌桓校尉之官[1]，亦不见有王冏之名。道武帝建国后的历史中，甚至连乌桓之名也很罕见。所以王冏为北魏护乌桓校尉事或系后人误记，不足为据。马长寿《乌桓与鲜卑》专著中也曾提及此一资料，但未作说明[2]。

（三）拓跋、乌桓共生现象的种族文化根源

在结束拓跋、乌桓共生关系讨论之前，还需探明一个问题。共生关系不可能没有撞击，但撞击毕竟不是以两族长期战争形式出

---

[1]《魏书·官氏志》有护匈奴、羌、戎、夷、蛮、越中郎将和护羌、戎、夷、蛮、越校尉，而无护乌桓校尉官名。
[2] 马长寿：《乌桓与鲜卑》，169页。

现，也不以分离为其最终结局。撞击一般说来规模有限，而且往往处于隐性状态。这当如何解释？

拓跋和乌桓同出于东胡而各有独特的发展历史。它们在代北地区得以长久共生，除地理原因外，更有其部族的社会文化背景。其相异相同之处，恰好能使两者相容相补。据《三国志》注以及《后汉书》的乌桓、鲜卑传文，我们知道鲜卑、乌桓语言相通，习俗大致相同。这是二者得以长久共生最为有利的条件。相异之处也有不少，最显著的是乌桓较鲜卑更为勇猛善战，这在前文中早已论及。其次是乌桓社会组织散漫，这需加以说明。

乌桓之俗，有勇健能理决斗讼者推为大人，这保证了乌桓人经常处在战斗力强盛的状态，经常被驱使从事各种战争。大人传袭不需父子相承或兄弟相续的条件，所以说是"无世业相继"。又，乌桓氏姓无常，以大人健者名字为姓，大人替换，乌桓氏姓也可能随着改变。大人以下各自畜牧营产，不相徭役，因此在部落小帅之上，只凭大人威望相召唤，并无层层固定组织加以统领[1]。这些习俗使我们得以理解，乌桓作为一个部族，其内部凝聚力不强，难于使部族社会持续发育，延绵不断，以达到一个更高阶段。

乌桓之兴先于鲜卑，南下犯汉边也在鲜卑之前。霍去病击破匈奴左地，就有徙乌桓于上谷、渔阳等五郡塞外并置护乌桓校尉拥节监领的措置。相比之下，鲜卑通汉，已到东汉光武帝之时。但是当东汉桓帝时鲜卑檀石槐立庭于弹汗山歠仇水上，统一鲜卑各部，尽据匈奴故地之际，乌桓仍散处各地，不曾出现一个像檀石槐那样的领袖人物。灵帝时辽西、上谷、辽东属国、右北平各郡乌桓曾先后称王，但各自为政，不相统属。前注所引《英雄记》袁绍承制拜三单于

---

[1]《三国志·魏志·乌桓传》注引《英雄记》载建安初年袁绍遣使即拜乌桓三王为单于，版文中有"始有千夫长、百夫长以相统领"之语，知乌桓军中统领的十进位制汉魏之际始建。颇疑魏收书《官氏志》乌桓杂类"各以多少称酋、庶长"，与千夫长、百夫长是一回事。

版文中说到其余乌桓部众均受三单于节度，实际上只是具文而已。中平四年（187）汉人张纯叛入辽西乌桓中，"自号弥天安定王，遂为诸郡乌桓元帅"，不过是偶然出现的一段插曲，不久张纯就被汉幽州牧刘虞购杀。稍后乌桓王蹋顿总摄三郡，只是与袁绍略通声息，昙花一现而已。这些乌桓活动，多有汉人官吏导演。

纵观乌桓附塞、入塞以后的历史，乌桓之众一般只以汉郡之名相称，作某郡乌桓，而无原来部落的固定名号。这正是乌桓氏姓无常、无世继之业、无相对稳定的传袭制度的表现。所以魏晋以来乌桓越上谷与拓跋相遇于代北地区以后，一方面，拓跋凭借自己相对稳定的部落联盟组织的力量，吸引和包容西来的乌桓，甚至使乌桓奉戴拓跋名号；另一方面，乌桓久已驰骋中原，为天下名骑，因而得以用其强大武力支持拓跋。可以说，拓跋与乌桓在代北共生，是拓跋的组织和乌桓的武力的结合。代北此时尚属空荒，拓跋、乌桓并不存在生存空间的激烈竞逐。两者接触，虽然冲突往往而有，而且外来谗慝之起有时能酿成遽变，但终于没有成为拓跋、乌桓之间的生死对立。这就是拓跋、乌桓能够在代北地区共生达百余年之久，终于完成了两族融合这一事实的社会文化原因。

拓跋和乌桓文化习俗颇多相同这一事实，使我萌生了一个疑问，这就是，从乌桓的古老文化习俗中是否可以发现与北魏后宫子贵母死之制相关的某种现象？

我在《北魏后宫子贵母死之制的形成和演变》一文中，探讨道武帝建立此制的认识来源问题，认为所谓袭用汉武帝钩弋夫人故事之说，只能是道武帝周围汉臣根据形势作出的迎合道武的一种说法而已。对于守拓跋旧制，排周、汉典诰的道武帝而言，作出子贵母死的残酷决断并形成定制，以图解决长期困扰拓跋统治层的君位继承问题，可能有更深层的认识根源，应从古老的拓跋习俗中去寻找。我反复思考《序纪》中"诘汾皇帝无妇家，力微皇帝无舅家"之谚，觉得知父而不知母，事出蹊跷，不符合各族初民知母而不知父的通则，可能包含有某种历史幽微，因而从这里作了一些探索。现在，我试图从另外的思路探索这一问题。既然王沈书和范晔书的鲜卑传文中都说到鲜卑"言语习俗与乌桓同"，那就看看乌桓历史中能否找到对于拓跋历史的可资启发的材料。我思考这一问题，不仅由于子贵母死制度贯穿于北魏一朝百余年的政治历史，虽有反复动荡而无法根本改变，直至孝明帝之世；而且也由于它是一种社会文化现象，承载着拓跋部在其进化过程中的精神痛苦。

王沈书和范晔书，都记载乌桓人性悍，"怒则杀父兄，而终不害其母，以母有族类，父兄以己为种，无复报者故也"。其约法，"自杀父兄无罪"。乌桓历史资料极少，上述记载无法在乌桓史中得到印证，但是在与乌桓言语习俗相同的鲜卑拓跋部中，却很能启发思考，找到例证。

《魏书》序纪、诸帝本纪以及诸宗室人物列传中，拓跋杀父杀兄资料并不罕见，在君位传承关键时刻，事例尤多，而且时人及史臣并不太引以为异，多所责怪[1]。较晚出现的著作如《资治通鉴》等，往往将这类弑父杀兄史实《魏书》用隐晦言辞如"暴崩"、"猝死"来表述者，改从明言，直书弑杀。所以这种乌桓习俗在乌桓史籍中难见实例者，在拓跋史籍中常能见到。

更重要的启发是，乌桓辄杀父兄而终不害其母，以母有族类，将为报复的记载。从部族复仇意义上讲，杀母与杀妻的后果都是一样。我觉得这在拓跋中也多有痕迹可寻。据《官氏志》，拓跋孳生繁衍，部落自然分裂，血缘相近的"七族"、"十姓"有百世不通婚的约法。拓跋娶妻取之他族，嫁女亦然，实际上形成一些世代通婚的部族。拓跋母族、妻族为了保护拓跋母、妻的安全，维护其地位，不免要干预拓跋族内事务，尤其是后嗣的继承，因此出现后族难制局面。强后与后族跋扈难制，必然潜伏君主与其母、其妻以及母族、妻

---

[1] 赵翼《廿二史札记》卷一五"后魏多家庭之变"条，有所统计，尚不全备。

族的矛盾。在某种特殊情况下,如君权受到过度抑压而求有所伸张,找不到别的手段,就只有诉诸激烈的暴力,甚至于杀母杀妻。诘汾之妻与妻族可能就是因此与拓跋决裂而被消灭,留下诘汾无妇家之谚。诘汾之子力微也可能由于同样的原因,杀妻与妻族大人以杜绝部族复仇。诘汾、力微的行为是非常危险的,它虽曾奏效于一时,但对于拓跋部落联盟的长远维系极为不利,不能代代重演。

力微以后,拓跋部强后迭出,我疑这正是对杀妻杀母之风的一种矫正,一种反弹。强后各有部族背景以支持自己在拓跋部实施权力,形成持续了若干代的传统。这种传统非常顽强,《序纪》、《皇后传》中所见祁后、王后、贺后都是这样的强后。再早的封后可能也是如此。这样,部落联盟得以稳定,即令瓦解了也能复聚。但是,这又导致拓跋君位在同母兄弟之间转移,而父子传承之制久久不能得到普遍认同,酿成无穷纠纷,迁延近百年之久。如果不出现制度性的改变,拓跋历史还走不出兄弟(甚至还不只是同辈兄弟,还可能有父辈兄弟以及其间的交错)相残夺取君位的老路。[1]

道武帝拓跋珪突破旧的秩序,建立和巩固专制帝国,不能继续遵循这一部落联盟时代的行为准则。他采取了极端手段以图扭转积重难返的局面。他先是用离散部落的办法以摧毁庇护过他的妻族独孤、母族贺兰的部落组织,然后又正式建立子贵母死之制以保证拓跋君位的长子继承秩序。道武帝先后采用的极端手段,达到了预期的不令妇人与政,不使外家为乱的目的,这正是拓跋历史百年教训的一个核心问题。从文化习俗和认识根源说来,这又是对遵循已久的乌桓怒则杀父而不杀母(实际上拓跋在神元立后至道武死前的百余年中亦然)的一种逆反行为。只有像道武帝这样"出自结绳"的野蛮人,在思考身后之事的时候,才敢于采取这样断然的残酷行动,

---

[1] 关于这一点,后来道武复国后与其叔窟咄的殊死搏斗即是明证。道武在位时诛杀逼死诸弟、诸叔还有一些,也是旁证。

来巩固专制君权和稳定继承制度的政治目的。千百年来,史家谴责拓跋残酷,尤其是谴责道武刑杀之滥的议论很多,但大多偏于从伦理立论,少有从民族文化习俗和历史条件作出分析。在野蛮孕育文明的人类进化过程中,当一个部族、一个社会群体走完了进化过程的某一阶段而高奏凯歌之时,它们在精神上还可能承受沉重的负担,隐藏着由于他们的残酷行为而留下的心灵痛楚。我们为拓跋的历史感到沉重,为乌桓的历史感到沉重,也为人类历史包括我们亲历的历史感到沉重,而祈求理性的进步。

补注 内田吟风《柔然族研究》文中,说到北魏子贵母死之制"大概就是对于母可敦及其氏族政治势力过大的一种矫枉措施"。这就是《魏书·太宗纪》开篇所述的意思。内田还说"鲜卑、柔然母可敦势力的强盛,或许与乌桓初期子虽'杀父兄,而终不害其母,以母有族类'这种习俗也具有关连"。这一点,本文思路与内田略同。内田此文原载《羽田博士颂寿纪念东洋史论丛》,1950年;后收入内田的著作《北アジア史研究——鲜卑柔然突厥篇》,同朋舍,1975年,273—318页;中译本载《日本学者研究中国史论著选译》第九卷,中华书局,1993年,37—84页。

《代歌》、《代记》和北魏国史

——国史之狱的史学史考察

一 《真人代歌》释名

读魏收书,留意到《乐志》所载《代歌》问题。《乐志》谓"凡乐者乐其所自生,礼不忘其本[1]。掖庭中歌《真人代歌》,上叙祖宗开基所由,下及君臣废兴之迹,凡一百五十章,昏晨歌之,时与丝竹合奏。郊庙宴飨亦用之"。我不懂音乐和音乐史,但是觉得代歌内容从"上叙祖宗开基所由,下及君臣废兴之迹"看来,应该就是拓跋史诗,很有史料价值,值得读史者探究。只是曲谱无存,歌词散失殆尽,研究《代歌》本身已不可能,姑且当作史学史上的一个话题来思考,看看能否从中发掘出一点东西,可供拓跋研究之用。

《乐志》所说的"时",意指代歌进入北魏乐府之时。因为代歌本是鼓吹乐,军中奏之,入乐府后始"与丝竹合奏",才脱朔漠土风而登进于庙堂宴飨。北魏始设乐府,年代甚早。魏平中山,晋伶官乐器屡经转徙遗散之后而得留存者,多入代北,理当设官司理,但只是草创而已,乐工、器物、乐谱、歌词都远不完备。辑集代歌之事似乎

---

[1] 此二句本于《史》《汉》。《史记·乐书》曰:"乐,乐其所自生;而礼,反其所自始。"《汉书·乐志》系此于叙房中乐(安世乐)中,曰:"凡乐,乐其所生,礼不忘本。"不忘"自生"、"自始",则先祖开基,子孙繁衍,历世兴废,无不蕴之于心而表之于礼乐。可见魏收叙拓跋礼乐,立意与班、马契合,并非只从鲜卑本俗着眼。

《代歌》、《代记》和北魏国史

与设乐府大体同时，有代歌之辑即有乐府。《乐志》叙代歌事于天兴元年至天兴六年（398—403）之间。以后拓跋破赫连，平凉州，通西域，所得稍广，乐府渐有规模。孝文帝务正音声，搜求古乐，乐府始盛。乐府音声审定，器物调适，歌词取舍，编撰次第诸事，魏初邓渊首居其功，以后续成者则有高允、高闾等人。

代歌，《隋书·音乐志》未曾特别言及。但《隋书·经籍志》小学类有《国语真歌》十卷，无解释，姚振宗《考证》亦无说，我认为就是指代歌一百五十章。国语即鲜卑语，代歌是用汉字写鲜卑语音而成。至于真歌之名，似乎另有内涵，下面再作探讨。《经籍志》还有《国语御歌》十一卷，不知是否与代歌有关系。

《旧唐书·音乐志》、《新唐书·礼乐志》都有代歌资料，又称北歌。这是由于两唐乐志在有关部分列叙四夷之乐，入代歌于其中的北狄乐中，故有北歌之名。北魏迁洛以后，对于拓跋旧物都以代、以北为称，所以北歌、代歌同义。两唐乐志都说北歌是"燕魏之际鲜卑歌"。所谓"燕魏之际"，当以道武帝皇始元年（396）建天子旌旗、取并州、夺中山，至天兴元年（398）克邺、灭后燕、定都平城为基准，北歌辑集当在此时。而所谓"鲜卑歌"，是总括此时鲜卑各部之乐而言，包括以拓跋为主的代歌在内；也可能泛指十六国至北魏的胡歌胡乐，在燕魏之际以至较晚的时间之内陆续辑成。两唐志所叙"燕魏之际鲜卑歌"，所指年代并不严格。

两唐乐志都说北魏乐府代歌，到周、隋之世与西凉乐杂奏。原有的代歌一百五十章由于只有鲜卑音而无汉译，理解者越来越少，以至逐渐失传，至唐时只存五十三章，而名目可解者只有六章。两唐乐志录有六章名目，即"慕容可汗"、"吐谷浑"、"部落稽"、"巨鹿公主"、"白净王太子"、"企喻"。郭茂倩《乐府诗集》卷二五《横吹曲词》录载了几章汉译歌词。从这几章汉译歌词看来，两唐乐志所说到的代歌内容与发展情况，大大超越了《魏书·乐志》所说的代歌。所叙可解者六章与《魏书》不能吻合，时代一般较晚，也无关道武帝先人事迹。六章中之"部落稽",十六国时称山胡、稽胡;北魏末年史籍所见,或称"步落坚"[1],或作"步落稽"[2],译音不同而已。其事迹中未见与拓跋先人有何涉及之处。"巨鹿公主",《旧唐书·音乐志》说似是姚苌时歌,其词华音,与北歌也不合。"企喻",据《乐府诗集》卷二五引《古今乐录》,其四曲之一是苻融诗,不涉及鲜卑。所有这些,与《魏书·乐志》所说代歌"祖宗开基所由"、"君臣废兴之迹"的鲜卑史实都不是一回事。不过,旧志又说"其不可解者,咸多可汗之词。此即后魏世所谓簸逻回者是也,其曲亦多可汗之词"。此事在隋志中有相应记载,可以确认为魏世之作。隋志谓"天兴初吏部郎邓彦海(渊)奏上庙乐,创制宫悬,而钟管不备,乐章既阙,杂以簸逻回歌"。簸逻回即指大角,北狄导从卤簿之乐,马上用之。所谓"不可解者多可汗之词",似内容为历代鲜卑君主言语行事,这与魏志所谓"祖宗开基"、"君臣废兴"云云,或者可以合辙。

以上的资料和解析,使我理解到唐乐府中的北狄乐、鲜卑乐、代歌,是三个大小范围不一的名称。北魏代歌一百五十章,唐以前多半陆续散失,也有新章羼入,所以唐志所说的代歌已不全是北魏时的原貌了。所谓唐时尚存而又可解者六章,其中的"部落稽"一章属于大范围的北狄乐(部落稽族属来源主要是匈奴),"慕容可汗"和"吐谷浑"二章属鲜卑乐范围,但非拓跋。只有严格意义的代歌才是拓跋歌,但也不能完全排除其他鲜卑歌包含其中,因为拓跋在推寅时还曾是鲜卑檀石槐势力的一部分,称西部鲜卑。唐志成书,距代北拓跋年代已远,北魏乐府歌词变化很大,最重要的是鲜卑语言已逐渐鲜为人知,所以难于区分乐府各部分来源演变,以至于对代歌的叙述混淆不清,产生了上列的矛盾。

也许还可以这样认定,代歌是经过拓跋君主有意筛选甚或部分

---

[1]《北史》卷四八《尔朱荣传》。
[2]《北史》卷六《齐神武纪》魏普泰元年。

《代歌》、《代记》和北魏国史

改造的"燕魏之际鲜卑歌"。筛选是按照道武帝个人意志行事，目的是用口碑资料中的拓跋传说，也不排除鲜卑各部共同存留的传说，编成歌颂先人功烈的歌谣，于代人中广为传播，为道武帝的帝业制造舆论。《乐志》所说代歌中"祖宗开基"、"君臣废兴"的具体内容，如"力微皇帝无舅家"之类，道武帝正需借鉴，是他在创业时期朝夕思虑的大问题。《魏书·崔玄伯传》说其时道武帝"历问故事于玄伯"。又说"太祖常引问古今旧事，王者制度，治世之则。玄伯陈古人制作之体，及明君贤臣，往代废兴之由，甚合上意"。道武帝满心关注的有关治道的掌故，崔玄伯等人所能提供的，只限于汉人典籍所载，非拓跋旧事，而拓跋开基废兴诸事，却正是代歌的核心内容，道武帝更所需要。为此目的替道武帝筛选辑集代歌的人，从文献查找，只能找到邓渊一人。只有邓渊一人，于天兴元年冬奉命定律吕，协音乐，这势必涉及代歌；也只有邓渊一人，几年以后又受诏撰修代记，这也势必要以代歌所涉为重要资料。两唐乐志都说代歌是"都代时命宫人朝夕歌之"，所歌又尽代人之事，因而有代歌之称，迁洛以后不一定还有此需要。而且鲜卑语音大多既被遗忘，代歌也不再具备原来的意义了。

　　我还想用拓跋人爱歌的风习，来加强代歌是拓跋史诗，是拓跋古史资料来源的看法。拓跋爱歌的风习是历史上早已形成的，到了平城和洛阳已有汉字可供使用的年代，这种风习仍然依旧。《序纪》说拓跋先人"世事远近，人相传授，如史官之记录焉"。所谓人相传授，当是有言有歌，基本上都是口述的拓跋历史资料。一个部族，一个部落，甚至一个家庭，都有这种口述传授的资料。北魏皇帝是爱歌的。太武帝神䴥三年（430）行幸广宁温泉，作温泉之歌以纪其事，见《世祖纪》。他令乐府歌工历颂群臣，赞美"廉如道生，智如崔浩"，见《长孙道生传》。其他臣工当各有诗歌赞颂。《文明冯太后传》载，冯太后曾与孝文帝幸灵泉池，孝文帝率群臣上寿，"太后忻然作歌，帝亦和歌，遂命群臣各言其志，于是和歌者九十人"。耆宿之臣元丕（422—503）为烈帝翳槐后人，历仕太武、景穆、文成、献文、孝文、宣武六朝，以能言"国家旧事"[1]见重于时。《北史·元丕传》："丕声气高朗，博记国事，飨宴之际，恒居座端，必抗音大言，叙列既往成败。"孝文帝说他"亲歌述志"，当然是又说又唱了[2]。

北魏墓志中也有一些歌唱家族史传的例证，具有参考价值。永熙二年（533）元肃墓志，记肃父扶风王怡"道勋出世，列在歌谣"[3]，这种赞颂歌谣可能是乐府歌工奉命所作，如赞长孙道生、崔浩之例；也可能是贵族家传自编之作，子孙相传，可能还流传于世。正光五年（524）元子直墓志，说到其家世业绩"故已播在民谣，详之众口"[4]。永熙三年（东魏天平元年，534）张瑾墓，自矜其家世"吟谣两穗"[5]。这些可吟可唱的歌谣，其内容大概相当于汉人大族的家传。还可注意的是，武定八年（550）穆子岩墓志赞美先人事迹说："家图国史，可得详言。"[6]然则贵族家世记录除歌谣以外，还有家图相配。

有一种文化现象曾令我不得其解，就是当拓跋人已进入高速汉化轨道之后，拓跋皇族人物自记其先人名字，仍旧任意用汉字写鲜卑音，而不遵循官方规范，与今本《魏书》所见多异。这也是从墓志材料中看出来的。永平四年（511）元倪墓志志阴铭文，谓墓主的六世祖

---

[1] 《魏书》卷一〇八之三《礼志》三。
[2] 阎步克教授见告，北魏的太常乐户，属杂户之一种，数量不少，可以视为拓跋朝野崇尚乐舞的佐证。我同意这个说法。
[3] 赵超：《汉魏南北朝墓志汇编》，天津古籍出版社，1992年，303页。元怡、元肃，景穆帝之后，《魏书》卷一九下有传。本文所用赵超《汉魏南北朝墓志汇编》资料，均分别与中州古籍出版社1989年版《北京图书馆藏中国历代石刻拓本汇编》第3、4、5、6册所刊拓本对勘。
[4] 赵超：《汉魏南北朝墓志汇编》，150页。
[5] 同上书，314页。张瑾并非代人，大概是受代风影响而作此说，也可能只是自饰家世而已，并非真有可吟可唱的歌谣。按墓主此年七月死，正朔在北魏，十一月葬，已属东魏正朔了。
[6] 同上书，381页。此墓志《北京图书馆藏中国历代石刻拓本汇编》未收。

为昭成皇帝；五世祖为昭成第八子受久[1]；高祖常山王遵[2]，字勃兜；曾祖常山康王素连；祖河涧简公于德；父悝，字纯陁。按，以墓志核对《北史》和《魏书》的《常山王遵传》，名字异处甚多。一、受久，本传作寿鸠；二、遵，字勃兜，本传不载其字，元昭墓志[3]则作字兜；三、素连，本传作素，元昭墓志则作连；四、于德，本传作德；五、悝字纯陁，本传不载其字。

显然，墓志所见名字当是据家传歌谣，有真实性，为家常所使用者；《魏书》则当据官府文书。北魏有宗正[4]，宗室人员名字，宗正必有文书记录，是在官的正式名称，却并不被本人及家族重视，因而有如上歧异出现。歧异之处虽多数是名氏中以单音节汉字译写前此通用的拓跋多音节旧名，但"受久"、"寿鸠"却是另例。从这里也可推知，直到魏末，拓跋人仍不重视汉字汉语，记事仍以歌谣为准，风习未改。前引元肃墓"道勋出世，列在歌谣"，歌谣作用甚过文字叙述。顺便论及，甚至连汉字拓跋作为国姓，也未被普遍认同，西魏北周恢复胡姓，民间写拓跋为揫拔。北周武成二年（560）《合方邑子百数十人造像记》所刻邑子姓名中，拓跋全作揫拔，共有十余人[5]。初疑这是民间讹写，一方流俗，后见镌刻精美的北周大将军

---

[1] 元伴墓志见赵超《汉魏南北朝墓志汇编》，60页。据《北史》卷十五，"昭成帝九子，庶长曰寔君，次曰献明帝，次曰秦王翰，次曰阏婆，次曰寿鸠，次曰纥根，次曰地干，次曰力真，次曰窟咄。"此受久即寿鸠，居第五，而墓志则谓为第八子。按罗振玉《丙寅稿》已注意到《魏书·宗室传》所载此世系与墓志有异。岑仲勉《元和姓纂四校记》（中华书局，1994年，401页）亦略有说。

[2] 《魏书》此卷据《北史》及他书补，而《北史》与今本《魏书》又有世系歧异处。点校本《魏书》校勘记据赵万里说，以此歧异处《北史》是而《魏书》非。

[3] 元昭为昭成帝玄孙，志见赵超《汉魏南北朝墓志汇编》，146页。

[4] 《魏书·官氏志》，宗正，六卿之一，第二品上。赵超《汉魏南北朝墓志汇编》140页元斌墓志，斌为景穆帝曾孙，官宗正丞，"器识闲雅，风韵高奇，澹尔自深，攸然独远"，完全是汉人名士气质。

[5] 马长寿：《碑铭所见前秦至隋初的关中部族》，中华书局，1985年，57—59页。碑在陕西渭北下邽镇。

李贤墓志[1]，拓跋也作搶拔。李贤墓志立于公元569年，此时魏收《魏书》已修成了。从这种文化现象推知，甚至到迁洛以后，拓跋人对其祖宗开基及先人事迹的记忆，恐怕还是靠歌谣传诵为主，而不是依赖汉字记述。拓跋家庭有一家的口述历史，拓跋部族有一族的口述历史，而且都是能吟能唱，传之久远，永世不忘，这是拓跋文化的一个特点。由此可以推知，史诗对拓跋部族文化历史传承该有什么作用了。

现在还是回头来讨论乐府代歌本身的问题。

代歌的来源、内容，姑且作了上述的探讨。在《魏书》、《旧唐书》里，代歌叫做"真人代歌"。《新唐书》叫"真人歌"，当系省称。只有《隋书·经籍志》称之为"国语真歌"。真歌之"真"和真人代歌之"真人"，不像是同一含义。这又是怎么一回事呢？

汉音所读真字，鲜卑语中是表明人物身份称谓的字眼。《南齐书》卷五七《魏虏传》中说到此语，列举了称为真的人物职称身份语词甚多，日本学者白鸟库吉《东胡民族考》中"拓跋氏考"一节，曾对以"真"为称的多种名目作过语言学的考释[2]。近年所出北魏文成帝南巡碑、孝文帝时司马金龙及其妻墓表刻石、北魏诸多墓志铭，以及《周书》之《怡峰传》、《薛弁传》，《北史·斛律金传》等处，所举人物职称身份中均带"羽真"[3]。其他墓志中也另有带真字之例[4]。但是真歌之真与人物身份之真，似乎看不出任何关系。

---

[1] 据《原州古墓集成》，文物出版社，1999年。
[2] 白鸟库吉：《东胡民族考》，中译本，方壮猷译，商务印书馆，1934年，157—190页。
[3] 近见日本学者松下宪一提交北朝史国际学术会议论文《北魏内朝制度考略》，所辑史籍及墓志中带有羽真号者有十六例。羽真一词迄今尚无确解。松下认为系北魏爵名以赐内附者。但上举各例多有于羽真之外另有爵名，而且还有皇族人物，则羽真之义毕竟难于确认。
[4] 文成帝南巡碑尚有折纥真、斛洛真。另外，赵超《汉魏南北朝墓志汇编》267页比和真，294页他莫汗真，365页俟勤真，是否都是人物职称身份之词，不敢肯定。

所以，"真歌"很可能是隋志为图简便而形成的误写，而"真人歌"和"真人代歌"才是正式的名称。

真人代歌名称，我认为与真人一词有密切关系。真人自来是方士使用的称谓。王逸注《楚辞·九思》，以真人为仙人。《魏书·释老志》道武帝信道，"好老子之言，诵咏不倦。"所以道武帝膜拜仙人，求仙丹仙术，是很自然的事。《魏书·官氏志》天兴三年（400）"置仙人博士官，典煮炼百药"。天兴是辑集代歌的年代，煮炼百药又是供道武帝服用。可见代歌冠以真人二字作为正式名称，具有道武帝的时代特征。另外，真人也常见于符命谶记中，东汉农民暴动首领有自称真人的，兼有道教信仰和谶记因素。至于真人代歌之称与道教有无直接关系，可能另有文章可做，这里不细究了。

《魏书·天象志》皇始元年（396）："先是有大黄星出于昴、毕之分，五十余日，慕容氏太史丞王先[1]曰：'当有真人起于燕代之间，大兵锵锵，其锋不可当。'其冬十一月，黄星又见，天下莫敌。"原注："是岁六月，木犯哭星。木，人君也，君有哭泣之事。是月，太后贺氏崩。至秋，晋帝殂。"[2] 起于燕代之间的"真人"指谁？当然是道武帝。《魏书·灵征志》记天兴四年吏上言，昔句注老父谓晋昌民贾相曰："自今以后四十二年当有圣人出于北方。时当大乐，子孙永长，吾不及见之。"贾相遇老父之年为二十二岁，当前燕元玺二年（353）。以此推之，后四十二年，正当道武帝破慕容宝之岁。这是以道武帝为"圣人"。这些资料都说明，道武帝之兴，曾经动员不少方术之士为他制造舆论，其中最起作用的，是王先借天象所言"真人起于燕代之间"。

---

[1] 王先，《魏书》只此一见。《晋书·苻坚载记》记淝水之战中苻融陷寿春，执晋安丰太守王先。二王先年代相近，不知是否一人。
[2]《天象志》此卷魏收书亡，后人取张太素书补入，参点校本校勘记。此年《天象志》既记北事（贺太后崩），又记南事（晋帝殂），盖此时已开始有了南北两分认识，参见下页注。

皇始元年这一年，对北魏道武帝说来是个极具意义的年份[1]。王先所言的这一年天象所示，就是人间变化的朕兆，两者对应，而真人代歌正是两年后邓渊着手辑集的。在符谶流行的气氛中，用拓跋正朔记后燕慕容太史丞所见天象，所言人事与拓跋帝纪若合符契，这明明是道武帝周围之人编造的谣言。"大兵锵锵，其锋不可当"，指的就是拓跋平并州、出幽冀之"大兵"。所有这些，都是为了起于燕代之间的"真人"出场而作的烘托。恰恰在此时出现真人代歌，北魏乐府昏晨演习代歌，所歌颂的不是道武帝又能是谁呢？

这些就是我认为代歌的正式名称是真人代歌的理由。燕魏之际辑成的代歌是拓跋史诗，又是道武帝帝业的舆论工具。同时它也承载了拓跋部人的感情，因而获得了它在这个时代应有的价值。这种文化现象，值得研究拓跋史者重视。

二 《代歌》、《代记》及其与《魏书·序纪》关系的推测

《代歌》素材来源于拓跋部民的口耳传闻。按照人类学所示的通则，这类素材总是越积越多，能说能唱，但却是杂乱芜蔓，内容矛盾。把这些长期积累的素材裁剪整理，配以合适的乐声，提升为史诗般的《代歌》，是在道武帝创建帝业的短时间里由邓渊完成的。留存于《代歌》中的内容以"祖宗开基"、"君臣废兴"诸事为主，是适应道武帝本人创业治国的要求，而《代歌》的这些主要内容又正是邓渊撰修《代记》的资料依据。道武帝时拓跋部的《代歌》和《代

---

[1]《魏书·乐志》释皇始年号之意为开大始祖之业。《资治通鉴》胡注认为"南北之形"定于此年。正光二年杨氏墓志有"皇始之初，南北两分"之语（见赵万里《汉魏南北朝墓志集释》及赵超《汉魏南北朝墓志汇编》）。《天象志》（三）天兴元年十二月"群臣上尊号，正元日，遂禋上帝于南郊。由是魏为北帝，而晋氏为南帝。按初上尊号是皇始元年事，即帝位在天兴元年，大抵北帝、南帝观念之形成定于皇始，制度确定实施则在天兴。

记》这两项重大文化成果，都与邓渊有密切关系。

在道武帝以前的漫长岁月里，拓跋部社会发展缓慢，基本上停滞在"言语约束，刻契记事"[1]状态，开拓帝业的道武帝自己，也是出自结绳的野蛮人。力微以来，拓跋与外界所接触的，主要是《官氏志》所列陆续自四方内入诸族，族类不少，群体一般不大。最值得注意的，是自幽州西渐的乌桓人，和代郡、雁门郡的汉人。汉人与乌桓人文明程度较高，但数量毕竟还是有限，不足以在较短的时间内对拓跋部起太大的带动作用。拓跋部内缺乏各项文明制度，与道武帝的事业极不适应。所以当皇始、天兴的几年中，随着军事形势的大发展，拓跋部在社会、政治、文化、经济诸方面都面临提高和转轨的急迫要求。魏收书诸《志》中多有这几年间诸项制度建树更革记载，一般都依靠人数不多的汉士的帮助。汉士如燕凤、许谦、张衮、崔玄伯等人作用最大，但除崔玄伯以外，业绩以军事谋略、政治运作居多。涉及文化的诸多方面，则有一些层次略低的人专任。如音乐、官制，由邓渊司其事，史事记注也是责在邓渊。邓渊"明解制度，多识旧事"[2]，是一个知识型的官吏，是帮助道武帝向文治迈步的重要人物之一。

邓渊，雍州安定人，祖、父历仕苻秦，渊随父在冀州。道武得冀州，以渊为著作郎、吏部郎。天兴元年邓渊入代，与吏部尚书崔玄伯"参定朝仪、律令、音乐；及军国文记诏策，多渊所为"。《魏书·太祖纪》天兴元年十一月改制诸事，首列邓渊典官制，主爵品，定律吕，协音乐[3]，其中前二类详见《官氏志》，当是就皇始元年"始建曹省，备置百官，封拜五等"诸事而整齐之；后二类见于《乐志》，其

---

[1]《魏书》卷一一一《刑罚志》。
[2]《魏书》卷二四《邓渊传》。
[3] 其下还列仪曹郎中董谧撰郊庙、社稷、朝觐、宴飨之仪，三公郎中王德定律令、申科禁，太史令晁崇造浑仪、考天象。他们连同邓渊在内，都是当时各有专长的汉士。吏部尚书崔玄伯则总而裁之。

中重要一项当为创制庙乐，辑集《代歌》。《乐志》在邓渊定律吕、协音乐之后连叙庙乐和《代歌》，可知《代歌》辑集功在邓渊是可以肯定的。北齐时祖珽曰：拓跋初有中原，"乐操土风，未移其俗"，意指惟有鼓角，未识其他，皇始元年破慕容宝，"于中山获晋乐器，不知采用，皆委弃之。天兴初，吏部郎邓彦海（邓渊）奏上庙乐，创制宫悬，而钟管不备。乐章既阙，杂以簸逻回歌……"[1]这就是邓渊协音乐之事。

邓渊在文化上更重要的成就，是他在戎马倥偬之际受命修史。他"明解制度，多识旧事"，具有基本的修史条件；而道武帝又是深具历史感的人，在创业兴国阶段百事俱需史鉴，而拓跋旧事比起汉典来更容易为他所理解。邓渊"性贞素，言行可复"，这也是修史人选应具有的史德条件。道武帝的"军国文记诏策，多渊所为"，其中所谓"文记"当包括今昔史料记注在内。汉士中有意搜罗记录拓跋旧事，邓渊应是第一人。

《北史·魏收传》"始，魏初邓彦海撰《代记》十余卷"云云，这是修魏史之始。《魏书·邓渊传》："太祖诏邓渊撰《国记》，渊造十余卷，惟次年月起居行事而已，未有体例。"此时北魏开国伊始，国史记注暂时只能是大事编年，全书体例之粗可以想见。

邓渊正式受命修史之事，本传系于邓渊与崔玄伯参定朝仪诸事之下，中隔渊"从征平阳"及赐爵加官诸语。按，道武征平阳，是天兴五年七月事，见《太祖纪》及《姚兴传》。所以邓渊奉诏撰修国记，当在从征平阳之后，距他天兴元年入代已有四年之久[2]。邓渊株连于和跋一案赐死，而和跋被刑在天赐四年（407）五月[3]，所以他兼领史职时间可以确定在402年七月以后至407年五月以前，前

---

[1] 《隋书》卷一四《音乐志》中载北齐祖珽上书之言。
[2] 陈识仁《北魏修史略论》（见《结网编》，台北：东大图书公司，1998年）237页文中，参考杨翼骧《中国史学史资料编年（一）》（南开大学出版社，1987年），断邓渊受命修史在天兴元年。以《邓渊传》载渊皇始时为著作郎事以及从征平阳年代揆之，其说可酌。
[3] 见《魏书·天象志》。事详后。

后不足五年。史不载道武帝命崔玄伯监修，可见当时并不理解修史是个难题，没有由崔玄伯监修的必要。

邓渊撰史，规模只有十余卷[1]，属草创性质，其基本情况，有关载籍所记都一样，只是书名微异。《北史》、《北齐书》称之为《代记》，《魏书·邓渊传》、《史通·古今正史》则作《国记》。前所言及的邓渊修史以"记"为称，即邓渊所典"文记诏策"之"记"。《史通·史官建置》："书事记言，出自当时之简；勒成删定，归于后来之笔。"《代记》年代早，所记之言自然都是根据"当时之简"，准确地说是以当时口述传闻记录为"当时之简"，所以称之为"记"是准确的，《代记》应是原始名称。《魏书》以魏为统，是北魏国史，故改《代记》为《国记》，《史通》则以唐代所见魏收书为准，亦袭称《国记》。这种差异是比较好解释的[2]。

邓渊《代记》记事包括的年代究竟有多长，载籍所见并不明确。《魏书·高允传》：崔浩之狱以后，"世祖召允，谓曰：'《国书》（按指崔浩监修的国史）皆崔浩作不？'允对曰：'《太祖记》，前著作郎邓渊所撰；《先帝记》（按指《太宗明元帝纪》）及《今记》（按指《世祖太武帝纪》），臣与浩同作……'"这里把邓渊所撰之史称作《太祖记》，举以与下述《先帝记》及《今记》并列，不是用邓渊书的本名。邓渊死在道武死前三年，其时还无太祖庙号，更不可能撰成完整的《太祖记》[3]，一定是后人据邓渊所撰编年记事续有斟酌增删而成。但高允所称都是诸帝之"记"，说明邓渊书名本称为"记"，或《代记》，或《国记》，这也是一证。

高允所称的《太祖记》，是严格限于道武帝本人的事迹呢，还是

---

[1]《史通》卷一二"古今正史"条作十卷。
[2]《南齐书·魏房传》谓平城"西三里刻石写五经及其国记"。此盖南人据传闻崔浩刻国史事，其国史亦称"国记"。称史书为记，《史通》、《东观汉记》都是例证。
[3] 太武帝时，太祖这一庙号还是指平文帝而不是指道武帝；道武帝从烈祖之称改称太祖，是孝文帝太和十五年事。高允在太武帝时用太祖之号称呼道武帝，可能是经后人修饰过，不是太武帝时的原状。

包括了像其他国史那样于开国之君中追叙其族姓世系以及开国以前的历史内容？我想，按中国历来修史成法，应当是后者。以邓渊其人博学而又"多识旧事"的特点，以他辑集《代歌》所获知的拓跋史诗资料，他是可以把拓跋历史梗概整理成文字的。我确信北魏之时经汉士之手保存了一些拓跋祖先资料，供以后崔浩以至魏收修史使用。最早整理拓跋祖先资料的汉士从现有资料看来，只有邓渊。

《十七史商榷》卷六六"追尊二十八帝"条，谓二十八帝中惟猗㐌、猗卢、郁律、翳槐、什翼犍名通于晋为可据，其余凡单名者与猗㐌等不同，疑皆道武帝时所追撰。我觉得王鸣盛所列数人以外，还有非单名者，如推寅、诘汾、力微等，其中力微之名亦见于晋代文书，所以不能一概而论。但道武帝时其先祖之名有《代歌》可作根据，所以断定其先祖之名大部分是邓渊辑集《代歌》时从鲜卑音记录而来，是可以相信的。从这里，我想到《史通·称谓篇》所说的话：拓跋之君，本部落尊长，"道武追崇所及，凡二十八君。自开辟以来，未之有也。"魏收书所见二十八君资料虽未必尽实，而且越早越模糊，但是决非无稽之谈。历代开国之君追溯远祖能够如此长远，前未之有，拓跋可说是惟一。如果没有《代歌》作为历史载体，如果没有邓渊及时迻译整理，拓跋二十八君统绪资料是保存不下来的。

《魏书》卷五七《高祐传》孝文帝时秘书令高祐与丞李彪等奏曰："惟圣朝创制上古，开基《长发》，自始均以后，至于成帝，其间世数久远，是以史弗能传。臣等疏陋，忝当史职，披览《国记》，窃有志焉。愚谓自王业始基，庶事草创，皇始以降，光宅中土，宜依迁、固大体，令事类相从，纪、传区别，表、志殊贯，如此修缀，事可备尽。……著作郎已下，请取有才用者，参造国书，如得其人，三年有成矣。"

高祐等所言，是一段极其简略但却比较准确的拓跋先祖历史梗概，资料从"披览《国记》"主要即邓渊《代记》而来，其内容架构与以后编成的魏收《魏书·序纪》一致，颇可窥见邓渊《国记》、魏收《序纪》的因缘。我们且取这两者加以比较：

一、"创制上古，开基《长发》"，说的就是《序纪》黄帝后人封大鲜卑山、统幽都之北这一拓跋远古传说，如同《诗·商颂·长发》所叙殷人发祥的史诗内容。

二、"始均以后至于成帝"，世数久远，史弗能传，说的就是《序纪》始均入仕尧世，其裔不交中夏，载籍无闻，以迄于成帝毛的历史。以后道武帝追尊拓跋二十八帝，自成帝毛始，此前的都不在其列，可见毛已经是道武帝认为其祖先中可信的人物，而成帝毛"统国三十六，大姓九十九"之说，也为拓跋后人所认同了。

三、"王业始基，庶事草创"，说的是《序纪》自成帝毛至圣武帝诘汾共十四帝时期。毛既可以被追封，自然就是王业之始。不过人物虽然可信，事迹却是不详。只有自幽都两度南移，"九难八阻"之说，大体有今天所知考古材料，参照地理方位，可作印证。高祐上奏之中对此未作解释，只用"庶事草创"一语带过，说明其时除了口耳传闻以外，能见到的刻木结绳资料，未必皆能准确解读。而口耳传闻的代歌，比刻木结绳所记，应当更为可靠，更为具体。这一类拓跋祖先史实，都经过邓渊记录整理，加上他记注的道武帝事迹，共同构成邓渊《代记》一书，后来就基本包含在由崔浩总揽的国史之中。崔浩国史除崔浩之狱已毁的一部分以外，余下的当即高祐所说的《国记》，有三十卷之多。这种种资料，应当就是《魏书·序纪》的蓝本。

神元帝力微以下，迄于376年代国之灭，还有十四帝，高祐似皆归入"庶事草创"阶段，未作描叙。大概邓渊、崔浩所记这段历史已较详备，编年差可，不必更张[1]。这就是后来魏收书的《序纪》范围。皇始以降，北魏立国，记事日繁，制度日备，所以高祐等建议国史宜纪、传、表、志兼备，不可仍依编年之旧。后来魏收书的全

---

[1]《魏书》卷六二《李彪传》"自成帝以来至于太和，崔浩、高允著述《国书》，编年序录，为《春秋》之体，遗落时事，三无一存。彪与秘书令高祐始奏从迁、固之体，创为纪、传、表、志之目焉"。修史人物不列邓渊，只能说明邓渊《代记》内容已被崔浩、高允之书吸收了。"三无一存"之说是笼统估计，以情理言，当是年代愈早，存者愈少。

书规模就是这样,其中必定有很大的继承关系,可惜今天已无从细说了。

邓渊《代记》虽被高允称作《太祖记》,当是兼具魏收书《序纪》的全部内容。魏收书十二帝纪,其中《序纪》在目录中排列为"本纪第一",《太祖道武帝纪》排列为"本纪第二",可见《序纪》是自有系统的独立存在的一《纪》,在魏收书中地位重要,不是在《道武帝纪》中附带叙述。《序纪》列举的人物就是道武帝追尊的二十八帝[1]。二十八帝名字俱在,世系清楚,间有大事可述,多少不等,而神元帝以后且有甲子纪年,可述大事较多。这正反映《序纪》所据资料,在邓渊《代记》中是明确有序,而不是笼统含糊的。从这里可以推断,在邓渊书中,道武以前之事具有完整性、系统性,是独立成为段落的,以后就顺理成章地成为国史的前《纪》,也就是魏收书的《序纪》[2]。

《序纪》应当主要就是根据《真人代歌》中"祖宗开基所由"、"君臣废兴之迹"的内容,经过邓渊《代记》的译释解读整理,才得以流传下来。《代歌》中的大事如果不在违碍之例,不被《代记》搜罗以致为后来《序纪》所遗的,恐怕不会很多。这也就是魏收书《序纪》在北魏史学史上极具价值的所在。根据这个事实,我认为《代歌》与《代记》同源,《代记》主要出于《代歌》。我还认定,辑集《代歌》、撰成《代记》的邓渊,也是《序纪》实际上的第一作者。

---

[1] 参《十七史商榷》卷六六"追尊二十八帝"条。《序纪》中只有二十七帝之名,是由于昭成帝之子、道武帝之父寔,未立早死,只附见于《序纪》昭成三十四年而未独立立目之故。

[2] 澳大利亚学者 J. Holmgren 著有《代记:魏书首卷所见早期拓跋历史》,*Annals of Tai: Early To-pa history according to the first chapter of Wei-shu* (Faculty monograph, Australian National University Press, Canberra, 1982)。该书有《序纪》介绍,《序纪》全部、《太祖纪》登国元年(缺最后一小段)文字英译和注释,还有其他附录,可以参看。Annals of Tai 指《序纪》,而非指邓渊《代记》。《代记》在该书 16 页译作 Tai-chi (records of Tai) 和 Kuo-chi (Records of the 〔Wei〕 State)。该书注意到邓渊《代记》—崔浩《国史》—魏收《魏书·序纪》的源流关系。

但是《代歌》是歌，《代记》是史，两者毕竟还有不同之处。《代歌》虽经筛选，难说没有一点违碍内容保存其中。但它不是直接叙事，不完全是真人真事的写实，又有音乐配制的包装和限制，所以是拓跋历史的升华。加以它用鲜卑语音，传播限于宫廷之内，汉人无从理解，所以它的内容稳定，未受政治非议。《代记》则不然，编修时已经删削了一些《代歌》中有违碍之嫌的内容，这是不言而喻的。《代记》毕竟是史，要求直笔，要求实录。这虽然难于做到，但撰史者毕竟还得考虑，落笔不能太背离历史实际。正由于此，《代记》容易受到挑剔，被当轴者疑忌，其作者邓渊就先于崔浩成为国史之狱的第一个牺牲者。不过邓渊人微，又值国初秩序初定，未致构成大狱，不像崔浩之狱那样引人注意，引人研究。

在思考邓渊《代记》撰写的多种细节时，我觉得邓渊之书不称《魏记》也值得一究。如前所论，邓渊撰史时间是在天兴五年至天赐四年（402—407）。据《太祖纪》，登国元年（386）元月道武帝即代王位，四月由代王改称魏王，而没有说明原因；天兴元年（398）六月经过朝臣议论，道武帝裁定国号不称代而称魏。这就是说，邓渊修国史之前已有两次明令改代为魏，而国史之名理应用国家正式名号，称为《魏记》才算合理，但事实并非如此。

拓跋先受晋封称代公、代王，后有封国五县实土，百余年孳生蕃息于代北之地，没有整体迁动。所以拓跋珪复国之后先称代王，符合习俗民情，符合实际，是很自然的事。天兴元年正式定国号称帝，经过朝议，群臣主张称代，本无异议。只有崔玄伯以拓跋奄有中土，且将报聘江左为由，用"旧邦维新"之义，主张称魏。这很可能是崔玄伯揣度道武心意，以问作答。道武帝裁定以魏为称，并以魏帝名义昭告天地[1]。但是代人习用旧称，而且反对向中土迁徙，连

---

[1] 例如《魏书·礼志》天兴元年道武帝即帝位，祭天地，理当用正式国号，故祝辞用"惟神祇其丕祚于魏室"之语。

崔玄伯之子崔浩都持这样态度，所以官私称谓，都是代、魏兼用，到孝文帝迁洛之前，称代更为多见，称魏较少。何德章君《北魏国号与正统问题》[1]一文举证甚多，毋烦赘叙。再者，十六国多以其所在地之名为国名，修史亦同。拓跋古史以代为称，符合十六国常规，是适宜的。拓跋兼有魏地没有几年，魏地既非拓跋立国的中心区域，遽称拓跋国史为魏记，反成蛇足。所以国史以代为称而不曰魏，并不难于理解。何况邓渊于国初修史，所记尽代人代事，与整理《代歌》相配合，如不称代而改称魏，两者就不协调了。

何文对于道武称魏的理由，也有充分论证。事实上当年曹操称魏的理由，拓跋珪也都考虑到了。何文留下两个他所不解的问题，一个是崔玄伯为什么以"慕容永亦进奉魏土"作为崔氏自己所持称魏的理由之一；另一个是登国元年四月拓跋珪何以要在甫称代王后数月，即匆匆改称魏王。这两个问题是互相关联的。我现在把二者糅合在一起，试作回答，与德章君商榷。

拓跋珪复称代王，是前秦灭代十年以后的事。灭代的十年中，代北草原各部族部落经历了长期的混乱，刚复国的代王一时不可能把秩序恢复过来。其中拓跋珪最感困难的问题，是他的代王地位得不到普遍认同。与拓拔部最亲近的贺兰部和独孤部内，各自都有拥护的部落和反对的部落，拓跋珪随时要进行对反叛者的战争。最急迫的战争挑衅更是来自拓跋部内，因为拓跋部内并没有较稳定的君位传承制度，昭成帝以前，兄终弟及和父死子继总是交错出现，兄终弟及更为常见，其间总是夹杂着残酷而复杂的斗争。拓跋珪是昭成帝的嫡孙，但珪父寔（献明帝）并未履位即死，昭成余子即献明诸弟尚有存者，按照兄终弟及的部族习俗，他们都有继承君位的权

---

[1] 何德章：《北魏国号与正统问题》，《历史研究》1992年第3期。何文着重分析拓跋力求争神州正统，改代为魏，守旧者则仍以代为称。称魏称代，何文举证甚多，文献碑铭均有。

《代歌》、《代记》和北魏国史

利。昭成幼子窟咄，是珪的季父，国灭时被掳徙长安，后因前秦之乱而随慕容永东迁并州闻喜、长子。慕容永称西燕，以窟咄为新兴太守。新兴，以地理位置言，与代北只有一山之隔；窟咄，以个人身份地位言，有继承已死的昭成帝而为代王的权利。而且他此时还有一定的实力。看来，他受慕容永命出为新兴太守，目的就是为了注视代北，相机进取，以为代北之主。这种形势，初即位的代王珪是不能不觉察到，不能不警惕的。

以《魏书》、《资治通鉴》等史籍互参，可以略见登国元年正月拓跋珪即代王位以及稍后一段时间，代北局势和代北周边局势是极为复杂多变的。

登国元年正月，可以看到三股势力同时活动。一、拓跋珪于牛川称王，恢复代国；二、慕容垂在邺称帝，是为后燕；三、慕容永由长安东出，中途闻垂称帝，乃止驻河东闻喜，他是稍后自立于长子的西燕之主。邺是魏地的重心所在，而河东也是旧魏地[1]。三足鼎立，都谋求并、幽、冀区域的统治权。慕容是拓跋竞争对手，而拓跋内部还存在更激烈的王位争逐。窟咄被委以新兴太守，独孤刘亢泥迎窟咄入代北与珪争位，都是此年春季的事。四月，珪由代王改称魏王；六月，慕容永遂称藩于后燕慕容垂。这暗示慕容永、慕容垂有可能联合共击拓跋珪。十月，慕容永进驻长子，是为西燕。长子和闻喜一样为旧魏之地。这表明拓跋与周边势力都在调度力量，形成对立的紧张关系。拓跋珪其所以在此时匆忙改称魏王，意在表示代地魏地都应当由他统辖，既警告慕容永，也警告拓跋窟咄，不许他们插足其间，尤其是不得侵犯代北。至于慕容垂，他也不能容忍自长安外奔的慕容永以及附属于永的拓跋窟咄染指幽、并。是冬，拓跋

---

[1] 按魏，本姬姓国，西周受封，在芮城。春秋晋献公灭之，以封毕万，在蒲坂。毕万后人向东发展，十代至魏文侯。秦楚之际，项羽徙魏王豹为西魏王，王河东，都平阳，后尽有太原、上党地。所以河东之地有旧魏之称。参见《史记·魏世家》、《史记·项羽本纪》及《元和郡县图志》卷一二河东道等。

珪联络慕容垂大败入侵的拓跋窟咄，代北局势才得以初步稳定[1]。

慕容永等东来时颇有军力，但无退路。当慕容永求入冀、幽不成，北上代北受阻，只得龟缩于长子一隅，还不时受到后燕压力之时，处境是艰难的。可以理解，《太祖纪》登国七年（392）十二月所载"慕容永遣使朝贡"之事，就是西燕怵于后燕压力，乞求代为与国以图存的表示[2]。"朝贡"云云只是粉饰。同时也可以理解，天兴元年（398）道武帝在邺再议国号时崔玄伯所说"慕容永亦进奉魏土"，所指即此。至于"进奉魏土"，虚词而已，并无实事。所谓魏土，即指闻喜、长子，西燕灭后暂为后燕取得。崔玄伯所谓奄有中土，旧邦维新，也是指夺取旧魏的土地，只是涵盖地面更广，包括中原大地。

综观前后，登国元年，拓跋窟咄随慕容永入闻喜，拓跋珪敏锐地感到来者不善，立即表示他自己是魏土之王，不许他人插足，于是改国号曰魏；登国七年，慕容永遣使北魏，也许真有过如崔玄伯所说的愿以长子魏土"进奉"的口头表示；天兴元年，拓跋珪又获得了旧魏要地邺城。把这些资料合起来看，研究所谓代、魏之辩问题，岂不是多了一重思路吗？德章遗下他所不解的两个问题，到此是不是算解决了呢？

以上，由探索《代歌》、《代记》同源及其与《魏书·序纪》关系，进入到所谓代、魏之辩的疑难之点及其解决门路。从这里我又想到，正史中，尤其是少数民族入主中原所建国家的正史中，对本朝先世历史追溯能做到像《魏书·序纪》这样既相当久远又比较准确，还以其"得体"[3]而受到四库馆臣的称赞，是少见的。追根溯

---

[1] 《资治通鉴》记永入长子即位在前，窟咄败亡在后，《本纪》记二事先后相反。实际上这大致是同时发生的事。

[2] 代国无力助西燕抗衡后燕，西燕终于在394年为后燕所灭。

[3] 《四库全书总目提要》史部"三国志"条，对比陈寿书《魏志》和魏收书《序纪》中某些问题所作的评论。

源，拓跋古史中的这一特异之处，不能不归于国初邓渊同时完成辑集史诗《代歌》和记注古史《代记》的开创性成就。《代歌》、《代记》相互为用，使两者相得益彰。只是两者的原貌都已无存，今天探究拓跋史还只能由我们从虚虚实实中窥其大概，好些问题还不敢自信能完全准确理解。

三　国史狱事造成的史风问题

我留意考察邓渊之狱对北魏一朝修史的长远影响，是受到台湾青年学者陈识仁《北魏修史略论》[1]一文的启发。陈文看重邓渊之死是道武帝猜疑的结果，又提出崔浩国史之狱对北魏修史造成影响。这两点立意我都赞成，只是觉得两者之间似乎有某种关系，而陈文未曾措意。我现在进一步思考的是：第一，邓渊一介书生，不涉权势，要是真有什么事引起道武帝猜疑的话，最可能是修史中出现了敏感问题，犯了大忌；第二，国史之狱影响北魏一百余年，历来把这笔账从崔浩之狱算起，我看应以邓渊之狱为始。邓渊是受命修史的第一人，其狱事内容与崔浩基本一致，崔浩之狱正是邓渊之狱滥觞所及的结果。

《魏书·邓渊传》，渊从父弟晖坐和跋案，"太祖疑渊知情，遂赐渊死"。和跋[2]，代人，世领部落[3]，与拓跋部关系深远，随道武帝，以武功显。天兴元年（398）和跋以尚书镇邺；邓渊从弟晖为尚书郎，与和跋"厚善"。道武杀和跋，罪名是"好修虚誉，炫耀于

---

[1] 见《结网编》，台北：东大图书公司，1998年。
[2] 《魏书·官氏志》神元时内入诸姓有"素和氏，后改和氏"，和跋当世领素和部落。《元和姓纂》卷八去声十一暮，素和氏："后魏有尚书素和跋。"或谓素和出于白部。
[3] 和跋部落所驻，可以考知。《和跋传》太祖校猎犲山，"群下金言跋世居此土，祠冢犹存"。据《读史方舆纪要》卷四〇，犲山在善无，今山西右玉境，但有异说。

时，性尤奢淫"。"修虚誉"云云，罪名含糊，或疑别有隐情[1]。至于邓渊本人，从史文看，绝对不涉和跋案情，更不至于因涉和跋案实情而罪致死。邓渊是新附文臣，一直"谨于朝事，未尝忤旨"，史臣叹其"贞白干事，才业秉笔，祸非所罪，悲哉"！邓渊之死不但时人憋惜，道武本人也是"既而恨之"，与事隔数十年太武帝杀崔浩后又叹"崔司徒可惜"，甚相类似。由此可见邓渊之冤昭然在人耳目，但冤情底蕴却迄今无人探究。

《魏书·天象志》三，天赐四年（407）五月"诛定陵公和跋"。邓渊赐死当是紧接其后之事。邓渊《代记》记事，最晚当止于此年，下距道武帝之死还有两年半的时间。道武帝死于天赐六年十月，年三十九，算是盛年之君。但他自幼多艰，历经波折，从复称代王到建立帝业，以至于死，历二十四年之久，在政治上已到晚期，是嚆矢之末了。天兴五年（402）阳平之役获胜，道武帝驰骋疆场生活从此结束，此后他思虑所及，多是"追思既往成败得失"，以及穷思如何跳出拓跋历史争位斗争的老路，实现帝位的平稳传承。这是一个非常棘手，很难决断的问题，道武晚年多猜疑忌妒，当与此有密切关系。而邓渊奉命修史，恰恰就在这个时候。

无力执政的道武帝，寄情校猎于新筑的犲山离宫，有时一年行幸三次之多，每次长达数月。他嗜服寒食散，药动癫狂不已，或数日

---

[1] 和跋此案，我不疑有其他敏感而不可知的隐情；而株连至于邓渊，则有隐情。和跋之死，株连邓渊从兄，再株连邓渊本人，他们都是汉人儒士，其案由皆属或然疑似，无一实词，时人不信。与和跋诛死同年，天赐四年（407）五月（据《天象志》二、三），还有司空庾岳（庾业延）诛死一案。和氏与庾氏，同为神元时内入者，同样是世领部落，迭有功勋。《魏书》归和氏庾氏于同一卷，史臣谓此卷诸人皆是"纤介之间，一朝殒覆"，命运相同。庾氏与和氏，罪名更是接近。和氏罪状，见上引文；庾氏则是"候官（侦察者）告岳衣服鲜丽，行止风采拟仪人君。太祖时既不豫（按道武帝409年死），多所猜恶，遂诛之，时人咸冤惜焉"。和、庾罪状皆是虚实不定，闪烁其词，要皆出自道武帝死前为权力、利益而生的极度猜疑心态，所涉是拓跋权贵人物而不会刻意诛杀不当其道的如邓渊那样的卑微儒生。儒生自有其地位和作用，杀儒生当另有杀儒生的口实。所以我判断邓渊之死与以后崔浩案极为雷同，皆为修史触讳致祸，这是邓渊株连赐死的隐情所在。

不食，或不寝达旦。天灾变异使他恐惧，使他猜疑，但更多的恐惧和猜疑是政治性的事件。这种身心状态加重了他喜怒乖异，杀戮无节。邓渊之死也就是在道武帝这种心态下发生的。

据《官氏志》，天兴四年（401）九月"罢外兰台御史，总属内省"。可知邓渊天兴五年居馆职之时，是内省官员，修史事务，包括史实的搜求、翻译、斟酌、取舍，巨细无遗，都是在道武帝眼下进行，道武帝当知道得很清楚。道武帝是一个深具历史感的人，对于拓跋旧事之可资借鉴者非常留意。崔玄伯与他谈论的许多汉典故事，虽然对他有启迪之处，但毕竟是隔了一层。而拓跋故事中本有许多可以资治者，道武帝更易理解，可以产生联想，直接利用。但这些保存于刻契结绳中的拓跋旧事，需要专门的人来解读；拓跋先人的口碑歌谣在史官中编辑使用，也先得翻译成汉文。所以《史通·史官建置》中说："当代都之时，史臣每上奉王言，下询国俗，兼取工于翻译者，来直史曹。"邓渊供职史馆，必然也是"上奉王言"，即听取道武指授；"下询国俗"，即向拓跋国人了解拓跋旧事，包括寻绎《代歌》，核实翻译，斟酌译文，备国史采用。《邓渊传》史臣谓渊"才业秉笔"，这正是史臣的日常职分所在，也正是道武帝不时指授检核之处。道武帝喜怒乖常，史实中疑窦之生，全在乎他一念之萌，而史臣也许并未经意，他人更难理解。我推定邓渊死于修史之狱，就是从这种背景出发的。这是一场所谓腹诽之狱，一场不动声色的文字狱。它以诬枉之词定谳，后人不能确指原因，又不信坐和跋案的谰言，只能让它成为一桩不明不白的公案。邓渊人物不显，其死事又在国初，魏史中论及者少，后来又被更大的崔浩之狱遮掩，所以后世留意及此的人就少而又少了。

邓渊《代记》可能包含什么样的敏感问题，以至形成北魏头一桩国史之狱呢？据《邓渊传》，渊造《国记》（当时的本名是《代记》）十余卷，"惟次年月起居行事而已，未有体例"。按史官修国史成例，这只是一种草创，后人谓之长编，今人所称未定稿。刘知几之言曰:"书事记言,出自当时之简;勒成删定,归于后来之笔。然则当时草创者资乎博闻实录,若董狐、南史是也;后来经始者,贵乎俊识通才,若班固、陈寿是也。"邓渊之书显然只是史实排比的实录,以待后之俊识通才删定勒成,一般不会有多少雌黄褒贬。连所谓"当时之简",也只是临时自鲜卑语翻译而成,并无现成简牍可用。如果此中出现口实,不过是译文中事实取舍而已。邓渊主持而成的译文中,不大可能有所谓"春秋笔法"问题,因为如前所说,邓渊贞白干事,未尝忤旨,亦无权势背景,遇到敏感问题,一定是小心处理,以"上奉王言"为是,力避嫌忌。而且,《代记》虽被称作《太祖记》,当包括拓跋先世事迹,相当于魏收书中的《序纪》;而真正的《太祖记》部分最多只记到天赐四年,并未完成。如果邓渊书被认定有问题,只能是出在拓跋先世和道武帝本人至天赐四年为止的这个时间段里,而此时间段内道武之史是当世之事,道武亲自过问,估计难于产生嫌疑;而道武先人事迹,相当于魏收书的《序纪》部分,则其事其言已久历时日,滋生嫌疑的可能要多一点。现在就来看能否找到一些蛛丝马迹。

不少学者认为崔浩国史之狱所谓"备而不典"、"暴扬国恶",是指国史所录的一些拓跋故事,在昔本为旧俗使然,无关风化,在今则不合常道,有悖人伦。史臣直笔招祸,最易在此方面产生。周一良先生《崔浩国史之狱》[1]判断献明帝死后,贺后被其父昭成帝收娶,所以贺后先后所生,既有献明帝之子,又有昭成帝之子,诸人行辈既为兄弟,又为叔侄。烝报之事,如果在本来是用鲜卑语咏唱的《代歌》中有此等内容,不一定会受到注意,可是记入用汉字书写的《代记》,诸人行辈混乱所涉君主嗣立统胤及相关的人伦问题,就在朝野暴露出来了。我自己在考察北魏后宫子贵母死之制时,对此现象也有所体会,有所议论。国史所记这类本无足异的拓跋旧事,

---

[1] 周一良:《魏晋南北朝史札记》,中华书局,1985年,342—350页。

在道武帝成为专制帝王以后，尤其是在深虑君位传承秩序之际，容易成为定罪口实，崔浩国史中的"不典"、"国恶"，的确可以从此得到解释。

不过，烝报之俗，北族多有，不独见于拓跋。北族处在较原始状态，为了部落的生存发展，保留烝报之俗有某种合理性，容易为人理解，未必形成太大的问题，必须掩饰尽净。北魏建国之后，皇室婚姻仍不甚在意行辈，此点前引周一良先生著作中也曾论及。而且，从汉至唐，上层汉人婚配不论行辈，甚至于近亲乱伦之事，亦数数见于史籍，当时亦不通通被人指责。循此推理，只以烝报一端探求崔浩国史之狱的起因，我觉得理由单薄，还值得再作思考。

与烝报诸事相比较，为了夺位固权而出现的杀妻杀母之事，在道武帝时期的拓跋人看来，是更为敏感，更须掩饰。诘汾无妇家，是经过半掩饰而编成的故事；力微杀妻，则是掩饰不住的故事。至于父子相残、兄弟相残，至今还能从史籍中找到不少讳之未尽的痕迹。《资治通鉴》记崔浩之狱，谓其所撰国史"书魏之先世，事皆详实，……北人无不忿恚"云云。崔浩国史所载，不大可能是崔浩新得史料，当以道武之初由《代歌》所传而经邓渊等迻译入于《代记》者为多。所以我认为崔浩之狱滥觞于邓渊之狱。至于两次狱事中，究竟有哪些具体问题是道武帝或太武帝最为敏感的痛点，是否每次狱事还有更为直接的兴狱的政治需要，由于资料丧失，无从探讨。《魏书·高允传》陈述崔浩之狱的案由等项，最后还要说及"若更有余衅，非臣敢知"。这里包含的意思，一是自己有所不知，二是有所不敢知。"不敢知"，也就是知而不敢直说。以后崔鸿《十六国春秋》迟不敢行，亦因事涉国初之故。

历史，该保留哪些，该掩盖哪些，当局者是有所要求的，古今皆然。只是能否完全如愿，就不全由一方做主。拓跋国史狱事掩盖了好多史实，但残酷丑恶如夺位固权，如弑父灭亲诸事，也还能从残迹中勾勒出因由，做出接近历史实际的解释。

还有一个值得思索的现象，就是太武帝恢复史馆以后，修史之事与以前邓渊相比较，进展非常缓慢，似乎有某种障碍存在。邓渊死在天赐四年（407），太武帝恢复史馆在神䴥二年（429），其间二十余年国史"废而不述"；崔浩书成而大狱兴，在太平真君十一年（450），其间又是二十年有余，新纂成者除补足的《道武记》以外，不过是《明元记》、《太武记》（未竣）而已。时日迁延太久，令人生疑。其中缘由，我们且先从太武帝修国史二诏试作分析。

太武时修国史，有两次诏书。据《崔浩传》，太武事功有成，神䴥二年"诏集诸文人撰录国书，浩及弟览、高谠、邓颖、晁继、范亨、黄辅等共参著作，叙成《国书》三十卷"。此为前诏。太延五年（439）太武帝平凉州，完成了大功业，诏崔浩监修国史，大意说神䴥后戎旗仍举，而"史阙其职，篇籍不著，每惧斯事之坠焉"。所以采取特别措施，"命公（按指崔浩）留台综理史务，述成此书，务从实录"。此为专门给崔浩之诏，我称之为后诏。

所谓盛世修史，当局者有所标榜，历来如此，本无足异。只是太武帝修史是在北魏停废数十年之后重开史局，而且为此所颁二诏又有十年间隔。可见当局对修史的考虑是有所反复的，这在二诏内容上有所反映。

二诏不同之处，一是后诏崔浩留台监秘书事，综理史务，并以中书侍郎高允、散骑侍郎张伟参著作，这就是专人专责，提高史臣档次，务期于成，而不是像前诏那样，诸人共参著作，崔浩只是参与者之一，厕列其间而已；二是后诏提出特别的编纂要求，"务从实录"，这是前诏所没有的。至于前诏所说"叙成《国书》三十卷"，或是预期之词，实际上当时未曾完成而完成于后诏之后，所以后诏才说此前"史阙其职，篇籍不著"。

细审二诏，我认为修史难成，障碍在于史臣趑趄不前。太武帝前诏以一般事务看待修史之事，并未特予重视，对障碍也没有估计。趑趄不前的原因，我认为是邓渊史狱遗留下了负面影响，其中关键是史臣惟恐有所违碍，罹祸丧生，不敢直笔实录。所以后诏才强调"务从实录"，实际上是太武帝亲自承诺不会重演邓渊史狱，以安史臣之心。

邓渊"祸非其罪"，必修史有所违碍，只是谁都不敢明言。这是史臣寒心之事，是明元帝一朝史事"废而不述"，太武帝时仍然"篇籍不著"的真正原因。太武帝前诏所命史官，邓渊之子邓颖就在其中，这可能是太武帝故作无事的一种姿态，但事实上会产生更大的负面影响。太武帝后诏正是针对此中问题，针对史臣缄口裹足，惟恐愆失心态而发。后诏特命有地位、有担当、有能力的大臣崔浩总监其事，也是表示有事可由崔浩负责，不致牵连史臣。一般说来，修史中对史事是非得失的评骘，惶惶中的文士或可缄口少言，力求藏而不露，但是据实录文，文士逃避责任的余地却是很小。所以"务从实录"一语，加上崔浩总监，应当能释史臣重负，让他们安心著述。

崔浩本来是有德于太武帝的，太武帝得以早为储君，抚军监国，以至于为国副主，就是出于崔浩向明元帝的力荐。崔浩极富军国智谋，迭有大功，太武帝令歌工历颂群臣，有"智如崔浩"之颂。而且崔浩在朝谨敬避嫌，"以示不敢犯国"，甚至早在道武帝杀戮无节，左右力求逃隐之时，崔浩却随侍左右，"独恭勤不怠，或终日不归"。他是邓渊之狱的目击者。所以用他综理史事，应该是最合适的人选，是推动史臣尽力著述的重要一步。他本人应该是深知太武帝对他的知遇之恩和付托之重的。

崔浩不负所托，受命十年，国史告成。《道武记》及拓跋先人追叙部分，以邓渊《代记》为蓝本而有所加工，所谓"删定勒成之笔"，当出崔浩。邓渊死后《道武记》所缺部分，自然也由崔浩续成。《明元帝记》及《太武帝记》由崔浩、高允同撰。高允自言"然浩综务处多，总裁而已。至于注疏，臣（高允）多于浩"，见《魏书·高允传》。此处"注疏"二字，当作"著述"为是[1]。从后来崔浩罹大狱而高允无罪的情节看来，除了景穆极力保护高允以外，也许还有别的原因，例如所谓"备而不典"问题不出在明元、太武二记，而出在崔浩续成的《道武记》中；或出在附于《道武记》的拓跋前记之中；或不出在各记"著述"而出在选材综理方面，等等。前有邓渊之狱，崔浩又蹈覆辙，我看只能从崔浩当真执行"务从实录"寻求解释。

开局修史，不但当局有所标榜，有所避趋，史臣也会有所迎合，而执事者又求迎合史臣。崔浩总裁史事，首在破邓渊狱后史臣裹足局面，一切惟"务从实录"是崇，显示自己忠于太武帝的付托。而竞趋之士又为了迎合崔浩，以国史刊石立衢，"欲彰浩直笔之迹"。古来权势宠幸者于臣君相与之际，有时未达一间，酿成事端，自贻伊戚。智如崔浩，也不免忘乎所以，竟不思伴君伴虎之谚。所以高允议论崔浩国史刊石诸事，竟说出了"分寸之间，恐为崔门万世之祸"的重话来。崔浩希君之旨，以实录为依归，以直笔相标榜，终于栽倒在直笔之下！他可能至死也未曾明白人主所需要的究竟是什么样的直笔。人主的复杂心态使希旨者祸福无常，给史学造成祸害，问题不正是出在"分寸之间"吗？

古书所见，有一类智者以"揣摩之才"见长。赵国虞卿作《虞氏春秋》八篇[2]，"以刺讥国家得失"，其中有"揣摩"一篇。隋代杨素称赞封伦善于揣摩，史臣称封伦"多揣摩之才"[3]。揣摩得中者自然与有荣焉，其不中者则后果难测。崔浩盖亦封伦之俦，揣摩人主

---

[1] 《北史》卷三一《高允传》无"注疏"字样，是对的，因为当时修成的各记没有注疏。《资治通鉴》卷一二五宋文帝元嘉二十七年载高允此言，"注疏"为"著述"。又，与高允同参著作的张伟，从其本传看，不但未罹刑罪，甚至未提及参预修史之事。大概张伟在后诏中虽有其名，而实际上未尝参与。

[2] 《史记》卷七六《虞卿列传》。《汉书·艺文志》著录《虞氏春秋》十五篇，另有《虞氏微传》二篇。

[3] 《旧唐书》卷六三《封伦传》。

实录、直笔之意而遭反噬，成为千古史坛话题。崔浩以直笔、实录获谴，本不悖于史德。但他并不理解太武帝所言"务从实录"之意除了有惩于邓渊狱事外，还有太武帝自己的理解与需求。诚如《史通·序传》所说："苟能隐己之短，称其所长，斯言不谬，即为实录。"这才是太武帝所需要的实录。修国史如果不能有所隐又有所称，这种实录是当局者所不能容许的。"盛矜于己而厚辱于先"，那就难保不取祸了。当拓跋君主尚生活在名教以外之时，先人事迹无涉荣辱，无大违碍；而当皇权在握，礼法人伦关切利害，成为衡量准则之时，所谓实录也就另有分寸。如若不然，皇权就要裁剪史法，就要约束史家，以至于屡屡出现迫害杀戮史家的惨案。历代史家必须思考和寻求为学和自处的两全之道，这也是研究中国史学史的一个值得留意的问题。

实录之说始自刘向等人赞誉太史公书之"其言直，其事核，不虚美，不隐恶"，从此实录被尊崇为史德之首。至于著史冠实录之名，唐宋定实录之制，明清开实录之馆，历代相仍，有保存史料之功，但难说都能遵循太史公之所界定。刘知几以张俨《默记》、孙盛《晋阳秋》为例，"以验世途之多隘，知实录之难遇也"。[1]他感叹"古来惟闻以直笔见诛，不闻以曲词获罪"[2]，这似乎就是暗指崔浩狱事。

崔浩之狱以后，北魏长期不设史官，反映了官家对国史编修的犹豫心态。等到史馆再开，畏惧直笔仍然是修国史中无法回避的大问题。孝文帝尝谓史官当"直书史实，无讳国恶"[3]，这明明就是指邓渊、崔浩狱事。但史官懂得，国恶是不可不讳的。他们自有忖度，知所趋避，再也不会出现邓渊，更不会出现崔浩那样的事了。韩

---

[1]《史通·直书》。
[2]《史通·曲笔》。参同书《疑古》引《孟子》以及汉景帝、魏文帝之言。
[3]《魏书》卷七《高祖纪》(下)。

显宗答孝文帝之问，自诩"直笔而无惧"[1]，但实际上却无寸进。近一个世纪中史官备位，少有著述，崔光直云"但须记录时事，以待后人"；崔鸿撰《十六国春秋》，以其涉国初事，惧其言多失体，迟不敢行。[2] 史家以"事涉国初"而怀惧，竟与本文前所议论和判断的国初史狱原因契合。邓渊、崔浩事件阴影难消，国史之学难振。尔朱荣入洛后竟有山伟、綦儁等倡言"国书正应国人（按指代人）修缉，不宜委之余人"，以至二十余年中代人掌史事，一无所成。及至东魏魏收受修史之命，执政者关注议论，忧心所在仍是直笔问题。他们自然知道不许直笔则无史可言，允许直笔又惧扇扬褒贬。高欢戏语魏收"我后世身名在卿手"；魏收言志，故意标榜"臣愿得直笔东观"[3]；高洋效法孝文帝之意，直言"好直笔，我终不作魏太武，诛史官"。诛史官之始作俑者实际上是道武帝，此时其事已被人淡忘了。这几则资料陈识仁的文章都已引用，我只是连缀疏通，反衬邓渊、崔浩之狱的后遗症状。修国史如此纷纭，追根溯源，还是北魏史风败坏造成，这种史风正是国史狱事不可避免的后果。

　　魏收著史，时过境迁，拓跋先人行事已失去敏感性，所以魏收书中得以保留一篇《序纪》，分量虽然不大，迄今仍为研究拓跋先人历史惟一重要资料，而且是基本上还经得起验证的资料。由于"事涉国初"，经过邓渊、崔浩两案以后，《序纪》中的资料一定有不少磨合删削，在相当程度上已失去从鲜卑语迻译时的原始鲜活面貌。但是五胡诸载记之中，还不见有保存先人历史资料像《序纪》那样能系统地追溯至二十八君之例。只是自邓渊、崔浩以来百余年中史风污染，当途者既贪求国史之誉，又深畏国史之毁；既不能不标榜直笔实录，又吹毛求疵于直笔实录之中。风气积久，洗之愈难。不止是帝王干预修史，连权势之辈都想利用国史巩固家族地位，多求史官

----

[1]《魏书》卷六〇《韩麒麟传》附显宗传。
[2]《魏书》卷六七《崔光传》附崔鸿传。
[3]《北史》卷五六《魏收传》。

为先人作佳传。这就是《史通·直书》所说史臣也只有"宁顺从以保吉,不违忤以受害"。魏收的一部《魏书》,虽不远于是非,但亦难说清正,未行时已屡见纠纷,刊布后更被指责为"秽史"。宋人刘恕等在进其所校定的魏收书中评此书取舍失衷,"其文不直,其事不核"〔1〕。所以,历代学者屡起为魏收"辨诬"而又难辨明白。在我看来,这也是北魏史风污染的一种必然的后果。今之视古如此,后之视今又何尝不是如此呢?

---

〔1〕 见今本《魏书》附录。

文献所见代北东部若干拓跋史迹的探讨

我曾关注过拓跋部桓帝祁皇后的族属问题，搜罗了一些资料，意在证明祁氏出于代北东部之族，很可能是乌桓。近日得知大同市北有祁皇墓地名，于是从文献上循迹追踪，又得知一些桓、穆故实，所涉地点都在代北东部。我把这些连缀成篇，冠以拓跋史迹之名，供进一步的探讨。需要说明，这篇小文不是考古，不是考证，也不是文物古迹本身的考察。要勉强为此定性，也许近乎拓跋掌故追寻，以之补充史文之不足。篇中提及的拓跋史迹大体与已知的历史背景相符，不是任意捏造，但要一一落实也不可能。考虑到这些史迹所涉的拓跋人物离现在已经一千六百余年之久，却能凭借史迹长久地保存在当地居民的意识之中，不时引发后人的历史思考，因而觉得作一点追寻还是值得，何况有些史迹毕竟还可能承载了拓跋部一些真实的历史信息。

一　方山西麓的祁皇墓

坊间所见大同市地图，有将市北 25 公里处的方山北魏文明太后永固陵标为祁皇墓者，据说是桓帝祁皇后墓的讹传。方山附近至今确有以祁皇墓为名的村落，但不是在永固陵。其准确位置是方山西麓之如浑水西岸。看来祁皇墓不论有几分可信，祁皇本人肯定曾是这一带居民口碑中的人物，其生前的主要活动也当在这一带。

经检《正德大同府志》（缩微胶卷）、《顺治云中郡志》、《乾隆大同府志》、《道光大同县志》，除正德志外，于此事皆有记载。顺治志谓郡城北五十里有拓跋二陵，俗称歧皇墓。此说拓跋二陵当指方山冯太后陵与孝文帝虚陵。志文误指此二陵为祁皇墓，又误写为歧皇墓。乾隆志所载较细。该志卷六古迹门谓祁皇墓"在府东北三十里孤山之北，冢头峻绝如山。……北魏桓帝皇后祁氏尝摄国事，时人谓之女国后，不言其葬所。……盖道武以前屡经播迁，记载阙略，云中、盛乐二陵[1]外，当时已往往失之。疑祁皇即祁皇后，犹言女国君，故后人直谓之祁皇，理或如此"。该志又谓"北魏文明太后墓，府北五十里方山，……旧志所谓北魏二陵也，今其处未详。或曰俗称祁皇墓"。该志卷三疆域附村堡，提及县治北境有祁皇墓村，距城五十六里。府志所涉地名及位置，大致都与今名复核近似，只是祁后墓具体地点异说并陈。府志纂修本来未做实地考察，把方山二陵所在与祁皇墓址弄得混淆不清。以现知情况推之，似祁后死葬方山近处，按拓跋旧俗只能是潜埋[2]，真正的墓是不会有的。以后拓跋统胤改变，祁后后嗣未成北魏帝宗[3]，祁后葬所的标识（如果真有过的话）在纷乱如麻的争斗中早已荡然无存。百余岁后，才有冯太后因方山地势起茔之事。

桓帝祁皇后在拓跋部从野蛮走向文明的过程中，曾扮演过重要角色，为拓跋历史增添了跌宕起伏。祁氏之死，当在《魏书·序纪》

---

[1] "云中、盛乐二陵"当指下文中所说方山"北魏二陵"，与盛乐金陵无涉。其时亦不确知方山二陵即冯太后陵及孝文帝虚陵所在。
[2] 《宋书》卷九五《索虏传》：拓跋"……死则潜埋，无坟垄处所，至于葬送，皆虚设棺柩，立冢椁，生时车马器用皆烧之以送亡者。"此说我认为属实。早期拓跋陵墓，包括盛乐金陵，至今未知所在。本文所涉迁洛以前拓跋各处陵墓所在，皆当视之为瘗埋在附近某处，而不是指墓穴在某一具体地点。又，《晋书·石勒载记》："勒母王氏死，潜窆山谷，莫详其所。既而备九命之礼，虚葬于襄国城南。"我疑王氏为乌桓人，死以乌桓俗潜埋于山谷。乌桓、鲜卑同俗。所谓祁皇墓如果实有，大概也是如此。
[3] 《魏书》卷一四神元子孙列传有曲阳侯素延、顺阳公郁、宜都王目辰，均"桓帝之后也"，但不详其世系。

所记的324年祁氏归政于其子惠帝之后的某一年，其时距295年昭帝、桓帝、穆帝三分拓跋之国至少已经三十年了。据桓帝、祁后事迹显示，祁后未曾远离拓跋中部之国"代郡之参合陂北"地境，包括平城一带，其葬地也当在此范围。今知祁皇墓村确在大同方山之西，则"代郡之参合陂北"地境与大同方山相距不会很远。但参合陂究竟在哪里，还有待定位。

"代郡之参合陂北"所在，史家多依《魏书·地形志》标注于今凉城以西。《地形志》（上）梁城（凉城）郡条，东魏天平二年（535）始置郡，领参合、裋鸿（旋鸿）二县。凉城郡的参合县西有参合陉，其地已接近拓跋西部之国盛乐，与拓跋三分其国时的地理形势不合。据严耕望考证，北魏较早时期的参合，在西汉参合县故地，靠近西汉代郡西部都尉治所高柳，今大同东北的阳高县境[1]。此后参合何时复县，何时由今阳高县境迁治于今凉城境，没有准确资料可据。《魏书》、《水经注》资料颇有异同之处。我从慕容宝参合陂战事的地理状况所见，认为严氏之说较合情理，赞同此时的参合陂尚在大同东北的阳高，其地与大同的距离，比凉城参合陉到大同的距离要近一些。《序纪》"居代郡之参合陂北"，尤符合高柳之说。因为西汉的高柳在当时代郡境内，是代郡的最西界，更西则入当时的雁门郡，不得称为代郡。在严氏考证之前，已有人认为北魏参合指的是西汉参合故城[2]。

《序纪》桓帝在位的十一年中，记事极其简略，除征讨等军事行动以外，余事所记无多，但却两见参合陂事，这是"桓帝居代郡之参合陂北"之证。《序纪》记桓帝葬母事，如果葬母事在平城，则平城也在桓帝常所活动的范围之内，与"代郡之参合陂北"的高柳相距

---

[1] 严耕望《北魏参合陂地望考辨》，见氏撰《唐代交通图考》第五卷附篇八，台北版，1986年。

[2] 《读史方舆纪要》卷四"历代州域形势"自注："猗㐌居代郡参合陂之北"条曰："参合陂，今大同府东百余里，有参合城。"

不远。兹就桓帝葬母地点及其相关问题作一些考察，以说明史籍所载居参合陂北之桓帝，生前实际活动确实多在平城。

桓帝葬母，《魏书》有三条资料。其一，《魏书·皇后传》："文帝皇后封氏，生桓、穆二帝，早崩。桓帝立，乃葬焉。高宗初，穿天渊池，获一石铭，称桓帝葬母封氏，远近赴会二十余万人。有司以闻，命藏之太庙。"其二，同书《序纪》桓帝之二年（296）："葬文帝及皇后封氏。初，思帝欲改葬，未果而崩（按事在294年）。至是，述成前意焉。晋成都王司马颖遣从事中郎田思，河间王司马颙遣司马靳利，并州刺史司马腾遣主簿梁天，并来会葬，远近赴者二十万人。"其三，同书《高宗纪》兴安二年（453）二月乙丑，"发京师五千人穿天渊池"。这三条相关的史料，说明桓帝甫即中部之国君位，即张罗葬母封氏之事；而其中前两条史料，对于296年葬事的记叙还有微妙的差别可资思考。

296年的葬事，所葬是文帝及其妻封氏，即桓帝之生父、生母，不只是如石铭所说"桓帝葬母"而已。不过，葬母是主要的，葬父是袝葬。葬母时有盛大的政治活动，不是简单的瘗埋事务，只是究竟葬于何地，并无明说。封氏早死于拓跋三分之前，遗体自当有所处置，按理是在盛乐；而文帝亦早被拓跋诸部大人矫害于阴馆，当是即其地草率敛尸，潜窆而已，未回盛乐。至是，桓帝并其父母葬于天渊池近处，立石铭以为纪念。此事《序纪》谓之"改葬"，笼统一些；石铭只说葬母，不提及葬父，也不确切。但强调葬其生母，则是值得留意的。此其一。

改葬初议发自文帝兰妃之子思帝。思帝是文帝幼子，且非嫡出，但继承君位在嫡出长子桓帝之前。从拓跋帝位继承常情看来，此事似有隐曲之处。以常情论，思帝发此议，初衷当重在葬父，而不会是重在安葬非其生母的封氏，《序纪》谓"思帝欲改葬"，本来未说明单葬一人或者并葬二人。思帝在位仅一年而死，国分为三。桓帝即中部君位，乃顺势"述成前意"，实际上是淡化了思帝葬父的初衷，于中部国境内并其父母而葬，史文乃记曰"葬文帝及皇后封氏"。桓帝以葬父的名义并葬其母，一举两得，本属情理中事，可以理解，而且还不算直接违背思帝初衷。但石铭所载只说葬母，不提其父，喧宾夺主，就只能视为石铭曲笔，桓帝私意了。这是否有封氏部族即桓帝外家利益掺杂其中，强为定调，也很难说。根据《官氏志》，封氏为北姓是贲氏所改，是贲氏为内入诸姓中来自东方的一个部族[1]。疑此与桓帝之妻祁氏以东方部族介入拓跋事务有类似之处。此其二。

尤其值得留意的是，桓帝利用葬母之事大张旗鼓，广泛联络，与会者竟至二十余万；而且其中除草原诸部族以外，还包括代北周边的西晋王公牧守所派遣的使者，这在拓跋历史上是仅见的。我认为正是桓帝本人，有意借葬母机会为自己或为自己所属的拓跋支系包括同母弟穆帝制造声势，显示力量，而且还有意突出葬母而显示其外家的实力，以图压制兰妃所生思帝后人的影响。这与思帝"欲改葬"的初衷是不一致的。观乎桓穆以后拓跋历史正是兰妃后人与封后后人长期反复的权位斗争，上述推理不为无据，此其三。关于桓帝借葬母机会制造声势以扩张势力，下一节还要谈到。

至于封后葬地，需借树铭之事加以辨析。

文成帝时被穿为天渊池并有石铭出土之处，距文帝与封后葬地当不甚远。穿池是征发平城民所为，其地必在平城附近，这是可以肯定的。穿池发民五千之多，可证工程规模不小[2]。《魏书》中

---

〔1〕据《元和郡县图志》卷四，什贲（是贲）城为汉朔方县之故城。封氏盖自东方西徙至于朔方的部族。

〔2〕平城天渊池，《北史·皇后传》作天泉池，避唐讳改。平城另有神渊池，其名称及地点所在与天渊池接近，或亦天渊池异名。《高祖纪》太和元年（477）七月"起永乐游观殿于北苑，穿神渊池"；太和七年七月，"帝、太皇太后幸神渊池"。但此等事在文成帝穿天渊池之后二三十年，不知是否天渊池淤后重穿。又建康也有天渊池，南朝诸史例证甚多。《艺文类聚》卷九水部池条，梁武帝泛天渊池诗，有"泛漾天渊池"句。历代所见天渊池，均在帝都，盖与帝王游幸相关。

除《序纪》、《文成帝纪》、《皇后传》有关天渊池的同一事件的记载以外，他处所见的天渊池资料，却都不是指平城的天渊池而是指洛阳的天渊池。如卷二二《废太子恂传》"高祖泛舟天渊池"，卷八《世宗纪》永平四年（511）"迁代京铜龙置天渊池"，卷九三《恩倖传》茹皓领华林诸作，"为山于天渊池之西"等，所指都是洛阳的事。

顺便提及，洛阳的天渊池有确切的记载，其地在洛阳城内宫城之北。《水经·穀水注》，穀水自西流入洛阳宫城，穿天渊池，在华林园（原名芳林园）中，为王公胜流游憩之所。天渊之名曹魏之时已见，魏明帝太和元年（227）王朗上疏称"华林天渊足以展游宴"[1]。北魏文成帝发民所穿的平城天渊池，后来文献无闻，是池未修成或旋修旋废？是一时有意袭用洛阳胜景旧名而后来又废而未用？或天渊之名虽未废而另有习用之名如灵泉池之类？我疑灵泉池就是平城的天渊池，平城境内只有灵泉池才能与供帝王显贵游乐的天渊池相当。前面注文提到的神渊池、天泉池，也都是灵泉池。

《水经·㶟水注》如浑水经灵泉池，其地"南面旧京（平城），北背方岭（方山），左右山原，亭观绣峙"，显然是平城与方山之间的贵游名胜之处。据《高祖纪》和《文明太后传》，太和三年(479)起灵泉殿于方山，这就使灵泉池、灵泉殿与方山景观连为一体，自成组合，平城他处找不到第二例。起灵泉殿于方山，大概是冯太后属意以方山为茔的开始。其后数年中，冯太后与孝文帝频幸方山时并幸灵泉池。太和五年，冯太后寿宫工程启动；太和十五年，冯太后长眠于此。孝文帝也在这里经营寿宫，迁洛后以之为虚陵。从这些着意的经营中，我判断文成帝时所穿的天渊池就是以后冯太后与孝文帝经常临幸的灵泉池，地在平城与方山之间如浑水流经之处，当年桓帝所营其父文帝与其母封后墓在此附近，以后桓帝祁后墓也在不远之处。这一带可说是拓跋皇室在代北东部的一个陵区。说不定死于

──────────

[1]《三国志·魏志·王朗传》。

"云中名都"(《卫操传》桓帝碑)的桓帝,其窀穸之处也在这一地带,只是现在还无直接证据。

以上讨论所涉,都是"代郡之参合陂北"以至于平城这一带的事,拓跋三分时桓帝、祁后所居就在这一地带。显然,这里的参合陂不可能是远在西部靠近盛乐的参合陂(参合陉),只能是与平城贴近的高柳参合陂。

桓帝猗㐌死在305年,本居盛乐的拓跋西部国君穆帝猗卢于308年统一了拓跋三部,桓帝、穆帝曾先后助西晋司马腾、刘琨南征并州,出入陉北陉南之地,此地乃成为拓跋部又一重要地区。313年穆帝以盛乐为北都,修故平城(按即汉平城)为南都,于平城更南的漯源之地筑新平城(又称南平城、小平城),这样就形成了拓跋三都的战略形势,将在本文第三节探讨。

补注 灵泉池所在,《水经·㶟水注》只是说"南面旧京(平城),北背方岭(方山)",具体地点,我还不清楚,只是推断灵泉池是天渊池的异名。大同大学教授殷宪于2006年从山河地貌和建筑构件遗存诸多方面,考定灵泉池中心在方山永固陵正南4.75公里,灵泉宫中心在永固陵南偏东4.5公里处;宫、池之西为如浑水,北为如浑水支流万泉河(《北魏灵泉宫池访寻记》,中国文物报2007.2.23)。有了这一根据,我关于桓帝葬母之地的考察,关于天渊池就是灵泉池的推断,总算是落到实处了。看来,探究拓跋中部之国主要活动区域,不应拘泥于"代郡之参合陂北"一点,还要着眼于平城地区(包括方山)。《序纪》标出中部之国驻代郡参合陂北,当为三部始分时桓帝的暂驻地。稍偏西的平城旧地,西汉时早已有所开发,有诸多便利条件,桓帝不会不用。所以桓帝(以及总摄三部以后的穆帝)诸事,很多都是发生在平城地境,方山附近也成为拓跋王室葬区。

二 草原部落大会与平城西部的郊天坛

《魏书》卷二三《卫操传》，操为桓帝辅相，桓帝死后，操立桓帝碑于大邗城南"以颂功德"，立碑时间是西晋光熙元年（306）。立碑记事是没有文字的拓跋部依仗汉士而为之的一种记事方法。今天能读到的较完整的早期碑文，桓帝碑是仅有的一件[1]，此碑文字在录入史传时虽然有所窜改，但基本内容还是可以理解清楚。

桓帝碑文有"应期顺会，王有北方"之语，值得推敲。"应期顺会"云云，从已知桓帝猗㐌事迹中寻找相关内容，只有桓帝葬母，会者二十余万这一事可以照应。各族部落大人"应期顺会"，意味着认同桓帝在部落联盟中的权威地位。西晋有关王公牧守应邀遣使与会，可以肯定桓帝意在乘晋室之衰，冲出代北，驰骋并州，成为中原侧目的茁壮力量，成为代北之王。这就是"王有北方"所指。卫操立碑的前二年，有桓帝助司马腾的并州之捷，立碑的前一年，西晋假桓帝大单于，金印紫绶，这已是西晋朝廷的封君了。

桓帝葬母，事在拓跋三分其国以后的第二年。此年部落大会在中部桓帝之国举行，意味着中部之国在三国中占有特殊地位。西部之国虽为拓跋根本所在，但僻处边隅，不便交往。东部之国多乌桓及其他东方族裔，对代北拓跋容易形成游离。加以桓帝为神元帝嫡孙，其母族封氏和妻族祁氏可能影响局势。这些当是桓帝之国在三国中具有特殊地位的原因。拓跋受晋之封，从桓帝始。只是桓帝受封之年即死，接着晋室为拓跋加封进爵，受之者则是统一了三部的穆帝。穆帝总摄三部之后，实际上也迁驻原中部之国，大体上以平城为其活动中心。

---

[1] 桓帝时至少还有一件，即十年（304）桓帝助并州刺史司马腾大破刘渊之众，还，于参合陂西累石为亭，树碑纪行。碑文无存。

草原部落大人聚会，往往在历史的重大时刻举行，主其事者是部落联盟中最具影响的人物，除祭天以外往往伴有重大事件或重要的后续行动。据《序纪》，258 年神元帝力微自长川西行，南越阴山，迁至盛乐。"夏四月，祭天，诸部落君长皆来助祭"，诛观望不至的白部大人，于是"远近肃然，莫不震慑"，力微得以在新地停驻，其权威地位得以巩固。这是拓跋史籍所见第一次部落盛会。力微死后拓跋衰微，部落盛会未见举行。直到 296 年，才有桓帝趁葬母机会使诸部"应期顺会"之事。此后拓跋经历了蓬勃发展的二十年，又陷入频繁内乱。339 年，得势的昭成帝什翼犍重振拓跋，军威所及，"东至涉貊，西及破洛那，莫不款附"，于是而有"朝诸大人于参合陂，欲议定都于灅源川"之事。这又是拓跋力图向南开拓的空前大事。虽然由于王太后的持重态度，迁都未果，但从 342 年开始，每年"秋七月七日诸部毕集，设坛埒，讲武驰射，因以为常"。再往后，拓跋历史上最著名的草原部落盛会，举行于登国元年（396），即道武帝拓跋珪复国之年。是年正月"帝即代王位，郊天，建元，大会于牛川"。拓跋的领袖地位得到草原诸部的认同，拓跋帝业逐步实现。而牛川即位之地，在此后一段时间内，似曾被拓跋部人称作"牛都"，视为拓跋复国后第一个"都城"所在之处。

草原部落大会几乎都是拓跋部兴盛的标志，而且往往推动拓跋部更加兴盛。循此规律观察桓帝葬母，诸部"应期顺会"之事，可知它正是在拓跋部经历了二十年衰微之后走向复兴的时刻发生的。此时桓帝自己正当壮年[1]，以神元嫡孙、文帝嫡子的有利地位，居拓跋三国的中部，西面有同母弟为之屏蔽，东面并无强敌，正是拓跋振兴的大好时机。所以他借葬母之会大事张扬，以凸显自己的能力和权威，要求草原各部效忠，并获得西晋官方的认可，一举获得成

---

[1]《魏书·卫操传》桓帝碑，谓桓帝死时年三十九，当桓帝在位之十一年，可知桓帝初为中部之君时年二十八，葬母时年二十九。

功。从葬母大会翌年开始,桓帝立即持续不断地北巡西略,《序纪》记载桓帝之三年至七年(297—301)的五年中,"诸降服者二十余国";接着又介入西晋的并州事务,大破屠各刘渊,从而获得西晋所假大单于号。在此基础上,桓帝之弟穆帝才得以进一步介入并州事务,除获西晋所进大单于号以外,并获代公、代王之封。穆帝316年死,其基业为桓后祁氏所继承。有证据显示,穆帝或祁后,看来也曾有举行草原部落大会以拓展事业的准备,但没有实现。

  台湾学者康乐借鉴日本学者江上波夫关于东北亚草原游牧部落(胡族)礼俗研究,提出拓跋在部落联盟时期遵行胡族传统礼俗,西向祭天;以后建立国家,进入中原,才逐渐改从汉俗,奉行南北郊的制度。习俗的改变是比较缓慢的。大概道武帝建都平城时期,祭天礼俗犹胡俗汉俗并存;迁洛以后,南北郊制度才完全取代西郊祭天胡俗[1]。祭天仪式是诸部大会不可缺少的程序,《序纪》昭成帝五年(342)诸部大会,有"设坛埒"之说,主要就是为了祭天。《礼志》(一)所载道武"即代王位于牛川,西向设祭,告天成礼",仪式非常隆重,而且完全遵循胡俗。上文说到穆帝或祁后曾为举行草原诸部大会预作准备,正是从类似的郊天资料得到信息的。《水经·㶟水注》:如浑水"又径平城西郭内,魏太常七年(442)所城也。城周西郊外有郊天坛,坛之东侧有郊天碑,建兴四年立"。据知在此之前,尚未见拓跋部有定点定时的隆重的西郊祭天礼仪,所以平城西郊郊天坛当是为择时召集部落大会而设,而且还似曾镌碑纪念。

  平城城址,以如浑水为基准,历汉、晋及拓跋时期,其轮廓无显著变化。平城西界有筑郭之事,如《水经·㶟水注》谓魏太常七年筑平城西郭;《太宗纪》谓是年筑平城外郭,周回三十二里。但是这些都不影响平城西郊郊天坛所在地点的方位,无论是在穆帝、祁后

---

[1] 康乐《从西郊到南郊——国家祭典与北魏政治》第五章,台北稻禾出版社,1995年。关于道武以后拓跋祭天之制胡制与汉制的反复,何德章《北魏初年的汉化制度与天赐二年的倒退》一文有论,见《中国史研究》2001年第2期。

时，还是在郦注成书时，郊天坛始终在平城西部的位置上[1]。

筑郊天坛的时间，值得注意。建兴四年为穆帝统一三部后的第九年（316），是年穆帝由于拓跋内乱，死在其子六脩之手。桓后祁氏继之掌握了平城局势，连续立其子普根及普根始生之子为君主。此举不为在盛乐的诸部大人认同，他们另立思帝之子即平文帝郁律，以对抗居于平城的祁氏。祁氏虽失法统地位，在代北东部的势力犹存，因而形成代北地区盛乐和平城的东西对立局面。平城的郊天坛就是在此年拓跋局势朝夕变化的时刻建立的。它究竟是穆帝所立，以图确立所获代王地位在草原的无上权威，还是穆帝死后桓后祁氏所立，以求诸部大人对祁后树立桓帝子孙为拓跋之君的认同，现在无法予以判定。《晋书·愍帝纪》，此年"春三月代王猗卢薨，其众归于刘琨"，平城自然入祁后手。由此点看来，留给祁氏构筑郊天坛的时间较长，不过这毕竟不是判断的确切标准。而且，无论是穆帝还是祁后所筑，都是为了西向设祭，告天成礼，目的完全是一样的。

如果《水经注》所记建兴四年无误，上述意见是可以成立的。但是《水经注疏》熊会贞认为"魏无建兴之号，建字乃延字之误。《魏书·礼志》（一）延兴四年（474）六月，'显祖以西郊旧事，岁增木主七，易世则更兆，其事无益于神明。初革前仪，定置主七，立碑于郊所'，即《注》所指之事，则建兴当作延兴"。熊氏之说不无道理。但是据"显祖以西郊旧事……"的语气琢磨，不大像是新立郊天坛，倒像是就已有的郊天坛作出改革，并树碑为记。熊氏改字解史，并无直接依据。早在建兴元年（313），代王猗卢已有"修故平城以为南都"之举，此后当续有修建，是否于故平城建郊天坛，事成于建兴四年，属于猗卢修故平城的一项工程呢？其实平城西郭郊天坛确实设

---

[1] 此后十余年，始有《南齐书·魏虏传》所记"佛狸（魏太武帝）破梁州（按当作凉州）、黄龙，迁其居民，大筑郭邑，截平城西为宫城"诸事，但郊天坛所在仍为平城西部。《魏虏传》所记北魏平城"城西有祠天坛"，就是《水经注》所说的郊天坛，不过可能有新的修缮。

于文成帝以前。《魏书·崔浩传》闵湛、郗标请立石刊刻崔浩等所撰国史,"遂营于天郊东三里,方百三十步,用功三百万乃讫"。《北史》所记略同。此事《资治通鉴》卷一二五记"浩竟用湛、标议,刊石立于郊坛东,方百步,用功三百万"。胡注:"据《水经注》,平城西郭外有郊天坛。"按,平城兴建多在西郭,《崔浩传》"天郊东三里"之说,指国史碑刻在西郭外,更西三里至天郊即西郊祭天之坛,国人祭天必经由此处。此即《通鉴》所说的"郊坛东"。这也是平城郊天坛不待延兴四年始立之证。还有,"魏无建兴"也不是理由,因为北魏建元之前拓跋以西晋所封代王行事,史臣自然可用西晋正朔记拓跋事。

不过,郊天坛如果是建兴四年所建,大概只能是利用天然树林,或者竖木为象,垒石为坛所成的简易处所。《汉书·匈奴传》师古注"蹛林"曰:"蹛者,绕林木而祭也。鲜卑之俗,自古相传,秋天之祭,无林木者,尚竖柳枝,众骑驰绕,三周乃止。"北魏太武帝遣李敞诣幽都石室告祭天地祖宗,"既祭,斩桦木立之,……后所立桦木生长成林",事见《礼志》(一)。北族竖榆、树柳为祭所,史籍多有,日本江上波夫氏《匈奴的祭祀》一文引证甚详[1],遗风今犹可觅。所以建兴四年建郊天坛云云,不可能是堂皇的建筑,即令是延兴四年所建,很可能也只是简陋设施,观《南齐书·魏虏传》所叙平城宫殿建筑水平,即可明了。

三　新平城近处的拓跋史迹

从上文的探索,隐约窥见此一时期内代北东部事态的若干片段。现在我所说的所谓代北东部,实际上就是在拓跋东、中、西三分

---

[1] 江上波夫:《匈奴的祭祀》,中译文见《日本学者研究中国史论著选译》第九卷,中华书局,1993年。

时的中部之国地境，至于原来在上谷之北、濡源以西的昭帝所居的东部之国，此时已是代国的化外，在拓跋历史上很少再被提及了。

代北东部地区由于310年代国之立以来政治形势的变化，无形中又出现了南北部之分。北部包括平城地区，包括灢水北段及其支流如浑水流域、于延水流域；南部则是穆帝从西晋取得陉北五县地的新区，居民主要是穆帝从旧区徙来。穆帝于313年在南部的灢源地区筑新平城，以其子六脩镇之，"以统南部"。拓跋在此处的境外对手是并州的屠各和羯，新平城自然成为拓跋部南境的攻防重镇。316年拓跋内部矛盾，穆帝召六脩，不至，攻之，失利，遂亡民间，为六脩所杀。桓帝子普根从"外境"（当是从并州北境某处）赴难，杀六脩。这一系列的残杀，史籍无详细记载，按情理说都发生在新平城及其周围，因而这一地区留有若干史迹可供探索。

《太平寰宇记》卷四九代州雁门县（今山西代县）条载有"拓跋陵"一项，无说明。《嘉庆重修一统志》卷一五一代州："拓跋猗卢墓，在州西北雁门山中。《寰宇记》雁门县有拓跋陵。"《一统志》为清朝官修地志，有各地学者参与，嘉庆重修时又增入若干方志材料。《一统志》将《寰宇记》所载"拓跋陵"具体写为"拓跋猗卢墓"，并述其方位所在。代州向北，隔雁门山与拓跋新平城相接。我们设想，当年穆帝猗卢自平城南下攻六脩，败于新平城地区，亡走雁门山中，遂死其地，就地敛尸，后人以之称为拓跋陵或拓跋猗卢墓，这完全是合理的推定。不过，所谓"墓"，所谓"陵"，按乌桓、鲜卑的潜埋旧俗，是不存在的，但可以理解为葬处附近的表记。曰陵曰墓，都是后人所加的称呼。猗卢有残碑传世，当即在潜埋处附近竖石为记，更值得注意。

罗振玉《石交录》卷二记载拓跋猗卢碑残石，谓是柯昌泗得之山西，其碑阴有狩猎图，"残石存六大字，文曰'王猗卢之碑'"，书体在隶楷之间。罗氏云残石殆碑额之末行，王字前行之末必为代字[1]。周一良先生据以录入《魏书札记》，并谓卫操桓帝碑称"刊石纪功，图象存形"，似桓碑上有图像，而此猗卢碑刻有狩猎图，颇相类似。其他未多作解释。周先生认为罗、柯两家皆精于金石鉴别，此残碑当非伪造，是"代王猗卢之碑"[2]。

桓帝猗㐌与穆帝猗卢兄弟，居然都有碑石为后人所道，是难得的巧合。据《卫操传》和《序纪》，桓帝碑初立和发现之地，都在大邘城。《地形志》（上），大邘城在肆州秀容郡肆卢县，其地在新平城更南百余公里，今山西原平与忻州之间的偏西处。桓碑明言桓帝以永兴二年（305）六月二十四日"背弃华殿，云中名都"，这就是说死于云中而非死于秀容，其葬地理当在"云中名都"附近。卫操在桓帝死所以南如此遥远而又非拓跋经常控制的大邘城立碑，只能是功德碑，与墓碑无关。《官氏志》内入诸姓（东部）有"秘邘氏后改邘氏"，点校本校勘记据《广韵》、《元和姓纂》、《通志·氏族略》等书，断邘为邢字之误写。难道大邘城以邘氏得名，而邘氏与桓帝有我们所不确知的特殊关系，所以卫操碑置于此，以资纪念？难道是秘邘部落曾随桓帝破刘渊于并州，择地驻留，而卫操有意于此地竖碑以颂功德？难道穆帝时桓帝之子普根长驻外境，其所驻之地即在桓帝立碑处或其近处？这只是联想，说说而已，无从索证。秘邘氏改邘氏是孝文帝时事，《魏书》录桓帝碑使用大邘之名，按通例当可认定是修史者所改。

从上述诸事看来，新平城及其迤南之地，与桓、穆活动关系密切。穆帝于313年筑新平城后，新平城就具有与盛乐、平城相鼎立的战略地位。316年拓跋内乱时，卫雄、姬澹等率领大量乌桓人和晋人[3]南

---

[1]《罗雪堂先生全集》续编册三《贞松老人遗稿甲集续》，台北：文华出版公司，1969年，963页。罗氏喜金石，自谓晚年居辽，"展对旧藏，如逢旧雨，偶有新得，如缔新交"，故题所编曰《石交录》云。

[2] 周一良：《魏晋南北朝史札记》，中华书局，1985年，332—333页。

[3] 其人数《序纪》作三百余家，是错的。《卫雄传》作数万众，《刘琨传》作三万人，《通鉴》作三万家。

投并州刘琨，刘琨"率数百骑驰如平城抚纳之"[1]。姬澹等所领原本是一支强大队伍，且多次南下并州作战，此时经拓跋内乱消耗，战斗力顿损。刘琨命姬澹等率众攻石勒以解乐平受困之急，大败，"澹奔代郡"[2]。石勒遣将孔苌攻澹于桑干，灭之。桑干河即是㶟水。这里所涉各地，除乐平稍远以外，都在新平城迤南一带近处。刘琨迎卫雄、姬澹所至的平城，不是代北的平城，而是西晋的雁门郡平城，在今山西代县境[3]，隔雁门山与穆帝所筑新平城相望，是卫雄、姬澹等南奔之师中途必经之处。从刘琨所在之地并州言之，使用西晋的平城地名是合乎情理的。刘琨质子在卫雄、姬澹南奔军中，刘琨于平城中途接应亦是情理中事。姬澹在乐平败后所奔的代郡，我认为也不出五台山之东麓地境。战败后的姬澹等人不可能奔返代北平城。他们一奔代郡西部，再奔返㶟源地区桑干县境。姬澹本是代人，所领乌桓、晋人多是就近招纳，所以败后直奔新平城迤南的五台山区，再奔桑干地区以求生路，终为孔苌追灭于此，盖亦狐死首丘意耳。

　　前文提到，所谓拓跋猗卢墓在新平城以南的雁门山中。罗振玉《石交录》猗卢残碑考述未曾提及《太平寰宇记》、《嘉庆重修一统志》所载猗卢墓址，因而未曾从地理位置着眼立论。罗氏从时间考虑，断"此碑殆猗卢薨后琨统其众时所立"，其说合理。按据《晋书·愍帝纪》，猗卢死后其众归刘琨，是建兴四年三月事；石勒围乐平沾城，刘琨所遣姬澹援军败走代郡桑干，在此年十一月；十二月，姬澹死桑干，刘琨本人亦降段匹磾于蓟。以时限言，猗卢墓及碑只

---

〔1〕《魏书》卷二三《卫操传》附《卫雄传》。
〔2〕《晋书》卷一〇四《石勒载记》（上）。此为西晋之代郡，为雁门郡之东邻。
〔3〕建安、黄初撤郡置县，原雁门郡平城县（今大同）徙置于陉南今山西代县，仍贯平城旧名，至晋未变。313年穆帝"修故平城以为南都"以后，平城之名实际上是两存。《序纪》平城之名加一故字，似指西汉之平城，与西晋雁门郡之平城相区别。参姚斌《大同历史建置沿革》一文，《北朝研究》第一辑，北京燕山出版社，1999年，380页。

能建于建兴四年三月至十一月。罗氏推断猗卢碑所立的时间,与今知其时猗卢碑、墓所在地点的人事流动变迁状况,亦相符合,因为正是此时,刘琨之军频繁出入雁门山、新平城一带,因而得以顺便处置猗卢身后诸事。

关于新平城迤南拓跋史迹,还有一事暂时存疑,即《魏书·地形志》(上)肆州永安郡驴夷县"代王神祠"事。按,此永安郡即建安、黄初中所置新兴郡,驴夷县即是新兴郡虑虒县,在今山西五台县境,其地两汉属太原郡,与代北有大山阻隔。"代王神祠"所祀代王究竟是谁,有两种可能的推断。

一、被指为西汉代王 汉文帝未立时,"为代王,都晋阳"(《汉书·高帝纪》十一年);文帝子参初立为太原王,后"徙为代王,复并得太原,都晋阳如故"(《汉书·文三王传》)。他们都曾兼有代、太原之地。经检地志参考,《康熙五台县志》卷三村屯(古迹古墓附),县南有皇图垴,"为汉文帝游猎处";卷八《重修南神庙碑记》:"邑之南十里……有古祠,俗谓之南神垴,盖汉文帝祠也。"《光绪五台新志》基本上同于《康熙五台县志》,其卷二山水:"南神垴在县治南八里,……上有汉文帝祠,相传文帝王代时游猎至此。"但是附有自注,说明来历,曰:"《魏书·地形志》有代王神祠,即此。"可见所谓汉文帝之说,出处也只是魏收书。汉文帝游猎处之说可能是后人附会,不过亦难确言。

二、被指为拓跋代王 拓跋部代王猗卢多次领兵助刘琨作战,出入雁门北南之境;猗卢死,葬雁门山中,有墓及碑,罗振玉疑其为刘琨部众所立,则驴夷"代王神祠"也有可能例同猗卢墓、碑,为刘琨部众所立。若然,代王猗卢墓、碑、祠等处史迹,有相同背景及相近年月,地界也不甚远,成为代王史迹序列。前述《光绪五台新志》引魏收书诠释"代王神祠",似有或然之意。《乾隆直隶代州志》卷一古迹"代王神祠"条:"魏地形志永安郡驴夷县有代王神祠",未用汉文帝事为说,并且于其"陵墓"一项中列叙"魏拓跋陵,即拓跋猗卢封代公，卒葬雁门山中，今不知所在"。编纂者在这里显然只是客观地列出魏收书及《太平寰宇记》资料，未出己意，使人感到有疑神祠属于猗卢的倾向。

对此问题，我认为猗卢说和汉文帝说都是合理推断。只是地志编纂者宁愿攀附汉文帝而不看重拓跋猗卢者居多，所以猗卢之说在方志中不占优势。我这里也无他佐证，只好存疑。

四　关于祁后事迹的两个疑点

第一个疑点，是祁皇名号问题。本文从祁皇墓谈起，前人疑祁皇为祁皇后之讹传，我却感到祁皇之号或者自有来历。穆帝死难，穆帝长子六修亦死，穆帝少子比延此前已被六修所杀。《魏书》未说穆帝尚有余子。由桓帝之子普根继立为代王，符合形势要求及拓跋习俗[1]，可以理解。普根立月余而死，桓后祁氏怀抱一个孙辈婴儿即普根始生之子执政，由她自己统治拓跋部落联盟，她实际上也就是自居于代王地位。这种情况，却是拓跋部落大人所不能容许的。何况这个始生婴儿年内又死。以盛乐为中心的拓跋诸部大人拥立思帝之子郁律为君主（平文帝），盛乐与平城对立，是不可避免的了。后来平文帝东来，徙居东木根山，这自然是逼迫祁后让出统治权力的姿态。祁后害死了平文帝[2]，推出自己的儿子贺傉为君（惠帝），她自己又一次临朝执政，被邻邦以女国相称，意即女王之国。这很可能就是祁氏确有称君之事。还有，普根始生子死于316年冬天，平文帝元年为317年，按理，如果真有正常的权力交替，平文帝元年应当有一些除旧布新整顿秩序之事可记，但是《序纪》此年只字未表，全是空白，令人怀疑。显然，这个时段内局势极度混乱，平文帝难于

---

[1]　按拓跋习俗，桓帝死，祁后当为穆帝收继；穆帝死，祁后当归其故夫桓帝。普根为桓帝子，又握兵而多战功，由他继承君位，合法合理，拓跋部没有不信服的理由。
[2]　请参阅《代北地区拓跋与乌桓的共生关系》一文"东木根山地名的来历"节。

真正实行统治,桓后祁氏也未放弃国君权力。这就是说,祁后确实是实现了篡权篡国。《序纪》为了掩盖祁氏篡权篡国的忌讳之事,有意作了涂抹,才出现了这种历史空白。考虑到这一背景,我觉得祁皇墓的祁皇之称未必不是反映了历史真实,使用了历来平城地区口碑中本有的称号,祁皇或祁王,而不一定是后人把祁皇后的后字讹夺掉了。前引《乾隆大同府志》的编修者也有类似的推断,在志文中说祁氏被称作女国后,意即女国之君,"故后人直谓之祁皇"云云。所谓女国君主正式名号,应当就是大单于、代王。

我疑祁后曾自居君位,因而不为拓跋国人所容。此事本身并无多少史料价值。但是如果所疑属实,《代歌》、《代记》总会有所反映,道武帝在思考巩固国统之时必然要寻求有效的应对措施。所以祁后反复擅政之事的严重性质以及以后如何避免,应当是道武帝推行子贵母死之制时思考所及的一个重要因素。

第二个疑点,是祁后与穆帝的关系。按桓帝死于305年,穆帝随即由拓跋西部之盛乐进据拓跋中部之国,原来的中部、西部二国合一。307年昭帝死,原来的东部之国遂游离于化外。所谓穆帝统一三部,实际只是原来的中、西两部。穆帝继续助晋作战,桓帝之子普根与穆帝长子六脩同在穆帝麾下驰驱,被分别称为左、右贤王[1]。留居盛乐的思帝之子郁律亦由穆帝指挥,在西部及其以南的并州地区作战。桓、穆之际重新组合的代国,各种势力暂时和谐相处,以至于穆帝有建盛乐、平城、新平城的战略决策出现,拓跋日趋强盛。我疑这种和谐局面是穆帝按北俗收继婚制,娶寡嫂祁氏为妻,暂时化解了诸多隔阂,凝聚了中、西部力量的结果。祁氏本是女中强人,只是在穆帝死前局面平稳之时,她没有走上历史前台的机遇。如果真有收继婚问题,则穆帝死后后嗣无存,祁氏回归故夫桓帝,从而走上

―――――――
[1]《魏书》卷九五《徒何慕容廆传》称普根为左贤王,《资治通鉴》晋建兴元年(313)称六脩为右贤王,盖以穆帝为大单于也。

前台，自居大单于、代王（不论是否正式宣称），似乎是水到渠成了。不过，这意味着对拓跋君长权力的侵夺。

居盛乐的诸部大人，不能对平城局势全无影响，只是《魏书》有意隐蔽了许多事实，使这段历史疑雾重重。例如穆帝皇后是谁，穆帝长子六脩外家出何部族，《魏书》不著一字。穆帝少子比延的母氏及其族属亦无可考。拓跋外家部族扶持君后及诸子，影响权力分配和君位继承，是屡见不鲜之事，这种矛盾虽穆帝报嫂亦不能磨合，甚至还可能激化。因此陆续出现了下列各种突发事件：穆帝欲立少子比延而出长子六脩于新平城并黜其母；穆帝召六脩，不至；征讨六脩，六脩杀弟弑父；普根杀六脩而立为大单于、代王；普根死后祁氏怀抱普根始生之子而居大单于、代王位；卫雄等惶惑无依而率乌桓等新人出奔，被羯人追杀消灭；盛乐诸部大人拥立郁律为平文帝，等等。这许多事件都可以放在桓、穆二系因穆帝报嫂而凝为一体，又因盛乐、平城新旧势力包括各个外家的利益冲突而骤然崩溃这样一个总背景中来观察求解，只是每一事件的细节无法一一说清楚。

《三国志·魏志》引王沈书及《后汉书·乌桓传》，都说乌桓有妻后母、报寡嫂之俗；接着又说"死则归其故夫"，"计谋从用妇人"。我意305年祁后为穆帝收娶之后，尚有生育能力（桓帝死年三十九，祁后当小于此岁数），因此疑祁后所生惠帝贺傉、炀帝纥那是穆帝之子。《序纪》记之为桓帝之子，是史讳之笔。316年穆帝死，祁后依俗当"归其故夫"桓帝，此时择立为君以继穆帝者自然是桓帝之子普根。如果贺傉是桓帝之子，则普根死后贺傉当继普根为君，不至于立普根的婴儿而招致国人强烈反对。若以祁后只是贪立幼弱而立褪褓，也说不通，因为贺傉其时也在幼年，无妨祁后擅政。桓帝子嗣已尽，321年不得不立祁后与穆帝所生之子惠帝贺傉时，贺傉不能理政，确由太后临朝（立普根婴儿时自然已是祁后临朝，不过时间极短）。按年龄说，断惠帝、炀帝为穆帝子，是合情合理的。

所以，我认为局势演变是这样的：一、穆帝死，平城局面立即由从未露面的祁后接管；二、祁后重又"归其故夫"桓帝，而且祁后以计谋用事，立桓帝之子普根为君。普根死，立其婴儿，只能是祁后自居君位；三、平文帝被害后祁后又全力扶植己子（与穆帝所生之子）贺傉、纥那为君，掌权者还是祁后；四、这诸多不情之事，居盛乐的拓跋国人都不能容忍，先是有盛乐拥立平文而有祁后害平文之事，后来又有炀—烈—炀—烈的复辟反复辟之争。从各种暧昧情事看来，我才敢推定贺傉、纥那是穆帝之子。使这些情事得以连串出现于历史的，是鲜卑、乌桓的报寡嫂的习俗和新夫死则"归其故夫"的习俗，以至于最后女主专政的闹剧。

看来，这段《序纪》所见历史的疑雾不是或不全是天兴年间邓渊初修《代记》时就存在的，当时去古未远，应当能从《代歌》中窥知一些真实情节。但是事属干名犯义，被当权者认为"备而不典"、"暴扬国恶"，而由后代史臣反复削尽了。今天借探讨拓跋史迹的机会提出这些疑点，同好者带着这些疑点去寻求证据，也许会有一天能做出肯定或否定的结论。

关于拓跋猗卢残碑及拓本题记二则

—— 兼释残碑出土地点之疑

猗卢残碑拓本附柯昌泗题记一则，藏北京大学图书馆，原未编目登录，2002年春得胡海帆先生之助，始得一见。拓本阳面49×30cm，文字竖刻一行，余"王猗卢之碑也"六字，字有界格。"王"字缺首笔，其上当残去一"代"字无疑。罗振玉据柯昌泗提供信息，著录此残石于《石交录》中，见《罗雪堂先生全集》续编（台北：文华出版公司，1969）。《石交录》录文未写入"王猗卢之碑也"的"也"字，未附图像，估计罗氏未曾见到拓本原件。残石阴面54×21cm，刻狩猎图像，柯氏手笔题记居于阴面之右上方。罗、柯两家皆精于金石鉴定，此残碑经二人斟酌，当非赝品。我作《文献所见代北东部若干拓跋史迹的探讨》一文之时，已检得"拓跋陵"、"猗卢墓"文献资料，并知悉《石交录》有猗卢残碑著录，遂据以为说，形成文字，录入上述《探讨》文中。其时尚未知有猗卢残碑拓本存世，未见拓本图像及柯氏题记。2003年该文辑入《拓跋史探》时，始得将新近获悉的猗卢残碑拓本及题记资料简单介绍，作为该书附录。

猗卢残碑柯昌泗手笔题记曰：

丁丑三月，绥远贾客以此残碑额拓本相眎求售，不知为何代物也。予一见，讶为著录未有之奇，亟以廉值收买，毡席舆归，为晋表宦中藏石上品。长城以外，尚未闻出有六朝以前之石刻。古今金石书中，十六国物最少，代石更不经见。猗卢又为始封代王，名著史乘。而其字书遒伟，亦与习见典午诸碑阙，迥有雅俗之判。额阴画象似环刻游猎之形，尤为异制。晋画象除居贞草堂《当利里社碑》阴外，余亦未闻。综此诸端，洵为罕见之珍。予已撰跋，略以史事相证，容缮写以传艺林。兹先拓呈
　　季木四兄我师审定。昌泗时休沐还旧京记。

残碑阴阳两面拓本共钤有"谥斋审藏"、"燕龄"、"胶西柯氏"等印章。

为了叙事方便，本文称柯氏此件题记为前件。前件中说到"予已撰跋，略以史事相证，容缮写以传艺林"云云，知柯氏尚有正式跋文传布，供同好互相切磋。代石乃稀见珍贵文物，关注者甚盼柯氏跋文早日露脸，共同剖析研究。

2006年秋，得见柯昌泗在此猗卢残碑另一拓本上手书题记的传抄本，内容较富，文字较长，有少量难于辨识之字。2007年春，又有幸见到此传抄本的影件，文字清晰，全部可以确认。经与柯氏题记前件对比，其真实性无可疑之处。本文称此影本题记为后件。兹将此后件题记影本文字迻录如下：

　　此碑额残石，乙亥秋间绥远城南三十里达赖营村古城遗址所出，今藏敝斋。石存"王猗卢之碑也"六字一行，其全文当是"晋故大单于代王猗卢之碑也"十二字两行。推以行款之式，可揣知也。猗卢为拓跋先世代王之始封者，事具《魏书·序纪》。《序纪》又言猗卢兄猗㐌没后，臣下为之立碑于大刊城（按，刊当作邗，柯氏误写），皇兴（467—470）初，掘得其碑。此碑盖亦其例。猗卢之后，由郁律至什翼犍，中历数世，不知碑立何时。然猗卢以被弑终，部属迸散。国臣若箕澹等皆归于晋。此碑字体精雅，自是华人所书，为时相距盖亦不远。及苻秦灭代，涉珪再起，先王遗迹，已多湮坠，猗㐌之碑尚待掘地而见，自无始为猗卢立

碑之事。且其书纯用八分，亦非元魏初年参杂今隶之体。此碑当著录东晋十六国时，不能与道武以后石刻同科矣。历代碑碣以十六国见著录最少，其属于代国者尚未经见。又长城以外，向无六朝前之石刻。得此洵足宝贶。至其书法，亦在辟雍碑额之上。而额阴画象写游猎之状，尤为异制，在石刻中其以罕见珍，非一端也。

　　丁丑夏日拓奉
志辅兄长同社雅鉴
　　　　弟柯昌泗识（按，下钤方印字不可辨。）

前件题记与后件题记笔迹一致，内容能够互证互补，彼此照应之处甚多。后件亦写在残石阴面拓本右上角空白处。两件均题于1937年丁丑夏日。前件略早，但亦当不过旬日之隔。前件简单落墨，介绍残碑由来；后件则举证史实，有所判断，有所揣测，一眼就能判明此即前件所称"予已撰跋……容缮写以传艺林"的跋语无疑。史界同行所关注的柯氏手题猗卢残碑跋语，居然这样快就在社会露面了。

柯昌泗两件题记寄赠对象，也很凑巧。前件题记写的是遗"季木四兄"，用词是"兹先拓呈"，落款为"昌泗时休沐还旧京记"，当在柯氏由察哈尔任所还北平之即日；后件则谓"拓奉志辅兄长"，落款为"弟柯昌泗识"。今知前件所称的"季木四兄"指建德周氏之周季木，周叔弢之弟；后件所称之"志辅兄长"，亦出建德周氏，周叔弢之从弟。柯、周盖通家之谊。前件用"拓呈"，用"我师审定"等敬语，后件只用"拓奉"，用"兄长同社雅鉴"。周季木、周志辅与柯昌泗本为同辈相交，我揣测，自昌泗视之，季木年龄较长，学艺居前，为昌泗所敬重；而志辅略后，与昌泗交谊似乎更洽。所以两件题记用语及称谓有所差异。至于后件中以"同社"冠于称谓之中，是用来照应前件所说撰跋以传"艺林"同好之意。柯、周朋辈多嗜文史金石之学，同好之间勤通信息，时相过从，乃有结社切磋雅事，"同社"之称当以此故。陈君冠华检得《季木藏陶》周明泰（志辅）1942年所制序言，谓1929—1930年间，周氏季木、明泰、叔迦兄弟以及柯氏昌泗同寓北平，切磋学艺，结为㻌社，取四人分工治学、质疑问难之意。序见《新编全本季木藏陶》附录，中华书局，1998。按㻌，《说文》段注引《玉篇》谓"今作展"。

观柯昌泗前件题记，知柯氏始"休沐还旧京"，立即将猗卢碑"拓呈"周季木，并于题记中征引"居贞草堂"资料以为参考。这是由于周氏乃藏石名家，庋藏丰富，识见精到，柯氏亟须得到他对猗卢碑石的认同。周季木，室称"居贞草堂"，除有《居贞草堂汉晋石影》及《季木藏陶》以外，其所藏铜器收入商承祚《十二家吉金图录》。柯氏尊季木为"我师"，即以此故。

前件题记之末，柯氏评价此残碑"洵为罕见之珍"。后件题记所引史证文字，本为补充说明前件题记，而于其结尾处特意表出"其以罕见珍，非一端也"，正是照应前件"洵为罕见之珍"之句。前后两件词句之契合，也很明显。至于后件所称"揣知"残碑全文当是"晋故大单于代王猗卢之碑也"十二字两行，残碑上全然无此痕迹，看来纯系揣测，未必有当。至于前后件中其余论述各点，有中者，有不中者，兹不一一。以下只就残碑性质及残碑出土地点问题，尤其是后一问题略为申叙，就正方家。

所谓猗卢残碑性质，是指此残碑究为何物，是碑的整体，还是碑额？是纪事碑，是纪功碑，是墓碑，还是有别的功能的碑刻？对此，柯、罗二家似乎都曾措意，都有所疑惑，有所斟酌，但又未予深究。我据正史、地志资料，考虑猗卢之死的具体情节和鲜卑葬俗，推定此残碑不是纪功纪事之碑；它与死葬有关，称墓碑未尝不可，但不是通常意义的墓碑，也不是墓碑残剩的碑额。它是猗卢于新平城一带被杀后，刘琨依鲜卑"潜埋"习俗，暂厝其处而立的标示物，供事后识别之用。它是公元316年（晋愍帝建兴四年）拓跋历史一次兴衰大转折的珍贵物证。它作为文物，是代石的标本，是书法的珍品。

柯氏在前后两件题记中，都称此物为碑额。罗氏袭用碑额之称，认定为墓碑之额。碑额理当有相连的碑身，今已不存，且无痕迹可辨，难于遽定。据知碑额文字一般都简单明了，表明碑主姓名、爵里诸项必需内容，不会有多余文字出现，另表他意。此残碑作"王猗卢之碑也"，后缀语气词"也"字，当非偶然带上的多余之字。"也"字通常表示某种认定、某种判断的意向。碑额带"也"字，是十分罕见的。柯氏似乎意识到此点有异常规，当时未遑作出解释，但问题仍在他思虑之中。

柯氏后来论石刻文字，有意回答这一问题，他说："新罗真兴王巡狩碑，咸丰壬子（1852）尹定铉移嵌中岭镇廨壁间。跋言：以旧拓考之，第一行王字下，有'巡狩管境刊石铭记也'九字。此旧拓，中土人不知也。标题用'也'字，亦汉晋旧习。鲁市东安汉里画像题字、代王猗卢碑皆然。今日本犹有此题式。"（《语石　语石异同评》，叶昌炽撰，柯昌泗评，中华书局，1994）柯氏所评有原文实证者，只有新罗真兴王碑一例，其中带"也"字之句，指明该碑是为记录巡狩管境之事而立的纪事碑，"也"字作为语气词，是为了认定立碑纪事目的。此为碑文中的叙述字句，并不能证明是特意用为碑额"标题"。柯氏用此例与"王猗卢之碑也"六字碑文彼此互证，认定此为碑额，彼亦当为碑额；并推而广之，企图以此证明"标题（按此指碑额）用'也'字，亦汉晋旧习"，此种说法并不周全，在逻辑上说不通，我以为不足为据。

罗振玉《石交录》著录此碑文，只作"残石存六大字，文曰'王猗卢之碑'"，并谓碑文当两行，前行之末必为"代"字。所谓"六大字"，当是将代王的"代"字计入。所谓碑文当两行，疑亦袭用柯氏之说，猜测而已。罗氏未提及碑文中的"也"字，避去回答此字涉残石性质的难题，免生辞费。我疑柯氏1937年夏还旧京，适日寇侵华战争骤起，罗氏居辽，于1939年春编定《石交录》时从柯昌泗处知此残石信息，但未必见到原拓，未能准确记下残石文字，即匆匆入录。这样他就未能思考碑文带语气词"也"字之故，留下解读缺憾。

但是，罗振玉提供了一个重要启示，他断定此石与猗卢死葬有关。猗卢死葬雁门山中，由刘琨董理后事，残石迨即刘琨所立墓碑之额。这很接近历史实际，只是断为碑额之说，似仍未达一间，有探讨余地。

按，据《太平寰宇记》卷四九雁门县（今山西代县）条，县有"拓跋陵"，无他说明。《嘉庆重修一统志》卷一五一代州："拓跋猗卢墓，在州西北雁门山中。《寰宇记》雁门县有拓跋陵。"《一统志》所记字句，易"陵"为"墓"，并断其在雁门山中，看来不仅据《寰宇记》，当还有其他文献或口碑依据。可以设想，当年猗卢南下攻六脩，败于新平城地区，亡走雁门山中，遂死其地。刘琨为迎拓跋南奔之众，适驻于近处，得以董理猗卢善后，就地敛尸，立碑为志。从大处说来，这是罗氏极合情理的推断。不足之处，一是罗氏未曾检得"拓跋陵"、"猗卢墓"的文献，未得将残碑实物证据与文献证据结合考察，以增强其论断的可信性。二是罗氏未曾考虑到鲜卑有"潜埋"旧俗，理当不立陵墓，不可能有通常所见带有较详志文的墓碑，自然也无所谓只剩碑额而碑文残去之说。因此之故，碑额带语气词"也"，还是无法解通。其实，"王猗卢之碑也"本身就是碑体，其意是标示猗卢葬于此处。它是近似潜埋习俗的暂厝处的标示物，以备他日辨识。这个问题，本文下节还将继续探讨。

媒体报道，张自忠将军襄樊殉国之处立有石碑，69×33×9cm，碑体粗糙，镌"张上将军初葬处"七字，日期为1940年5月16日。石碑流失于襄阳一农家，历五十五年。我初读此文报道，立即联想到猗卢碑问题。张将军碑文，意在表示倥偬之际，无从治丧，暂厝于此，以俟异日。我想，张碑只就功能作用来说，与猗卢碑文所示极为相似，都是标示初葬地点。张碑只起地标作用，猗卢碑也是。张碑七字碑石就是碑的本体，并非只是碑额；而猗卢碑今存六字残石也就是碑的本相，并非只是该碑碑额，柯氏、罗氏所持碑额之说是无据的。这些都可以启发对猗卢碑问题的思考。

柯氏后件题记（跋文）说到残碑出于绥远，前件未有此说。出绥远说如果属实，则我在前件探讨文字中对残碑所作判断各点，以及罗振玉谓残碑为刘琨所立的见解，统统不能成立。已有同行朋辈就此向我质疑，但我另有看法。兹略为申叙，就正方家。

据柯氏说，猗卢残碑是1935年乙亥秋间于绥远（指今呼和浩特市）城南三十里达赖营村古城遗址"所出"，柯氏于两年以后，1937年丁丑，从贾客手中购得。今天所知，猗卢残碑诚非赝品，但来路并未交代清楚。残碑究竟是确如贾客所称彼时、彼地"所出"之物，还是贾客得自市场，托言绥远附近古城遗址近年新出，以图博得买主信任而增贾值？这一情节对于考察残碑性质用途，非常重要，而柯氏未必留意及此。柯氏可能但凭贾客之说，未究确证，信以为真，"亟以廉值收买"，并且率尔写入题记跋语之中。据知，今呼和浩特市郊确有达赖营村，确有一处汉末至北朝城址遗存，城址东侧之大土堆，就是古建坍塌之堆积物，早年偶有残砖断石之类可以拾取，为当地人所知。贾人或是据此顺口言及猗卢残碑为此地近日"所出"，而并未提供实证。

我当初写《文献所见代北东部若干拓跋史迹的探讨》之文，在2001年夏间，该文断定猗卢残碑出雁门山中，其时尚未见到残碑图像及柯氏前件题记，更不知以后会有碑出达赖营村的柯氏跋语之说。据《魏书》记载，猗卢在新平城地区挑起一场混战，猗卢、六脩、普根各拥所部，相继卷入，反覆厮杀追逐，地境全在雁门及其毗邻。猗卢兵败时部众迸散，孤身一人，微服民间，形势十分混乱。这是确凿的史实，只是缺少细节陈述。猗卢死后，猗卢之碑的建立人、建立目的、建立时间、建立地点以及碑的功能性质，应据上述基本史实，辅以旁证，作出合乎情理的判断。文献中得见雁门山中有"拓跋陵"、"猗卢墓"。这是晚出的资料，前人未曾留意，但是却可作为重要的旁证。猗卢残碑面世，加重了前述仅据文献而作判断的砝码。这本是一段芜杂史实，看来无足轻重。如果没有猗卢残碑及柯昌泗题记面世，根本不会引起人们对这一历史片段的关注，所以长期未曾见到涉及这一问题的文字。

罗振玉准确地判断猗卢碑为刘琨处理猗卢善后时所立，所根据的只是《晋书》、《魏书》等相关史料和残碑信息，未曾捷及其他资料如雁门山中的拓跋陵等。刘琨接应猗卢部将箕澹自代北南奔之师，次于平城。这里应当注意，刘琨所接应的拓跋南奔之师中，有刘琨之子刘遵，他本是刘琨所遣质子，长期居留代北。救回刘遵，必是刘琨十分关注之事。还应当注意，西晋所称平城，不是今大同市的拓跋所驻的代北平城，而是西晋所置并州雁门郡所属的平城县，在今山西代县境。此时由身在雁门平城的刘琨，在救回刘遵之后，就近出面处理猗卢善后，包括为猗卢瘗尸立碑于雁门山中，是合情合理之事。猗卢多次在并州助刘琨抗刘、石，刘琨眼下实力又以原猗卢之众居多，琨不得辞其善后之任。雁门山区是猗卢、刘琨都很熟悉之地，稍前刘琨命其所并吞的箕澹之众攻石勒，箕澹大败，奔窜于代郡及桑干河源之间，也未曾离雁门山区。刘琨为猗卢瘗尸立碑于雁门山中，是对猗卢的一种合适的报答。刘琨收猗卢余众，在建兴四年（316）三月，同年十二月刘琨为石勒所逼，东投段匹磾于蓟城。立碑时间不晚于十二月。顺便提及，正是此月，晋愍帝在西京出降刘曜，史家以此作为西晋、东晋国祚转移的标志时刻。猗卢之死和刘琨的败弃并州，恰恰也是两晋转轨的历史标志，因为刘琨的并州刺史旗号，是西晋在北方实际存在的象征，刘琨弃并，意味西晋之亡。

罗振玉得知猗卢残碑信息，以之入录，作出碑为刘琨所立之判断，是准确的。若无刘琨在，猗卢由其拓跋族人潜埋，潜埋处或将以拓跋习用方式，作出其他标示，未必会用汉字镌碑为记，因而后代之人也就难于知晓。罗氏获得猗卢残石信息，却未曾检出有"拓跋陵"、"猗卢墓"的资料，未能以之与残碑联系思考，彼此印证。而"拓跋陵"、"猗卢墓"的资料一旦有了猗卢残碑为之佐证，就显得文献虽晚出而必有所本，其史料价值就增大了。我料想，"拓跋陵"为人所知，或即由于残石所在，后人误为猗卢陵墓，成为千年口碑，遂以得名而留于史籍，亦未可知。

猗卢残碑不出于雁门山中而出于绥远城南达赖营村之说，我认为十之八九是编造的，很难令人相信。猗卢自西晋永兴二年（305）总摄拓跋三部、受代王封号、获五县封邑以来，实际上已由盛乐徙驻其同母兄猗㐌原驻之地，活动全在以平城和新平城为中心的代北地区的东部和南部，与盛乐有相当的距离。此时的盛乐在文帝兰妃之孙，即思帝弗之子、后来的平文帝郁律的操控之中，而猗㐌、猗卢兄弟则是文帝之后封氏之子。在拓跋史上，封后子嗣和兰妃子嗣，两者不是一系，矛盾颇深。猗卢死后，史不载其尚余子嗣，郁律谋求消除猗㐌、猗卢残余势力，蓄意夺取拓跋君位之不暇，决无为猗卢立碑于盛乐近处某地以为纪念的可能。郁律以后，除了由封后后人在东、兰妃后人在西，交替居位的十几年混乱岁月以外，直到北魏建国灭国，君位一直在兰妃一系后人之手，为猗卢立碑于盛乐地区，根本就无从说起。在猗卢碑后件题记中，柯氏原本拟以卫操等人所立之猗㐌碑为例，认为猗㐌碑立于大邗，亦掘得于大邗；今猗卢碑既达赖营村"所出"，当初也应是立于达赖营村之处。这就是后件题记所说"此碑盖亦其例"之意。但柯氏在郁律以后各代中，竟找不到一个可能立猗卢碑的人。而且依据情理，还可以断言，也不可能有人将始立于雁门山中的猗卢碑石移置于盛乐之北今达赖营村。所以在后件题记中，柯氏对猗卢碑究竟是何时何人所立，实际上也是持疑惑态度的。柯氏思虑所未及的是，还存在一个贾贩之言有何凭据的问题。

鲜卑人依习俗行潜埋之制，按理应留有供相关之人尔后识别之迹。沙漠汗被害于阴馆附近，当是就地潜埋；近二十年后，其子猗㐌始于平城改其父葬，显然是能识别原葬的准确位置，才能进行。只是这一识别"暗码"不露外人，后之人更无从知晓。拓跋在代北百余年，皇家陵墓除冯太后本汉人者外，迄今无一发现，或与潜埋习俗有关。此俗亦不止拓跋、乌桓为然，石勒及其母葬襄国城南，都是"潜窆"、"夜瘗"，莫详其所。勒母王氏或为乌桓改从之姓，死从乌桓本俗；勒用此俗，则不得解。

总之，至今为止，我仍然认定，猗卢碑是在雁门山中猗卢潜埋近处临时竖立之物，可以说是一种特殊性质的墓碑，竖碑目的在标定窆瘗所在之区，以待后人处理。至于依拓跋习俗潜埋而又依汉人习俗立碑为志，这是由于主其事者是汉人刘琨的缘故。载籍所记雁门山中有拓跋陵，不会是空穴来风，至少可认为有后代口碑依据。从史料之可信程度评估，《太平寰宇记》初见"拓跋陵"之说，虽不在历史的当时，毕竟也不算太晚，因为北宋早期能够见到的十六国北朝史料，比后来留存的要丰富得多。

我们知道，《唐书》、《宋史》以及《崇文总目》均著录有《刘琨集》十卷，还另有《刘琨诗集》十卷，可证北宋时刘琨之书尚属完好。《直斋书录解题》始云《刘司空集》十卷，前五卷差全，后五卷甚多阙误。今就严可均辑录所得该书少量遗文看来，已有若干直接说到猗卢的资料。逯钦立所辑刘琨诗作不多，句中多寓政治内容。由此推测，刘琨诗文中或有刘琨操持猗卢葬事资料而为乐史《太平寰宇记》所征引，雁门山中拓跋陵之说，或即由此而来。又，《十六国春秋》一书散佚过程较长，至少到北宋中期还能见到较多的残篇，所以《通鉴考异》引录之书犹有《十六国春秋钞》。乐史之《太平寰宇记》成书早于《通鉴》大半世纪，其时能见到的十六国资料较多，可能包括刘琨、猗卢轶事而为《通鉴》所未见或未采者，亦未可知。十六国虽不含拓跋代国，但拓跋事迹间亦见于他国之录。乐史之书素称采摭繁富，考据特为精核，所采"拓跋陵"之说，或亦有十六国史这一来源。至于再后"猗卢墓"之说，或由"拓跋陵"之说演变而来，或另有某种口碑依据，未可知也。

上述意见，是我对历史掌故的思考，是探索性的。毕竟历史的细节以及各种偶然因素，难为后人尽知。譬如猗㐌功德碑所在的大邗城，是否就是猗㐌嫡子左贤王普根所守的"外境"？其确址何在？这个关系拓跋发展形势的问题，至今还说不明白。因此之故，猗卢残碑的相关问题，目前也不宜完全说死，以后还须关注新的证据。

补注 本文拟就之后，得见殷宪先生待刊新作《北齐张漠墓志与北新城》。 该文据墓志出土地以及地面调查研究，知今山西朔州市西南楚王寺村附近，有"王城"、"太子坟"等地，盖即穆帝猗卢时筑新平城（小平城）以及其后拓跋内战诸事之遗存物证。这一带正好是漯水之源，不出雁门山区。殷先生认为存世的猗卢残碑出土地问题也可能出现新的线索。殷文令人瞩目，盼能续有发现，以充实现有成果。

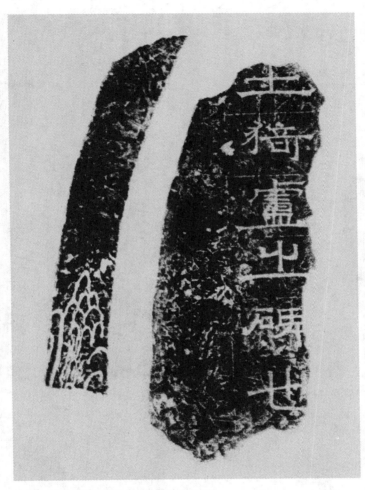

附图一 "猗卢之碑"残石拓本(阳面)

附图二　柯昌泗"猗卢之碑"题记之一

附图三　柯昌泗"猗卢之碑"题记之二

附录一

关于拓跋地境等讨论二题（摘录）

曹永年

我长期生活在代北地区，喜读十六国北朝史。《魏书·序纪》研读多年，深感难于突破。读田余庆先生的大作《代北地区拓跋与乌桓的共生关系》时立即被深深地吸引住了。许多熟读而又从未措意的记载，经先生点拨，新意迭现，满目琳琅，美不胜收。受先生大作的启发，想到一点问题，现在写出来请田先生和读者赐教。

一 内迁匈奴分布与拓跋地境关系

田先生在分析拓跋东、中、西三部的地理环境和部族关系的特点时提到：

> 这里有一个信息与以后拓跋部发展地境有密切关系，值得注意。王沈书《乌桓传》列举东汉入塞乌桓所徙地境，自东徂西，起辽东属国，止朔方郡，几乎幽、并的全部边郡都包括在内，惟独没有雁门以西的定襄、云中、五原三郡。这并不是史料漏列，而是由于东汉时此三郡确不在徙置乌桓之列。东汉安、顺时有乌桓寇云中、五原郡事和五原太守战败的记载，见范晔书《乌桓传》。建武徙置乌桓而不及此三郡，我自己不得其解。考虑到《续汉书·郡国志》所记此三郡都是户口奇少，更是莫名所以。

田先生提出这个问题，并进而揭示："这三郡不在徙置乌桓之列，恰恰为稍后由阴山南下的拓跋部留下了孳生发育最主要的空间。"我循建武二十五年左右东汉处理南匈奴政策思考，试图给这一疑问提供一个解答的线索。

据《后汉书》彭宠、卢芳、祭肜等传以及南匈奴传，两汉之际，匈奴势力一度膨胀。建武二年（26）彭宠反渔阳，匈奴七八千骑，往来为游兵以助宠。三水卢芳起兵，匈奴迎芳入草地，旋又迎芳入塞，称天子，以九原为都，掠有五原、朔方、云中、定襄、雁门五郡。匈奴还与鲜卑、赤山乌桓连兵，数入塞杀掠吏人。建武六年光武帝曾先后遣使匈奴，赂遗金币。然单于骄倨自比冒顿，辞语悖慢。九年，遣吴汉等击之，无功，匈奴钞暴日增。

建武十二年，东汉完成了全国的统一，逐步加强北边防务。匈奴约自建武二十年起连年旱蝗，人畜饥疫，其国内固有的各种矛盾，急剧暴露出来。

乌桓自为冒顿所破，臣服于匈奴。西汉武帝徙乌桓于上谷以东五郡塞外，以助防守。东汉初，乌桓一度与匈奴连兵为寇。建武二十二年匈奴国乱，乌桓乘弱击破之，匈奴北徙数千里。建武二十五年，辽西乌桓诣阙朝贡，光武帝封其渠帅为侯王君长者八十一人，皆居塞内缘边诸郡，令招来种人，为汉侦候，助击匈奴、鲜卑。据《通鉴考异》，乌桓入朝在二十五年春，而布列内属乌桓于辽东属国、辽西、右北平、渔阳、广阳、上谷、代、雁门、太原、朔方缘边十郡，是这一年岁末之事。

自然灾害的困扰、乌桓的袭击，使匈奴民不聊生，也导致挛鞮氏统治集团内部矛盾的激化。部领南边及乌桓的日逐王比，得南边八部大人拥戴，准备自立为单于，款五原塞，扞御北房，得到东汉允诺，亦号呼韩邪单于。时在二十四年冬十月。翌年春，南单于连破北匈奴，北单于却地千里。三月，南单于再遣使诣阙，并求使者监护，遣侍子，修旧约。所以当二十五年春东汉考虑在缘边诸郡安置乌桓"为汉侦候，助击匈奴、鲜卑"的时候，驻牧于五原塞外的南匈奴单于，已经作为东汉的"蕃蔽"，并且颇见成效。

二十六年春，东汉遣中郎将段郴等使南匈奴，于五原西部塞外八十里立庭。郴等反命，诏听南单于入居云中。东汉为此，将云中、定襄、五原空出来，安置南匈奴降众。这一带既成了为南匈奴内迁腾出的一块缓冲地区，自然不宜徙置乌桓。

同年冬，南单于兵与北匈奴"逆战不利"，东汉"复诏单于徙居西河美稷"，再迁河套以内。南单于列置诸部王，分屯北地、朔方、五原、云中、定襄、雁门、代郡，助为扞戍。于是，从最西的北地，绵延到最东的辽东属国，中无缺环，总计十四郡，皆有乌桓、南匈奴与东汉军民错杂而居，助为扞戍，形成了一道完备的对付北匈奴和鲜卑的防御体系。

论证至此，不知是否能够对田先生的疑问，提供有益的解答线索，还望先生和读者赐教。

二 平文帝"图南"的主要用兵方向曾在并州西部

在拓跋鲜卑历史上，太祖平文帝地位崇高，然《序纪》留下的事迹却很简略，与太祖的庙号实难相符。孝文帝在太和十四年四月改道武庙号为太祖，平文庙废以后，近代治北魏史者更很少措意这位几乎被遗忘的人物。

田余庆先生注意到平文帝的功业，并给予了很高的评价。他论述了平文帝"平南夏"意向的问题。关于平文"图南"事实，《晋书》给我们提供了重要线索，不过其前进基地和用兵方向曾经是在并州。《石勒载记下》云：

> 寻署石季龙为车骑将军，率骑三万讨鲜卑郁粥于离石，俘获及牛马十余万，郁粥奔乌丸，悉降其众城。

此条,夹叙在其他事件之间,且记事突兀,无前因后果,《通鉴》亦不取,因此要利用这段史料,需做必要的疏证。

首先是时间。石虎讨鲜卑郁粥于离石事,《载记》置于石勒令武乡耆旧赴襄国,与乡老欢饮事之后,而在石勒立石弘为世子之间。按《通鉴》系前事于 321 年十一月,系石弘为世子事在 322 年二月,所以石虎讨鲜卑郁粥必在此时段之间。《十六国春秋辑补》卷一三即系此事于赵王三年,即 321 年末。

其次是地点。离石今为山西省离石县。《晋书·刘元海载记》云:建武初,"日逐王比自立为南单于,入居西河美稷。今离石左国城,即单于所徙庭也。"大约东汉末年南匈奴单于庭由西河美稷徙至离石,这里成为匈奴人聚居地。西晋末年,匈奴贵族刘渊招集五部,于永兴元年(304)至左国城(离石附近),树帜称"大单于",都于离石。此证十六国初,离石仍是匈奴人密集的中心地区。翌年离石大饥,刘渊迁于上党壶关之黎亭,以就邸阁谷,留军守离石,使大司农卜豫运粮以给之,说明匈奴刘汉仍视离石为根据地。永嘉二年(308),刘渊取平阳,入都蒲子,即皇帝位,迁都平阳。离石虽不再是匈奴刘汉的政治中心,但整个十六国北朝时期,这一带始终是匈奴人及其遗裔的聚居地。《周书·稽胡传》谓,稽胡"盖匈奴别种,刘元海五部之苗裔也。或云山戎赤狄之后。自离石以西,安定以东,方七八百里,居山谷间,种落繁炽"。离石及其以西地区的稽胡,实际上就是匈奴人和其他民族融合而形成的,世称杂胡。

现在的问题是:从东汉末以来,一直是匈奴人聚居的离石,怎么会有这么一个"鲜卑郁粥"成为石赵的征讨对象?况且后赵派遣的是首屈一指的骁将石虎,以三万骑兵出征,俘获及牛马达十余万,足见这位鲜卑郁粥决非等闲之辈。那么他会是谁呢?

细寻公元 321 年,并、代一带鲜卑诸部,能够与他相对应的只有 317—321 年在位的拓跋郁律。那么《晋书·石勒载记》之鲜卑郁粥,是否就是《魏书·序纪》之平文帝郁律呢?

按永嘉四年（310），白部大人叛入西河，铁弗刘虎举众应之，攻刘琨新兴、雁门二郡，穆帝猗卢应刘琨请求，遣弟子平文帝郁律将骑二万，助琨大破白部和刘虎。猗卢因此受晋封代公。刘琨又徙马邑、阴馆、楼烦、繁畤、崞五县之民于陉南，猗卢因此获得东接代郡，西连西河、朔方，方数百里之地。拓跋氏由代北扩展至代南陉北，即雁门关以北地区。

永嘉六年，猗卢遣其子六脩等攻晋阳，刘曜败遁，猗卢留箕澹等助琨"戍晋阳"，拓跋氏军事力量深入晋中。建兴元年（313），据《通鉴》载：

> 六月，刘琨与代公猗卢会于陉北，谋击汉。秋，七月，琨进据蓝谷，猗卢遣拓跋普根屯于北屈。琨遣参军韩据自西河而南，将攻西平。汉主聪遣大将军粲等拒琨，骠骑将军易等拒普根，荡晋将军兰阳等助守西平。琨等闻之，引兵还。聪使诸军仍屯所在，为进取之计。

北屈晋属平阳郡，在平阳正西略偏北，今吉县北不足 20 公里处。普根屯北屈，表明拓跋氏已经据有平阳西部地区。后琨等引还，普根军亦当撤离，但刘聪"使诸军仍屯所在，为进取之计"。次年（314），猗卢复与刘琨约期会于平阳，但未成行。此证 313 年左右，自陉北沿黄河东岸南下，历太原、西河西部及于平阳西部地区，皆已入于拓跋氏和刘琨之手。拓跋氏的版图已从陉北向陉南西部推进达三百公里以上，猗卢于陉北最南沿之黄瓜堆建城，命长子六脩镇之，显然就是为了管理陉南这一片新占有的广阔地区。

建兴四年，拓跋国内大乱，卫雄、箕澹等与刘琨质子刘遵率晋人及乌桓三万家，牛马羊十万头归于琨。琨亲诣平城抚纳，然后南奔并州。十一月，石勒围乐平太守韩据于沽城。刘琨应韩据之请，悉发其众，命箕澹率步骑二万为前驱讨勒，琨屯广牧。沽、广牧皆在并州东部地区。结果大败,一军皆没,澹奔代郡,韩据弃城走,刘琨不能复守,由飞狐入蓟,投段匹䃅。刘琨势力完全退出并州。与此同时,匈奴刘汉正面临一个王朝末年的衰乱,未见其在313年所形成的平阳西部控制线上有任何举措。那么,当年普根所屯北屈及其以北,包括平阳郡、西河郡、太原郡的西部地区,必仍在拓跋鲜卑的掌握之中。321年石虎由阳曲一线西进,讨伐离石之鲜卑,则必是拓跋鲜卑无疑。

郁粥与郁律当是同音异译。看来,后者是北魏的译写,前者是石赵的用字。

《序纪》于平文帝五年,即石虎讨伐鲜卑郁粥于离石这一年,云:

> 僭晋司马叡,遣使韩畅加崇爵服,帝绝之。治兵讲武,有平南夏之意。桓帝后以帝得众心,恐不利于己子,害帝,遂崩,大人死者数十人。

按,"治兵"一词,指大规模集结和编组军队。所以平文帝"治兵讲武,有平南夏之意",绝不是一般的军事操练,而是大规模的军事行动的开始。平文帝郁律本来就是骁将,当拓跋氏在蒙古高原的霸权建立以后,得悉晋愍帝为刘曜所害,倡言"今中原无主,天其资我乎"?于是开始了大规模的军事行动,"有平南夏之意"。据此可以作这样的判断:公元321年平文帝郁律"治兵讲武",进军至离石,将"平南夏",逐鹿中原;石勒感受到了威胁,遣骁将石虎讨之,但是郁律大败,拓跋氏陉南诸城悉为石赵所有。

平文的结局,《序纪》说是"桓帝后以帝得众心,恐不利于己子,害帝,遂崩,大人死者数十人"。《石勒载记下》则曰"郁粥奔乌丸"。对于平文这样雄才大略的可汗来说,要害死他,并且同时杀死数十位大人,在正常情况下是很难办到的。《载记》说他"奔乌桓",残兵败奔,亦属合理。按田先生所考,平文帝本已与乌桓独孤刘路孤共驻东木根山。平文平南，败于石虎，奔还东木根山驻地，也许就是《石勒载记》"郁粥奔乌丸"的实际内容。平文败众仓猝归来，军无斗志，士气衰落，被祁后从近处乘虚突袭而死。这样来解释"郁粥奔乌丸"，合情合理，似可为先生的考订添一旁证。

附录二

《魏书》所见的若干乌桓姓氏（摘录）

滕昭宗

田余庆教授所著《代北地区拓跋与乌桓的共生关系》以及相关论文，写的是拓跋由野蛮进入文明历史的一个侧面。在早期拓跋史研究中，田先生第一次提出乌桓所起的历史作用。拓跋早期的兴衰起伏随处都可以找到乌桓的踪影。乌桓的参与是拓跋历史发展的一个重大原动力。

乌桓无世业相继，氏姓无常，组织松散，本身未曾形成统一集中的部族实体。所以乌桓群体的历史湮没不显。乌桓人的族属成分，甚至也难于辨认。本文搜集几个乌桓姓氏的零星资料作初步考察，意在提供一些线索，以供研究参考。

一 乌桓莫那娄氏

《魏书·莫含传附莫云传》："以功赐爵安德侯，迁执金吾，常参军国谋议。世祖之克赫连昌，诏云与常山王素留镇统万。"同书《世祖纪》始光四年（427）六月"辛酉，班师，留常山王素、执金吾桓贷镇统万"。此所记，是太武帝攻占赫连氏大夏首府统万镇后，任命留守统万镇将的同一史实。留守主将为常山王元素无疑，但副将却有莫云与桓贷两个不同人名。《通鉴》记是年魏"以常山王素为征南（当作征西）大将军，假节，与执金吾桓贷、莫云留镇统万"。这将桓贷、莫云判为两人。

《官氏志》"乌丸氏后改为桓氏"，桓贷原名应是乌丸贷，实为乌桓人。莫云也当是乌桓人。据《魏书·莫含传》，莫云之祖莫含，雁门繁畤人，曾为并州镇将刘琨之从事史。"含居近塞下，常往来国中"，当是刘琨派出，专责联系拓跋，遂为拓跋国官，其事迹亦见卫操所立猗㐌碑中。莫含之子莫显，孙莫题、莫云，皆为拓跋各代的重臣。

莫含姓氏来源，当为莫那娄氏，《官氏志》有"莫那娄氏后改为莫氏"。莫氏早已定居雁门繁畤，受汉人习俗影响，遂省为莫氏。桓贷事迹无考，从《魏书》世祖纪、莫云传记其协镇统万的文字推测，桓贷、莫云可能是同一人。也许是因为乌桓以大人之名为姓，各部姓氏汉译又几经改易，后人难于准确使用，以至魏收书中莫云与桓贷二名并见。

莫云所属的莫那娄部，曾是强大的乌桓部落，活跃于辽东、辽西及雁门地区。《魏书·序纪》昭帝禄官四年（298）"东部未耐娄大人倍斤入居辽东"，"未"字当是末字之误，末耐娄即是莫那娄之另一音译。《晋书·石季龙载记》石虎攻段部，"斩其部大夫那娄奇"，"夫"字亦为末字之误。此证莫那娄之一部此时附于段部。部大即部落大人的简称。莫那娄之一部也随吐谷浑迁徙至河湟地区，成为吐谷浑之一部，见吕建福著《土族史》（中国社会科学出版社，2002年）。《周书·武帝纪》亦见"吐谷浑王莫昌"。

莫含一族久已定居于雁门繁畤一带，农耕、汉化，到西晋时已有相当深厚的根基。莫含"故宅在桑干川南，世称莫含壁，或音讹，谓之莫回城"。《隋书·炀帝纪》大业六年（610）六月，"雁门贼帅尉文通聚众三千，保于莫壁谷。"莫壁谷应该就是莫含壁所在之地。

二 乌桓渴烛浑氏

《魏书·官氏志》有"渴烛浑氏后改为味氏"。点校本校勘记："《广韵》卷五引《后魏书》味作朱，诸姓氏书同。"渴烛浑氏历史人物众多，在《通鉴》中一律作"可足浑"，《元和姓纂》多作"可朱浑"，亦作"可烛浑"。

《晋书·成都王颖传》："王浚屯冀州不进，与（司马）腾及乌丸羯朱袭颖。……为羯朱所败。羯朱追至朝歌，不及而还。"对同一事件，《水经注·浊漳水》则谓："晋惠帝永兴元年（304），骠骑王浚遣乌丸渴末径至梁期，候骑到邺，成都王颖遣将军石超讨末，为末所败于此也。"这两处记载反映的是同一事件的前后两个时段，只是"乌丸羯朱"与"乌丸渴末"名称有异。很明显，羯朱与渴末，均渴朱之讹。《晋书·惠帝纪》永兴元年，"安北将军王浚遣乌丸骑攻成都王颖于邺，大败之。"这是对同一事件的另一记载，乌丸骑就是乌桓渴朱，证渴朱确为乌桓人。另外，《晋书·王沈传附王浚传》"渴末别部大屠瓮等皆为亲晋王"，渴末亦当为渴朱，证渴朱为部落名称。他们此时可能附于段部，当活动于辽西，随段部一同战斗，组成乌桓突骑，成为幽州刺史王浚进攻邺城的前驱。

以上《晋书》及《水经注》所记的乌桓渴朱，应该就是《官氏志》中的渴烛浑。烛作朱，声近通借。渴烛浑又省去浑字，作渴烛，这在《魏书》中亦见。《世祖纪》太延元年（435）"冯文通遣大将渴烛通朝献"。这里亦省略浑字。《通鉴》则误作汤烛。

《魏书》已将多数拓跋人物的名字改从太和改姓氏之后的姓。《窟咄传》："贺麟闻之，遽遣安同、朱谭等来。"朱谭就是《通鉴》中多次出现的可足浑谭。《通鉴》晋纪太元八年（383）"辽东鲜卑可足浑谭集兵于河内之沙城"，此处乌桓可足浑谭因参加慕容联盟，故误作鲜卑。可足浑谭（朱谭）后受封新平公，居车骑大将军、尚书令，在慕容燕出兵助道武讨伐拓跋窟咄时，曾担任慕容使者到达拓跋军中。又《高车传》："太和十四年（490），诏员外散骑常侍可足浑长生，复与于提使高车。"而《节义传》则云："朱长生及于提，并代人也。高祖时以长生为员外散骑常侍，与提俱使高车。"朱长生作可足浑长生，可足浑又不与魏收书统一作渴烛浑，盖因《高车传》北宋时已佚，后人取《北史·高车传》补。

《魏书·朱瑞传》："朱瑞，字元龙，代郡桑干人。"勋劳有功，孝庄时，封乐陵郡开国公。《元和姓纂》可朱浑条，可朱浑昌封乐陵公，证可朱浑昌就是朱瑞。可朱浑即渴烛浑。北魏代郡桑干县，汉代雁门郡地，这也是东汉以来乌桓集中之地。

三　乌桓叱罗氏

《魏书·罗结传》："代人也。其先世领部落，为国附臣。"据《文苑英华》卷九六三庾信《长孙瑕夫人罗氏墓志铭》，罗氏为"恒州代郡太平县人。祖某。父协，周大将军、南阳郡公。"《周书·叱罗协传》："建德三年赐爵南阳郡公。"可证长孙瑕夫人就是叱罗协之女。《官氏志》"叱罗氏后改为罗氏"，罗结原名叱罗结。代郡太平县应是叱罗部离散以后的籍贯。据姚薇元《北朝胡姓考》罗氏条，叱罗即悉罗。《高宗纪》叱万单，《显祖纪》作悉万丹。《晋书·慕容皝载记》"扬威淑虞攻乌丸悉罗侯于平岗"，证叱罗是乌桓部落。平岗，西汉为右北平郡治，今河北省平泉县。看来叱罗部或整部落被征服，或有部分投奔拓跋，成为拓跋监控下之一部。罗结"其先世领部落，为国附臣"。说明叱罗氏原来是有部落组织的。

《通鉴》太和四年（369）桓温伐燕，燕"尚书郎悉罗腾等皆从军"，与桓温战。悉罗腾等后被苻秦俘获至长安，淝水之战以后，与慕容一同拟叛苻秦东归。北魏时，罗结一族人物屡见。文成帝《南巡碑》碑阴题名有"内行内小叱罗琪"、"武毅将军内三郎叱罗吴提"，《孝文皇帝吊殷比干墓》碑阴题名有"直阁武卫中臣河南郡叱罗吐盖"。

罗结一生忠于拓跋，也是代北拓跋、乌桓共生一例。《罗结传》："刘显之谋逆也，太祖去之。结翼卫銮与，从幸贺兰部。"当是道武帝二十一元从之一。太武帝时，罗结"年一百一十，诏听归老。

赐大宁东川以为居业，并为筑城，即号曰罗侯城，至今犹存"。大宁东川当即《水经注》灅水注所记之宁川水，宁川流经大、小宁城，时人称为大宁东川。这是东汉以来设置护乌桓校尉府之地，宁城附近驻有大量鲜卑和乌桓人。可能叱罗部的一支也曾居此。《水经注》延乡水"又东径罗亭"，疑此罗亭就是罗侯城。

乌桓叱罗部尚有流入河西一支。《晋书·乞伏国仁载记》："国仁建威将军叱卢乌孤跋拥众叛，保牵屯山，国仁率骑七千讨之，斩其部将叱罗侯，降者千余户。"

以上考莫那娄氏、渴烛浑氏、叱罗氏为乌桓姓氏。另外，薄奚氏、库傉官氏为乌桓，史料较多，此不赘。综上所述，我们确知此五姓原为乌桓部落。另有乌丸王氏，现无可靠资料能说明其姓氏来由。疑王鲁昔、王同等都是冒充汉人大姓王氏，犹如《三国志·梁习传》所说：单于恭顺，名王稽颡，部曲服事供职，同于编户。而乌丸张氏、乌丸刘氏等，也都是冒托汉姓。

《官氏志》所载内入七十五姓及四方三十五姓中，乌桓姓氏一定不止上述五姓。在乌桓与拓跋共生于代北的年代中，乌桓逐步融入拓跋，相当多的乌桓人进入拓跋高层统治层中。只是乌桓、拓跋语言习俗相通，族源痕迹渐泯，不经钩稽，已难于识别了。这是两族共生现象的自然结果。

还有乌丸氏问题，《魏书·官氏志》记昭成帝什翼犍时，"其诸方杂人来附者，总谓之'乌丸'。"《官氏志》中又说"乌丸氏，后改为桓氏"。两者联系起来考虑，可见"诸方杂人来附者"可能就是姓氏谱中的乌丸氏。此问题在《西北民族论丛》第五辑滕文中有较详考述，兹不备录。

修订本后记

《拓跋史探》出版已经好几年了。此书带有先天不足的毛病，我感到有所不安。我平时把自己检读所得，加上陆续获知的读者指正和商榷意见，随手记注书眉。依据这些积攒的资料，推敲损益，几经反复，整理成这个修订本。修订本对原书有较多改动，订正了一些使用史料和认知史料的不足之处，另外，也有若干见解上的变动。有些动得较大而又不便在正文中多作文字处理的地方，或思考所及而又难于遽作判断的问题，在正文相关段落之后，增添了若干补注，加以标明。原书附见猗卢残碑拓本的资料，近年来续有所知，颇有可酌之处，经整合成文，增入修订本成为正文的一个短篇。另有两篇同行朋友直接寄给我的商榷补正之作，则摘附书后，作为压轴。这样一来，原来的编次有多处调整，新见史料则酌有添补。自己觉得，修订本比初版本要干净精致一点，至少碍眼的失误和不当，比原来要少好多。有些尚在求证之中尚未完全落实的问题，修订本中取得了若干进展。这是私心自慰之处。

不过，还须反复说明，我兢兢业业推出这个修订本，总的说来还是投石问路。我的初衷，仍旧是秉持学术公器理念，以一己心得和眼下认识，归结为一种研究的思路，而不是作为定见，奉献给同好读者，以便共作进一步的考索。我执着于历史新知的获取需要学界长远积累这样一种愿望，而无急功近利之心。对于拓跋史这种资料极为稀缺的模糊领域，尤其如此。现在我还是此心如旧。至于初版中提出的各个问题和论证，我在修订过程中无力处处求其充实和准确，也无力另作大的拓展。所以这个修订本在总体内容框架方面，与初版相比，只能说是基本一致而有所差别，没有多少另起炉灶的地方。

写到这里，我想到了顾颉刚先生当年启动的一项古史探索的巨大学术工程。他在《古史辨自序》中表示诚挚的愿望，亟盼"得到忠实于自己思想，敢于自己去进展的诤友"。顾先生那时刚刚进入中年，气力旺盛，学问正处于蓬勃发展时期，不论他的学术立意是否有所偏颇，讨论者认同程度如何，他为励学而嘤嘤求友，是鸣之也切，情意深湛的。诚如顾先生一生学术实践所示，要究明历史上的重大问题，哪怕只是在思想脉络上获得最一般的共识，都要广聚同好，互为诤友，人人自力探索，始能砥砺求成。顾先生以其学术襟怀带动了古史之辨自由独立，异彩纷呈，而且经久不歇。关注此事的学人，不论其意向是同是异，都不会抹煞顾先生开路的功绩，如今，我仰望前人，自知不是在同一学术档次上说话，但也怀有类似的心态，而且我知道也确有若干"敢于自己去进展的诤友"，有中有外，作出或同或异的反响。对此我极感欣慰。

如前所述，几年以来，我所知道的对本书的评骘意见，尤其是指正谬误，惠赐新知，我尽量引为修订本书的依据，但也难免有遗漏之处。曾有热心朋友对本书提出要求较高，例如书中每一地境的精确定位、某些制度的深远追溯、历史遗留问题的重新梳理，等等。这些事题虽很要紧，只是各涉专门，牵动甚广，所需知识我自己深感不足，力气更非所堪，难得一一如愿。我希望精力充沛的同行朋友来思考进行，弄明白拓跋史上更多问题，获得更多新见，以提高拓跋研究的学术水平。对那些正在潜沉耘作的同行朋辈，希望他们各擅专精，假以时日，必有大成。我谨拭目以待。

学术人生，一般说来都是青年力耕，中年收获，老来拾穗。这当然不是说青年无从收获，中年老年就不须勤加耕耘。我自己现下是以拾穗为趣，只能如此。宋人沈作喆《寓简》中一则故事，说的是

修订本后记

欧阳公自定平生所为文,用心甚苦,自嘲曰:"不畏先生嗔,却怕后生笑。"读书及此,不觉怦然有动,因为这正是我自己的心声。细想起来,后生笑,笑得有理有据,就意味着学术上的扬弃,学术上的超越,应当视之为学界福音。对于教书人说来,新陈代谢正是夙所企盼,更要额手称庆。

田余庆记于二〇一一年三月

"当代学术"第一辑

美的历程
李泽厚著

中国古代思想史论
李泽厚著

古代宗教与伦理
陈 来著

从爵本位到官本位（增补本）
阎步克著

天朝的崩溃（修订本）
茅海建著

晚清的士人与世相（增订本）
杨国强著

傅斯年
中国近代历史与政治中的个体生命
王汎森著

法律与文学
以中国传统戏剧为材料
朱苏力著

刺桐城
滨海中国的地方与世界
王铭铭著

第一哲学的支点
赵汀阳著

生活·讀書·新知 三联书店 刊行

"当代学术" 第二辑

七缀集
钱锺书著

杜诗杂说全编
曹慕樊著

商文明
张光直著

西周史（增补2版）
许倬云著

拓拔史探
田余庆著

近代中国社会的新陈代谢
陈旭麓著

甲午战争前后的晚清政局
石　泉著

民主四讲
王绍光著

心灵秩序与世界历史
吴　飞著

海德格尔与伦理学问题（修订版）
韩　潮著

生活・讀書・新知 三联书店 刊行